本书受到淮北师范大学博士科研启动费的资助

本书是 2021 年安徽省质量工程项目"淮北师范大学大学英语课程思政建设示范中心"（项目编号：2021kcszsfzx023）和 2020 年安徽省哲学社会科学规划课题"生态语言学视域下皖北地区方言的保护与传承研究"（课题编号：AHSKY2020D140）的阶段性成果。

# 高校英语教学创新发展研究

孟高旺　　杨琳琳　　著

吉林人民出版社

图书在版编目 (CIP) 数据

高校英语教学创新发展研究 / 孟高旺 , 杨琳琳著
. -- 长春 : 吉林人民出版社 , 2023.11
ISBN 978-7-206-20611-5

Ⅰ . ①高… Ⅱ . ①孟… ②杨… Ⅲ . ①英语 – 教学研
究 – 高等学校 Ⅳ . ① H319.3

中国国家版本馆 CIP 数据核字 (2023) 第 223272 号

## 高校英语教学创新发展研究

GAOXIAO YINGYU JIAOXUE CHUANGXIN FAZHAN YANJIU

著　者：孟高旺　　杨琳琳
责任编辑：刘子莹　　　　　　　　　　封面设计：武思岐
吉林人民出版社出版 发行（长春市人民大街 7548 号）　邮政编码：130022
印　　刷：河北万卷印刷有限公司
开　　本：710mm × 1000mm　　1/16
印　　张：19.5　　　　　　　　　　字　　数：270 千字
标准书号：ISBN 978-7-206-20611-5
版　　次：2023 年 11 月第 1 版　　　印　　次：2024 年 1 月第 1 次印刷
定　　价：88.00 元

如发现印装质量问题，影响阅读，请与出版社联系调换。

# 前 言

　　随着我国改革开放的不断深入和国际交流的日益频繁，英语在我国的教育领域中扮演着越来越重要的角色。特别是在高校阶段，英语教育不仅关系培养具有国际化视野的人才，还关系我国在全球化背景下的整体竞争力。因此，高校英语教学的创新发展便显得尤为重要。本书旨在对高校英语教学的创新发展进行全面深入的研究，以期为推动我国高校英语教学改革提供理论支持和实践指导。

　　第一章高校英语教学概述，从高校英语教学的发展历程、现状分析、改革要求和发展趋势方面对高校英语教学进行了全面梳理，为后续章节的深入研究奠定了基础；第二章高校英语教学的理论指导，从教学目标、教学原则、教学理论和教学定位方面分析了高校英语教学的理论指导，为后续研究提供了理论支持；第三章高校英语教学的影响因素，探讨了教学参与者、教学内容、教学设计和教学环境多个影响高校英语教学的因素，以期为改革提供有针对性的参考；第四章高校英语教学创新发展——教学媒体创新，从教学媒体的定义与内涵、选择与应用、多媒体教学资源的开发运用和多媒体教学课件的设计与制作方面阐述了教学媒体在高校英语教学中的创新应用；第五章高校英语教学创新发展——教学模式创新，分析了慕课、微课、混合学习多种教学模式在高校英语教学中的设计与应用，以及大数据视域下英语课堂教学模式的创新，旨在为高校英语教学提供多样化的教学模式选择；第六章高校英语教学创新发展——教学方法创新，探讨了产出导向法、文化教学法、自主学习教学法的常用教学方法在高校英语教学中的应用，为教师提供了更为丰富的教学策略；第七章高校英语教学创新发展——教学评价创新，从英语教学评价内涵解析、改革创新的必要性、教师评价与学生评价的创新设计方面阐述了高校英语教学评价体系的创新与完善；第八章高校英语教学创新发展——教学语言创新，从英语教学语言的特点与作用、种类与要求、设计原则和创新设计方面探讨了英语课堂教学语言的创新，以期为提高课堂教学质量提供参考。

本书立足我国高校英语教学的现状，紧密结合国内外先进的教学理念和实践经验，对高校英语教学的创新发展进行了全面、深入的研究。笔者希望通过本书的阐述和探讨，能够为我国高校英语教学改革提供有益的启示，为培养具有国际竞争力的英语人才贡献力量。

本书总共分为八章，由淮北师范大学孟高旺和宿州学院杨琳琳共同撰写完成，共计 27 万字，其中孟高旺负责第一、五、六、七、八章的撰写，共计 15.6 万字；杨琳琳负责第二、三、四章的撰写，共计 10.4 万字。

# 目 录

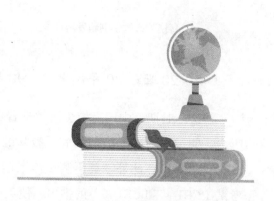

# 第一章  高校英语教学概述

## 第一节  高校英语教学的发展历程

### 一、高校英语教学的起步发展期

改革开放初期至 20 世纪末是中国高校英语教学的起步发展期，在这一时期，英语教学经历了较大变革。在这 20 年间，中国的高校英语教学在实用性、外语专业化和跨学科方面取得了显著成果。下面将简要介绍这一时期的发展历程。

### （一）1978 年—20 世纪 80 年代初：恢复英语教育

1978 年，中国开始实行改革开放政策。此时，英语教育得以恢复，高校英语教学开始逐渐重建。许多大学开始重启英语专业，增加英语课程的开设，以满足国家对外交流与合作的需求。此外，大量英语教材进入中国市场，为英语教学提供了丰富的资源。

### （二）20 世纪 80 年代中期—90 年代初：实用性教学

在这一时期，中国高校英语教学着重关注实用性，强调学生的口语、听力、阅读和写作能力的培养。教材的选择也更注重实际应用，如《新概念英语》等。此外，英语测试体系逐步完善，如全国大学英语四六级考试（CET-4 和 CET-6）的推出，使英语教学更加规范化和标准化。

### （三）20 世纪 90 年代中期—20 世纪末：外语专业化

在这一阶段，随着中国社会经济的快速发展，对外语专业人才的需求不断增加。高校英语教育逐渐向外语专业化发展，不仅有传统的英语文学、翻译等专业，还出现了商务英语、英语教育等新兴专业。同时，国际交流和合作日益频繁，许多中国学者赴国外留学或进行学术交流，使得中国高校英语教学的教学方法和理念得到了更新。

## 二、高校英语教学的改革发展期

从 21 世纪初至今，在改革开放的推动下，中国高校英语教学不断发展，特别是 2003 年教育部启动"高等学校教学质量与教学改革工程"之后，高校英语教学呈现出新的特征。以下是这段时间内中国高校英语教学的发展历程：

### （一）教学目标的调整

1. 非英语专业

（1）2004 年，《大学英语课程教学要求》颁布，强调培养学生的英语综合应用能力，尤其是听说能力，以满足社会发展和国际交流的需要。与 1985 版大纲相比，新版教学要求首次明确提高学生综合文化素养的目标，强调大学英语教学功能定位的转变。

（2）2007 年版的《大学英语课程教学要求》再次强调，大学英语的教学目标是培养学生的英语综合应用能力，特别是听说能力，使他们在今后学习、工作和社会交往中能用英语有效地进行交际，同时增强其自主学习能力，提高其综合文化素养，以适应我国社会发展和国际交流的需要。

（3）2017年《大学英语教学指南》指出，大学英语的教学目标是培养学生的英语应用能力，增强跨文化交际意识和交际能力，同时发展自主学习能力，提高综合文化素养，使他们在学习、生活、社会交往和未来工作中能够有效地使用英语，满足国家、社会、学校和个人发展的需要。

根据我国现阶段基础教育、高等教育和社会发展的条件现状，大学英语教学的目标分为基础目标、提高目标、发展目标三个等级。在三级目标体系中，基础目标是针对大多数非英语专业学生的英语学习基本需求确定的，提高目标是针对入学时英语基础较好、英语需求较高的学生确定的，发展目标是根据学校人才培养计划的特殊需要以及部分学有余力学生的多元需求确定的。大学英语教学与高中英语教学相衔接，各高校可以根据实际需要，自主确定起始层次，自主选择教学目标。分级目标的确定为课程设置的灵活性和开放性提供了空间，有利于实施满足学校、院系和学生个性化需求的英语教学。

（4）2020年《大学英语教学指南》的教学要求部分有机融入了《中国英语能力等级量表》（以下简称《量表》）的相关内容。在研制过程当中，《大学英语教学指南》充分利用《量表》的研制成果，参照《量表》对相关级别的语言能力进行了描述，并结合大规模问卷调查结果，在对大学英语教学基础目标、提高目标、发展目标三个级别教学要求的描述中，提供了总体描述和语言单项技能描述，其中对基础目标的描述更符合大多数非英语专业学生的教学要求。

基础目标主要包括以下内容：能够基本满足日常生活、学习和未来工作中与自身紧密相关的信息交流的需要；能够基本正确地运用英语语言词汇、语法及篇章布局等语言学识，在高中阶段应掌握的词汇基础上增加约 2000 个单词，其中 400 个单词为与专业学习、未来工作相关的词汇；能够根本理解语言难度中等、涉及常见的个人和社会交流题材的口头或书面材料；能够就熟悉的主题或话题进行简朴的口头和书面交流；能够借助网络资源、工具书或他人的扶助，对中等语言难度的信息进行处理和加工，理解主旨思想和重要细节，表达根本大意；能够使用有限的学习策略；在与来自不同文化的人交流时，能够观察到彼此之间的文化和价值观差异，并且能根据交际需求运用有限的交际策略。

2.英语专业

（1）2018 年 1 月发布的《普通高等学校本科专业类教学质量国家标准（外国语言文学类）》指出，普通高等学校本科各外语类专业旨在培养具有良好的综合素质、扎实的外语基本功和专业知识与能力，掌握相关专业知识，适应我国对外交流、国家与地方经济社会发展、各类涉外行业、外语教育与学术研究需要的各外语语种专业人才和复合型外语人才。

各高校应根据自身办学实际和人才培养定位，参照上述要求，制定合理的培养目标。培养目标应保持相对稳定，同时应根据社会、经济和文化的发展需要，适时进行调整和完善。

（2）2020 年《普通高等学校本科外国语言文学类专业教学指南（上）——英语类专业教学指南》提出，英语专业旨在培养具有良好的综合素质、扎实的英语语言基本功、较强的跨文化能力、厚实的英语专业知识和必要的相关专业知识，能适应国家与地方经济建设和社会发展需要，熟练使用英语从事涉外行业、英语教育教学、学术研究等相关工作的英语专业人才和复合型英语人才。

**（二）教学体系的丰富化**

随着社会的进步和科技的发展，大学英语课程体系发生了显著变化。原本由《大学英语》1～6 级主导的体系已经不再满足现代大学生的学习需求。基础必修课学分减少，对于具有较高英语水平的学生来说，可以更好地节省时间，从而更多地去接触其他领域的知识。而选修课学分的增加充分体现了教育的人性化。学生可以根据自己的兴趣选择课程，这样学习效果会更好。

这些选修课主要包括口语、口译、翻译等技能提高课程，以及文学、文化类课程和应用类课程，如商务英语、会展英语、旅游英语等。这样丰富的课程设计不仅能够满足不同学生的学习需求，还能帮助学生扩宽视野，增强其在实际应用中的英语能力。

### （三）教学模式的多样化

过去，大学英语教学主要采用传统的讲授方式，而现在的教学模式已经发生了很大变化。许多大学开始尝试创建具有本校特色、符合本校实际、与本校学生基础水平相适应的大学英语教学模式和教学体系。这是因为每所大学都有其独特的教学资源和学生群体，因此需要有特色的教学模式来适应这些变化。

与此同时，各种创新的教学方法开始被广泛应用，如任务型教学、情景教学、互动教学等。这些教学方法都以提高学生的实际英语应用能力为目标，帮助学生将理论知识转化为实践能力。

### （四）教育资源的拓展

信息技术的发展给英语教学带来了无限可能。网络教学、多媒体教学、远程教育等手段被广泛应用于英语教学中，使得教学资源的获取更加方便，也提高了教学效果。同时，教育资源的拓展也让更多学生能够接触到优质的教学资源，提升了学习效率。例如，MOOCs（慕课）和其他在线学习平台的出现，让学生可以随时随地学习英语，打破了时间和空间的限制。通过这些在线平台，学生可以根据自己的时间和进度来安排学习，使学习更加自主和灵活。

**（五）教育评价的完善**

大学英语教学评价体系的改革更加注重学生实际能力的考核。过去的评价体系主要以考试分数为主，而现在，很多高校都在根据自己的办学特色，构建多元化的教学评价体系，这不仅能检验学生的英语水平，而且强调培养学生的自主学习能力，提高其综合文化素养。这样的评价体系更加公正、全面，能更好地反映学生的实际能力，也能激励学生更加积极地参与学习。

**（六）教师队伍建设**

为适应新时代英语教学改革的需求，各大高校积极推动英语教师队伍建设，致力于提高教师队伍的整体素质和教学能力。在各大高校，教师培训的力度得到加强，教师培训的内容不仅包括对教师业务的培训，以提升他们的专业教学技能，还包括对教师教育理念、教育方法等方面的培训，以提升他们的教育教学研究能力。同时，为了拓宽教师的视野，加强他们的国际化素养，教育部门鼓励和支持教师参加国内外的学术研讨会和培训项目，与国内外同行进行交流和学习。这些措施的实施旨在构建一个高素质、专业化的英语教师队伍，以更好地服务新时代的英语教学工作。

**（七）跨学科交叉发展**

随着社会对英语人才需求的日益多样化，英语教育不再是一个孤立的学科，而是与其他学科领域进行交叉融合后发展出一系列新兴的交叉学科如跨文化交际、英语语言学、应用语言学等。这些新兴的交叉学科为英语教学提供了更加丰富、多元的理论基础和实践支持。例如，跨文化交际教学不仅需要英语语言的教学，还涉及文化、心理等多个领域的知识，使得学生能够在掌握英语语言知识的同时，了解和理解不同文化背景下的交际方式和习俗，从而提升他们的跨文化交际能力。

### （八）学术研究与实践

现阶段，中国的大学英语教育学术研究和实践取得了长足的发展。一方面，学术研究领域不断拓展，涉及教育心理学、认知语言学等多个领域，形成了一种跨学科的研究态势。这种跨学科的研究既为理论研究提供了新的视角和方法，也为教学实践提供了丰富的理论支持。另一方面，大学英语的教学实践也在不断丰富和深化，如开展校际合作、社会实践等。这些实践活动旨在通过与实际生活、社会紧密结合，使学生能够在实践中运用和提升自己的英语技能，从而提升实际应用能力。

# 第二节 高校英语教学的现状

我国英语教学已经取得了可喜的成绩，为社会输送了大批优秀的英语人才。但我国高校英语教学中还存在一些问题，这些问题制约着我国英语教学的进一步发展。因此，有必要认真分析英语教学的现状，明确教学内容与教学目标，在遵循一定教学原则的基础上，采用灵活的教学方法，以切实提高教学质量，推动教学改革。

### （一）应试教育倾向

在当前的高校英语教学中存在应试教育的倾向，许多教师和学生更加关注考试成绩，而非英语实际应用能力。这导致学生在应对英语考试方面技巧熟练，但在实际应用英语进行沟通交流时能力不足。过分追求分数使学生无法关注英语学习的本质，即沟通交流和跨文化理解。另外，过度的应试导向还会使学生在学习过程中产生挫败感和紧张感，影响英语学习的兴趣和信心。为改善这一现状，教育部门应调整考试评价体系，将更多关注点放在学生的实际应用能力上，引导学生关注英语学习的真正价值。

## （二）教学管理不到位

部分高校在英语教学管理上存在问题，如师资力量不足、教学资源分配不均等。这导致部分学生无法获得高质量的英语教育，影响其英语学习效果。为了提高英语教学质量，高校应加强师资队伍建设，引进具有丰富教学经验和专业背景的英语教师。同时，高校应合理分配教学资源，确保各个层次和各种类型的学生都能获得适合自己的英语教育。此外，学校还应建立有效的教学质量监测机制，定期对教学质量进行评估，发现问题及时改进。

## （三）以教师为中心

传统的英语教学模式以教师为中心，学生在课堂中往往处于被动接受知识的状态。这种教学模式难以激发学生学习的积极性，不利于培养学生的英语实际应用能力。为了改善这一现状，高校应该采用以学生为中心的教学模式，如通过小组讨论、角色扮演、案例分析等互动式教学方法，让学生在课堂上积极参与并主动思考。此外，教师应关注学生的个性化需求，针对不同水平和兴趣的学生提供有针对性的教学支持。通过这些措施，有望激发学生的学习热情，提高英语学习效果。

## （四）学生缺乏巩固实践

部分高校的英语课程设置过于理论化，忽视了学生实际应用英语的需求。学生在课堂中学到的知识缺乏实际操作和应用场景，难以形成深刻的理解和应用能力。为了解决这一问题，高校应该在英语课程中增加实践环节，如通过英语角、英语演讲比赛、模拟联合国等活动，让学生在实际场景中运用所学知识。同时，学校还可以与企业建立校企合作关系，为学生提供实习实践的机会，帮助学生将理论知识与实际工作经验相结合，提升英语应用能力。

### （五）学生缺乏自主学习的习惯

在中国高校英语教学中，部分学生过分依赖教师，缺乏自主学习的习惯。这使得学生在毕业后面临英语学习需求时，难以自主找寻适合自己的学习资源和方法，从而影响英语学习的长期效果。为了培养学生的自主学习能力，高校应提倡学生自我学习和自我管理。教师可以指导学生制订个人学习计划，鼓励学生利用课外时间参加英语学习相关活动。此外，学校还可以为学生提供丰富的英语学习资源，如图书馆、在线课程和学术讲座等，帮助学生自主寻找学习途径，形成良好的学习习惯。

### （六）忽视文化教学

传统的英语教学往往重视语法、词汇和阅读理解，而忽略了英语国家的文化背景知识。这限制了学生对英语世界的全面了解，从而影响他们在跨文化交际中的表现。为了培养具有国际视野的英语人才，高校应在英语课程中增加文化元素，使学生在学习语言的同时，能够深入了解英语国家的历史、地理、文化传统等方面。通过对英语国家文化的学习，学生能更好地理解英语表达的背后含义，提高跨文化交际能力。

## 第三节　高校英语教学的改革要求

在高等教育改革的浪潮之中，高校英语教学的改革应注意达到以下几个方面的要求：

### 一、教学理念创新

面对时代发展的需求，高校英语教学的改革需要在教学理念上进行深刻的反思和创新。首先，高校英语教学的改革应从应试教育向素质教育转变，这意味着教育不再仅仅关注学生的知识储备和语言技能，而是要重视学生的全面发展，包括情感、态度、价值观、思维方式、人际交往等多方面的能力。在教学过程中，教师需要重视培养学生的跨文化交际能力、创新能力和团队合作精神，使他们能够在多元化的社会环境中生存和发展。此外，改革还要坚持以学生为中心的教育观念，关注学生的需求和特点，尊重学生的个性和创新精神，激发他们的学习兴趣和潜能，培养他们自主学习和解决问题的能力。

## 二、课程设置与更新

高校英语教学改革的另一个重要环节是对英语课程体系进行全面的更新和优化。新的课程体系应当根据时代发展和社会需求进行设置，旨在满足学生的职业发展和个人兴趣的需求。这包括设置实用性强、紧贴专业需求的课程，如英语听说、阅读、写作、翻译等。同时，为了培养学生的跨文化理解能力和综合素质，新的课程体系还应引入跨学科的选修课程，如英语国家文化、商务英语、科技英语等。此外，课程设置还应注重课程的开放性和灵活性，鼓励学生根据自己的兴趣和需求选择课程，培养他们的自主学习能力。

## 三、教学方法创新

高校英语教学改革也需要教师在教学方法上进行创新。传统的教学方法可能无法满足当代学生的学习需求和兴趣，因此教师应采用多元化、寓教于乐的教学方法，如任务型教学、项目型教学、情境教学等，从而提高学生的参与度和学习兴趣。同时，教师也需要充分利用现代科技手段，如网络、多媒体、虚拟现实等，拓展教学资源，创设真实丰富的学习环境。这样，学生可以在具有吸引力的学习环境中，积极参与学习，提高语言应用能力。

## 四、开展个性化教学

高等教育的一个核心特征就是对个体差异的尊重。高校英语教学改革应当更加注重学生的个性化需求，因材施教，发挥学生的主体作用，鼓励他们积极主动地参与学习过程中来。具体来说，教师需要通过深入了解和观察学生，了解他们的兴趣爱好、特长、学习目标等，然后根据这些信息制订个性化的教学方案，为学生提供符合他们个性特点的学习任务和活动，激发他们的学习动力和兴趣。

同时，教师也要重视学生的心理健康问题。现代社会压力大，特别是在竞争激烈的学习环境中，学生很容易产生各种压力和困扰。教师应该关注这些问题，帮助学生建立正确的认知，为其提供必要的心理支持，培养他们的心理抗压能力。此外，教师还可以引导学生掌握有效的学习策略，如时间管理、目标设置、反思学习等，帮助他们提升学习效率，减轻学习压力，以提高他们的心理素质。

## 五、加强教师队伍建设

教师是高校英语教学改革的关键因素。因此，必须关注教师队伍的建设，提升他们的教学能力和教育素质。一方面，教育部门应组织各种形式的培训活动，比如讲座、研讨会、观摩课等，加强教师的专业知识和教育技能培训，使他们能够掌握新的教育理念和教学方法；另一方面，鼓励教师参与国内外学术交流，以拓宽他们的国际视野，引入先进的教育理念和教学方法，提升教师的教育教学水平。学术交流不仅可以提升教师的教育教学水平，还可以提升他们的专业素养，增强他们的教研能力。此外，完善教师的职称晋升和激励机制可以进一步提高教师队伍的稳定性和凝聚力，为高校英语教学改革提供有力的人才支持。

## 六、完善评价体系

高校英语教学改革的成功需要科学、公正、多元化教学评价体系的支撑。过度依赖单一的考试成绩评价方式，不仅不能准确反映学生的实际能力，还会让学生产生过度应试的压力。因此，各大高校应倡导多元化的评价方式，充分考虑学生的各方面表现。

首先，过程性评价应得到重视。这种评价方式关注学生的学习过程，包括他们在课堂讨论、小组合作、自主学习等方面的表现。通过过程性评价，教师可以及时了解学生的学习情况，指导他们改正错误，提高学习效率。

其次，强调综合能力的培养。除了语言知识，教师还应注重学生的跨文化交际能力、创新能力、团队协作能力等的培养。这些能力的评价应作为评价学生的重要指标。

最后，鼓励学生参加各类英语竞赛、实践活动等，并将这些活动成果纳入综合评价体系。这样，评价体系不仅能充分反映学生的实际水平和能力，还能鼓励他们积极参与社会实践，提升自身能力。

# 第四节　高校英语教学的发展趋势

## 一、教学技术不断整合

随着现代信息技术的飞速发展，教学方法和手段发生了革命性的变化。在高校英语教学领域，大数据和人工智能技术的应用，使得教学更加精准，有助于教师构建个性化的教学体系。教师能够通过分析学生的学习数据，了解他们的学习习惯和弱点，制订出更适合他们的教学计划和方法。此外，智能化教学平台可以为每位学生提供精确的学习资源，使每位学生都能在最适合自己的环境中学习，从而提高学习效率。

多媒体技术和虚拟现实技术的应用为学生提供了更生动、真实的学习环境。利用这些技术，学生可以在模拟的语境中进行英语听说读写的练习，这大大提高了学习的趣味性和实效性。例如，虚拟现实技术可以将学生带入真实的英语环境中，让他们在体验中学习，在练习中进步。此外，网络教学平台的发展为学生提供了便捷丰富的学习资源，使他们能够随时随地进行学习。这种线上学习方式打破了时间和空间的限制，使得学习更加自由灵活，满足了现代学生的学习需求。

从这一发展趋势可以看出，高校英语教学将更加注重技术与教育的融合，利用科技手段提升教学的质量和效果。未来，技术将继续深入英语教学的各个环节，为提升学生的英语实际应用能力提供强大支持。

## 二、实践教学相应增加

现代教育理念强调实践是最好的老师，因此实践教学在高校英语教学中的地位逐渐提高。这种趋势表现在越来越多的高校开始提倡和组织各类英语实践活动，如英语角、英语戏剧表演、模拟联合国等。在这些活动中，学生不仅能够实际运用所学的英语知识，还能在交流和合作中提升英语口语和听力技巧，培养团队合作能力，锻炼自我表达能力。这种在真实场景中的学习和实践有利于学生克服语言恐惧，提高口语交际能力，使英语学习从死记硬背转变为寓教于乐，提高了学习的积极性和主动性。

此外，很多高校也会积极组织各类国际交流项目，让学生有机会与来自不同文化背景的人进行交流，从而提升跨文化沟通能力。通过这种方式，学生能够了解更多文化背景，开阔视野，提升国际化素养。

## 三、跨学科融合迅速发展

在全球化背景下，英语已经成为各个学科领域的通用语言。因此，跨学科融合成为高校英语教学的一种重要趋势。在这一趋势下，许多高校开始尝试将英语教学与专业课程相结合，从而培养学生在专业领域内的英语应用能力。这样的做法不仅提高了英语教学的实用性，也使学生能够在专业学习中更好地使用英语，提高了他们的竞争力。此外，许多学校还开展跨学科的英语项目，鼓励学生在英语学习中关注社会、文化和科技等多方面的知识。这种跨学科的学习方式可以帮助学生开阔视野，提升综合素质，更好地适应未来的社会需求。

### 四、专业化教学需求增加

随着经济社会的发展，不同行业对专业化英语人才的需求日益增强，中国高校英语教学正逐渐从一般英语教学转向更为专业化的英语教学。这种变化表现在学校对于商务英语、法律英语、医学英语等专业领域的重视和支持。为此，许多学校已经开始开设这些专业领域的英语课程，致力于培养具有一定专业知识和实际应用能力的英语人才。此外，高校还注重与企业和行业的紧密合作，以更好地了解用人单位的需求，调整教学内容和方法，使教学成果与社会需求更加贴近。高校与企业进行深度合作，不仅可以提供给学生实习和实践的机会，还可以让教师了解行业的最新发展，进而提升教学质量。

从长远来看，专业化英语教学将更好地满足社会对英语人才的需求，提高毕业生的就业竞争力。在这一趋势下，可以预见，未来，专业化英语教学在中国高校英语教育中将占据越来越重要的地位。

### 五、国际化合作成为潮流

在全球化大背景下，国际化合作已经成为中国高校英语教学发展的必然趋势。越来越多的高校开始积极开展国际合作，引进国外优质教育资源，以提高本校的英语教学质量。例如，一些高校与国外优质教育机构开展双学位项目、交换生项目等，让中国学生有机会在国际背景下学习和生活，提高国际视野和跨文化交际能力。这些国际交流项目为学生提供了宝贵的机会，使他们能够在实际生活中体验和应用英语，加深对于英语知识的理解和掌握。

另外，高校也会邀请国外专家学者来华讲学、开展合作研究，以提高师生的学术水平和国际影响力。这些活动不仅可以让学生接触最新的学术研究成果，还能促进中外教师的交流和合作，从而提高教学质量。未来，随着全球化的深入发展，中国高校的英语教育将更加注重培养具有国际视野和竞争力的人才，从而为中国的发展和全球化进程做出更大贡献。

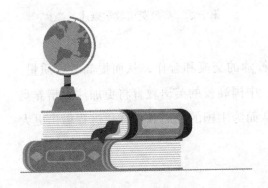

# 第二章　高校英语教学的理论指导

## 第一节　高校英语教学的教学目标

学生既是教育教学的对象，又是教学工作的服务对象，因而高校英语教学的教学目标也应以服务学生为重点，以帮助学生学习英语知识，掌握英语相关技能为最终目标。具体分析，其又可划分为以下几个小的教学目标，如图 2-1 所示。

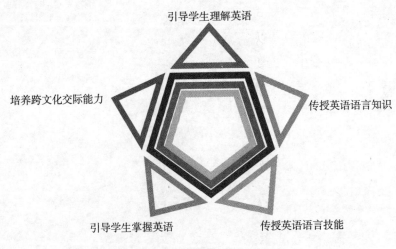

图 2-1　高校英语教学的教学目标

16

### 一、引导学生理解英语

高校英语教学的首要教学目标应是引导学生理解英语，弄清楚为什么要学习英语，学习英语的目的是什么、作用是什么、对自己未来的发展有什么帮助。从这个意义来讲，高校教师引导学生理解英语的过程是一个使能过程，在这个过程中，教师不是要使学生掌握生活技能，像维修家电、驾驶汽车那样，更主要的是使学生开动脑筋，学习语言知识。因此，可以说，这一教学过程不仅是一个行为过程，更是一个心理过程，学生是这一教学过程的中心。

在这一过程中，学生是中心，是教学活动的主体，教师是引导者、使能者。在这一活动过程中，学生不是要掌握某种需要动手操作的技能，而是要学习新的知识，发展自己的思维能力；教师的主要任务就是为学生安排需要掌握的新知识。一般情况下，人们所说的学习一种语言包括两种情况：学习这门语言和学习与这门语言相关的知识。此处教师给学生安排的新知识是有关语言特征和语言运用的知识，也就是说，学生在教师的引导下学习英语知识，既要学会有关英语的知识，又要学会如何使用英语参与交际。

根据以上两种理解模式，教师可以选择两种不同的教学模式：第一种教学模式下的英语教学以让学生掌握英语相关的语言知识为教学目标，在这种模式下，学生只需要理解和记忆知识内容，而不需要进行实践应用，其重点在于大脑的思维活动。而从第二种模式角度出发，学生既要学习语言的理论知识，还要掌握实际的语言技能，把学到的理论知识应用到语言交际活动中；同时要学会如何在英语文化语境中从事相关的交际活动，学会一定的交际技能。

### 二、传授英语语言知识

"教师把英语语言知识传授给学生"这一过程本质上是一个物质传

递、物质交流的过程。在这个过程中，主要参与者是给予者和给予者准备的礼物，即教师和其所传递的语言知识。

在这一交流过程中，教师处于主导和控制地位，学生则多属于被动接受的角色。教师是实施者，学生是受益者，实施的重点是英语语言知识，这种设定接近实际的情境设计。

在这一过程中，教师的教学目标是将自身判定为正规的、标准的英语语言知识传授给学生，并想办法让学生理解、接受和应用。从教学方式来讲，教师在不停地讲解和输出，学生在不停地理解和记忆。

### 三、传授英语语言技能

教师向学生传授英语语言技能，就是教给学生如何使用英语，如何使用自己的大脑、感官或者肢体接收、理解和输出英语，比如如何听懂英语、如何理解英语、如何用嘴说英语、如何用手写英语。这一教学过程的重点仍然是英语语言，学生仍然是一个被动的参与者。学生的参与不仅受教师行为的支配，还受外界因素的影响。

在这一过程中，教师不仅要教给学生基本的语言知识，还要使学生掌握运用英语的技能，这是最主要的教学目标。为实现这一目标，教师在教学过程中通常会带领学生开展大量的技能训练和练习活动，学生是这些训练活动的参与者，是被训练的对象。由于学生在这一过程中比较被动，所以教师很难引导学生发挥他们学习的积极性和主动性，事实上，这属于一种结构主义和行为主义的教学模式。

### 四、引导学生掌握英语

在"教师引导学生掌握英语"的教学活动中，学生想要掌握英语这一门语言，教师则根据具体情况帮助学生达到这一学习目的。在这一过程中，学生是中心，教师是使能者，教师有责任和义务采用各种方法和手段帮助学生掌握英语。例如，设计丰富多彩的练习活动、精心为学生布置英语作业、组织学生进行能力测验等。

这种教学模式符合现代教学的要求和当代英语教师对教学的认知。教师把学生看作教学活动的主体，把提高学生的英语能力和综合素质作为教学的最终目标，而教师的任务就是指导和帮助学生，这可以说是学校教育的一项重大进步。但对于学生需要学习的内容和学生想要达到的学习标准还没有一个定论，只是根据成人的认知认为学生应该掌握哪些内容、学生应该这样或那样学习。因此对教学的内容和目标，教师可以更多地倾听学生的想法和意见。

## 五、培养跨文化交际能力

新教学大纲的颁布和英语教学改革的实施，让学校和社会认识到了培养学生跨文化交际能力的重要性。传统英语教学的目标和任务集中在培养学生的语言知识和技能方面，但长期的实践证明，尽管学校和教师在培养学生英语语言知识和相关技能方面付出了大量的时间和精力，但实际的教学效果并没有预期中那么好。也就是说，目前高校英语教学受限于语言知识掌握和言语技巧训练的硬性规定，学生学到的更多的是语言表面的知识，给人一种学了英语没有什么用途的感觉。

基于以上分析，可以认为，英语教学必须注重对学生跨文化交际能力的培养。实践证明，跨文化交际能力不仅包括词汇、语法、发音等语言知识方面的技能掌握，还包括语境分析、文化沟通和交际技巧等诸多能力构成因素。因此，要想培养学生的英语交际能力，学校和教师不仅要教授其基本的语言知识，开展基本的言语技能训练，还必须教授跨文化语言知识和语用知识，以培养学生在真实情境下的跨文化交际能力。

由于汉语和英语在民族语言和文化上的巨大差异，英语教学的过程中肯定会出现因为文化差异造成的理解障碍和困难。为了减少这种障碍对教学的影响，必须在教学过程中加入英语语言文化的教学，如社会文化教学、风俗文化教学、礼仪文化教学等。教师应认识到教授英语的过程实际上是向学生介绍西方文化，帮助学生树立正确文化观的过程。从这个角度分析，英语教学对学生提出了两点要求：其一，学生要通过英语和汉语文化的对比了解这两种文化的异同，并且能够灵活地将这两种语言进行等值或尽量等值意义上的转换；其二，学生要认真地接收和理解来自不同民族的语言文化和信息，树立正确的文化观。

总而言之，从整个英语教学的角度分析，语言知识技能教学是前提和基础；而跨文化交际能力的教学则是深化和提高，是教学的最终任务。

## 第二节　高校英语教学的教学原则

高校英语教学需要坚持的基本教学原则主要包括以下几个方面的内容，如图 2-2 所示。

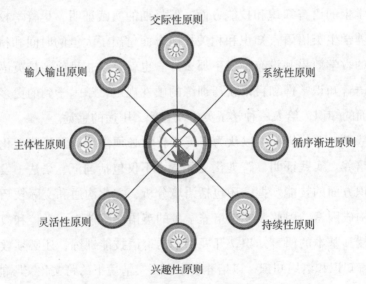

图 2-2　高校英语教学的教学原则

## 一、交际性原则

交际是在特定语境中说话者和听话者、作者和读者之间的意义转换。

交际的过程是一个编码和解码的过程，参与者通过使用一定的语言符号和语法规则，将自己的思想编码为可理解的语言信息，然后通过一定的交际媒介传递给对方，对方再根据自己的知识和经验，对这些语言信息进行解码，理解其意义。在这个过程中，语言的使用者需要根据语境调整自己的语言和行为，以达到有效交际的目的。而在教学中，教师需要帮助学生理解和掌握这个过程，从而训练他们的交际能力。具体分析如下：

在英语教学中，交际性原则的应用方法是至关重要的，它不仅要求教学活动与实际交际紧密结合，还要求教师重视培养学生的实际交际能力，关注教学内容和教学活动的真实性。以下是几个具体的实施方法：

（1）重视培养学生的有效交际能力。传统的英语教学往往过分强调语法和词汇知识的掌握，而忽视了语言学习的实质，即交际。在真实的交际过程中，适当的场合、合适的时间、恰当的表达方式都是十分重要的。因此，教师应该设计丰富多样的交际活动，如角色扮演、话剧表演、影视剧台词配音等，让学生有机会在各种场景下练习英语，逐渐理解如何在不同的交际场合下使用合适的语言表达自己的想法。

（2）注意教学内容和教学活动的真实性。英语是一门生活语言，其学习和使用都应紧密贴合现实生活。在设计教学内容时，教师应尽量选取贴近学生生活的话题，如环保、健康、科技、文化等，尽可能将学生关心的热门话题融入教学内容中，这样既能增强学生的学习兴趣，又能提高教学效果。同时，教师的课堂语言和教材中的语言都应是真实的，这种语言不仅符合交际性原则，还有助于学生语言理解和交际能力的提高。

（3）激发学生学习的积极性。学生是学习的主体，他们的积极性直接影响学习效果。因此，教师在教学中应注重调动学生学习的积极性，提供各种形式的学习任务和活动，让学生在实际交际中学习和使用英语，从而提高他们的学习动力和交际能力。

（4）教师提供的反馈在教学过程中起着重要作用，它可以帮助学生发现和改正自己在交际中的错误，从而提高自己的交际能力。反馈可以被看作教学过程中的"导航系统"，它引导学生沿着正确的路径前进，当他们偏离这条路径时，反馈就会提示他们回到正确的轨道上来。因此，教师需要提供及时有效的反馈，帮助学生了解自己在学习过程中的进步和存在的问题。

首先，教师需要对学生的语言表达进行评价。在交际过程中，学生可能会犯一些语法、词汇或者发音的错误。这时，教师应该及时指出这些错误，并给出正确的表达方式，以便学生能够及时纠正。同时，教师还应该鼓励学生正确使用语言，当学生在交际中正确使用语言时，教师应该及时给予肯定和鼓励，以提高学生的学习动力和自信心。

其次，教师需要对学生的交际策略进行指导。在交际过程中，学生需要运用各种交际策略，如换位思考、礼貌原则、合作原则等，从而达到有效交际的目的。这时，教师应该帮助学生理解和掌握这些交际策略，通过实例分析和角色扮演等方式，让学生在实际交际中更好地运用这些策略。

最后，教师需要关注学生的情感反馈。学习英语不仅仅是掌握知识，更是一个情感体验的过程。教师应该关注学生的情绪变化，理解他们的学习困惑，尽力解答他们的疑惑，鼓励他们面对困难，激发他们的学习兴趣。这样，学生才能在愉快的氛围中学习英语，提高交际能力。

## 二、系统性原则

要认识英语教学及其与交际的关系，还必须看到英语教学的系统性。辩证唯物主义认为："我们所面对着的整个自然界形成一个体系，即各种物体相互联系的总体……这些物体是互相联系的，这就是说，它们是相互作用着的，并且正是这种相互作用构成了运动。"现在人们已经认识到，无论是物质世界，还是思维领域，都具有系统性，大到人类社会，小到一个工厂、一个车间、一台机器都可视为系统。研究事物系统性的科学就是系统论。

在高校英语教学中，系统性教学原则起着关键作用。这是因为学习英语不仅涉及学习语法、词汇、语音等单一的知识点，而且需要理解和掌握这些知识点之间的关系和互动。如果将英语教学看作一个系统，那么教师就需要考虑如何将各个知识点有机地联系在一起，形成一个整体的教学内容。另外，教师还需要关注学生的学习进度和学习需要，以确保教学内容和方法的系统性与学生的学习过程相适应。具体来说，系统性教学原则在高校英语教学中的应用体现在以下几个方面：

**（一）课程设计**

在高校英语教学中，一个系统性的课程设计需要充分考虑和平衡语言技能和语言元素的学习。具体来说，教师需要规划一个涵盖听、说、读、写四项语言技能和语法、词汇、发音等语言元素的课程，确保每一个元素都得到足够的关注和实践。这个过程应当以学生的学习需求为出发点，充分利用各种教学资源，形成一个连贯、灵活、均衡的教学计划。系统性的课程设计不仅可以帮助学生在不同的课程中接触和学习不同的英语知识和技能，还有助于提高学生对英语学习的兴趣和动力。

**（二）教学内容**

系统性教学原则强调教学内容的有机联系和整体性。在教学实践中，教师应该尽可能地将不同的知识点进行关联，使其成为一个有机的整体。例如，教师在教授一篇阅读文章时，可以引入与文章内容相关的词汇，同时解释相关的语法知识，使得学生在理解文章内容的同时，能够自然而然地学习相关的词汇和语法知识。此外，教师还可以利用多媒体和互动式教学方法，将教学内容与学生的生活经验相结合，使得教学内容更加生动且具有吸引力。

## （三）教学方法

系统性教学原则鼓励教师采用多样化的教学方法，以满足不同学生的学习需求和风格。讲解、示范、讨论、模仿、实践等教学方法都有其特定优点，教师应当灵活地运用这些方法，使得学生能够从多个角度理解和掌握英语知识。例如，教师可以通过讲解和示范，向学生展示一个新的语法结构的用法，然后通过讨论和模仿，让学生自己尝试使用这个语法结构，最后通过实践活动，使得学生能够真正掌握这个语法结构。

## （四）评价和反馈

系统性教学原则强调对学生学习进度的全面评价和及时反馈。这意味着教师需要定期对学生的学习进行评价，包括对学生的语言技能、语言知识和学习态度等方面进行评价。教师的反馈应当具有指导性和建设性，帮助学生了解在学习过程中的优点和不足，引导学生根据反馈信息调整自己的学习方法，提高学习效果。这样的评价和反馈机制不仅可以提高学生的学习动力，还可以提高教学效果。

## 三、循序渐进原则

在高校英语教学中，循序渐进的原则应用广泛。学习新语言的过程中，最重要的是让学生从易到难，由浅入深，逐步提升其语言技能。这种循序渐进的过程不仅符合学生的认知规律，还有助于激发他们的学习兴趣和动力。

在高校英语教学中，循序渐进教学原则强调教学工作的开展要遵循一定次序。具体分析如下：

## （一）口语向书面语过渡

在语言的学习过程中，学生一般从口语的学习开始，经过一段时间之后，再学习书面语。这种规律源于语言的发展史，因为人类在历史中先学会了说话，然后才会写字，口语的出现远远早于文字。在英语学习的初期，学生也需要通过听说来掌握英语，包括学习基本词汇、语法以及练习英语发音等。这样，经过一段时间的口语学习，学生可以掌握基础的英语口语知识。在此基础上，学生再开始学习书面语，包括更多的词汇量、更复杂的语法结构等，就不会感觉太吃力了。这种过渡让学生在从口语到书面语的学习过程中，能够更深入地理解和使用英语。

### （二）听说技能向读写技能过渡

具备听说技能既是掌握一门新语言的基础，也是进一步学习读写技能的基础。在学习英语的初级阶段，学生首先通过听力训练来熟悉英语的发音、语调和节奏，然后通过口语训练来提高表达能力。随着时间的推移，学生会逐渐掌握更多的词汇和语法规则，他们的听说技能也会得到进一步提高。当他们的听说技能达到一定水平后，教师可能开始引入阅读和写作的训练。例如，学生可能被要求阅读一些简单的英文故事或文章，以增强他们的阅读理解能力，他们也可能被要求写一些简单的文章，如描述自己的一天、写一个小故事，以此来提升学生的写作能力。

在整个过程中，学生的英语学习是按照听、说、读、写的顺序逐渐推进的。他们从简单的听说练习开始，逐步过渡到更复杂的阅读和写作训练。

## 四、持续性原则

在完成基础英语教学阶段的学习之后，学生还要向更高级别的英语教学阶段发展，继续进行英语学习，因此在英语教学中，教师要坚持可持续发展原则，在实践中自觉为学生打好向高级阶段学习的基础。具体可以从以下两个方面入手：

## （一）做好知识的前后迁移

在英语教学中，做好知识的前后迁移至关重要。此处所说的知识迁移不仅仅是让学生记住知识，更重要的是让他们能够运用这些知识。毕竟仅仅记住知识并不能真正提升学生的语言技能。为了达到这一目标，需要让学生在实践中发展和巩固他们的语言知识。也就是说，要通过实践来巩固知识，通过巩固知识来促进发展。

在教学过程中，教师需要通过各种方法增加正向迁移的量。例如，教师可以让学生在不同的上下文中使用相同的语言结构，让他们看到这些结构是如何在不同情境中被加以运用的。教师还可以通过反复练习来帮助学生巩固知识。重复并不意味着单调，教师可以通过设计各种有趣的活动，让学生在玩中学，在学中玩。

同时，教师也需要帮助学生理解如何将所学的知识应用于真实的生活场景。例如，教师可以用学生已经学过的词汇和句型来让他们模拟一场对话，或者让他们写一篇文章来描述自己的生活。通过这种方式，学生不仅可以在实践中巩固和发展语言知识，还能看到所学的英语知识在实际生活中的应用。

## （二）培养学生学习英语的正确态度

培养学生学习英语的正确态度同样是英语教学中非常重要的一环。积极、敢于接受挑战的学习态度能让学生在学习的过程中享受快乐，增强学习动力。教师在教学中应该让学生感受学习英语的乐趣，这样他们才能从内心愿意去学习。这可能需要教师以一种富有创意和互动性的方式来进行教学，比如利用游戏、音乐、电影等方式，将枯燥的语法规则和词汇训练变得生动有趣。

此外，教师还需要培养学生敢于使用英语进行交际的能力。许多学生在学习英语时，常常因为害怕犯错而不敢说英语。为此，教师需要创建一个积极、宽容的学习环境，鼓励学生大胆地说英语，不怕犯错，从中学习和成长。

## 五、兴趣性原则

兴趣是学习最好的老师。作为一种调动学生学习积极性的强大动力，对于学生来说，兴趣和英语学习的成功与否有着很大关系。人都有向往新鲜事物的本能，英语是一种他国语言与文化的载体，其实很多学生对英语的学习都有一种天然的兴趣和好奇。所以，只有学生的学习兴趣得到了激发，他们才能拥有更大的英语学习的动力，这样就能事半功倍，收到理想的教学效果。为了做到这一点，教师应注意以下几个方面：

### （一）注意观察学生的兴趣所在

在英语教学中，关注学生的兴趣点至关重要。每个学生都有自己独特的兴趣点，这些兴趣点往往能够激发学生的学习热情，使他们更愿意投入学习。因此，教师应该积极地去观察和了解学生的兴趣点，然后制订适合学生的教学方案。

例如，有的学生对音乐或电影感兴趣，教师可以在课堂上引入相关的英语歌曲或电影片段，让学生在欣赏和理解音乐或电影的过程中学习和运用英语；有的学生对体育活动感兴趣，那么教师可以组织一些用英语进行的体育活动，让学生在运动中学习和运用英语。通过这些方式，可以使英语学习变得更加生动有趣，更能吸引学生的注意力，从而激发他们的学习兴趣，提高其学习的积极性。

### （二）要善于发现学生取得的进步

在教学过程中，教师要学会发现并表扬学生取得的进步，无论这些进步多么微小。学生在学习过程中往往会遇到各种困难和挫折，如果他们的努力和进步得不到认可和鼓励，他们便可能感到沮丧，失去学习的动力。因此，教师需要时刻关注学生的学习情况，一旦发现学生有所进步，无论这个进步是词汇量的增加，还是发音的改进，抑或写作能力的提升，都要及时给予表扬和鼓励。这种及时的表扬和鼓励不仅能够激发学生的学习兴趣，提高他们学习的积极性，还能增强他们的自信心，使他们更有信心去面对和克服学习中遇到的困难。

### （三）加强与学生的沟通和交流

在教学过程中，教师与学生的沟通和交流也非常重要。一个擅长与学生交流、能够活跃课堂气氛的教师往往能够让学生对其所教授的课程产生兴趣。因此，教师应该定期与学生进行交流，了解他们的学习情况，发现他们学习过程中遇到的问题，并给出针对性的建议和帮助。同时，教师还可以在课堂上组织各种互动活动，让学生参与教学过程中来，让他们在交流和合作中学习和运用英语。

### （四）引入形成性评价

在教学过程中，教师应该注重对教学评价方式的完善。传统的评价方式往往只关注学生的学习结果，而忽视了学习过程。这样会使学生对分数产生过分依赖，忽视了学习的过程和乐趣。为此，教师应该引入形成性评价，关注学生的学习过程，强调学习的过程比结果更重要。形成性评价能够让学生明白，他们的努力和进步是被看到和认可的，不仅仅是学习的结果。这样，学生就能够更加关注自己的学习过程，享受学习的乐趣，提高学习的积极性。

## 六、灵活性原则

教师要遵循兴趣性原则，在教学过程中激发和培养学生的兴趣，就必须遵循灵活性教学原则，因为灵活性原则是兴趣性原则的有力保障。语言是社会文化生活和人们日常生活的重要组成部分，是一个充满活力的、不断发展的开放性系统；学生代表着年轻的生命和锐意进取的精神，他们是未来的希望，也是美好生活的创造者。语言本身的性质以及学生的身心特点要求英语教学遵循灵活性原则，具体分析，英语教学需要在教学方法的设计上、学生学习方法的选择上，以及英语课堂的组织上被赋予充分的灵活性。

### （一）运用灵活的教学方法

在教学过程中，教师应根据学生的实际情况和学习需求，灵活运用不同的教学方法。这就需要教师具有较强的教学能力和敏锐的洞察力，以便能够准确把握学生的学习状态，从而选择最适合他们的教学方法。比如，对于初学者，教师可以通过直接法进行教学，即全部用英语进行，这样可以让学生尽快适应英语的语言环境，同时能提高他们的听力水平。而对于有一定基础的学生，教师可以使用任务型教学法，设定具体的任务让学生去完成，这种方法既可以让学生在实践中学习和使用英语，也可以提高他们的问题解决能力。此外，教师还可以通过引入多媒体教学、网络教学等现代教学手段，使教学更加生动有趣，更能激发学生的学习兴趣。

### （二）引导学生采用灵活的学习方法

在英语教学中，教师不仅要教授知识，而且要引导学生掌握正确的学习方法。每个学生的学习方法都是独特的，他们的学习效果往往受到自身学习方法的影响。因此，教师应该引导学生根据自己的实际情况，采用适合自己的学习方法。例如，对于那些喜欢听力训练的学生，教师可以引导他们通过听英文歌曲、看英文电影等方式提高英语水平；而对于那些喜欢阅读的学生，教师可以为其推荐一些英文书籍，让他们在阅读过程中学习和积累英语词汇和句型。教师还应鼓励学生自主学习，从而培养他们的自学能力。自主学习不仅可以提高学生的学习效率，还能培养他们的自我控制能力和解决问题的能力。

### （三）灵活使用英语组织课堂

在英语教学中，教师应该尽可能地用英语进行教学，这样不仅可以为学生提供一个真实的语言环境，也能帮助他们更好地理解和掌握英语。教师应该用英语进行课堂讲解，尽可能地使用英语提问、引导讨论等，让学生在英语环境中思考和交流。同时，教师还可以通过组织一些实践活动，比如小组讨论、角色扮演等，让学生在实践中使用英语，从而提高他们的口语能力。此外，教师还可以布置一些与生活密切相关的英语作业，比如写日记、写信等，让学生在完成作业的过程中，既能锻炼英语写作能力，也能更好地理解和掌握英语知识。

## 七、主体性原则

在课堂教学中，教师是主导，学生是主体，两者相互协调、相互配合，教学质量才有保证。教师熟悉教学内容，了解有效的学习方法和学习途径。在教学过程中，教师必须以学生为中心来发挥自己的指导作用，为学生创造学习条件，随时向学生提供帮助，调动学生学习的积极性。总之，教师的一切教学工作都是围绕学生的需要而进行的。

（1）在开展英语教学的过程中，教师的主导作用是显而易见的，他们需要通过自己的专业知识和技巧，为学生提供解决学习难题的途径，当然，教师需要有足够的专业知识和教学经验，才能在短时间内帮助学生解决问题。

（2）对于学生来说，在学习过程中遇到困难时，他们往往会感到迷茫和无助。此时，教师需要扮演引导者的角色，帮助学生找到解决问题的思路和方法。这可能需要教师具有良好的沟通技巧以及对学生个性和学习特点的深入理解。在这里，教师的主导作用表现为引导和启发，而不是简单的传授知识。

（3）当看到学生积极主动地接受学习任务时，教师要适时给予更多的学习机会，以满足学生的学习需求和欲望。这需要教师有足够的敏锐度，能够及时发现学生的学习潜力和意愿，并且能根据学生的需求灵活调整教学计划。

（4）面对学习态度消沉的学生，教师不能轻言放弃，而是需要及时地鼓励和激励他们，激发他们学习兴趣和热情。同时，对于学习有成就的学生，教师也要提出更高的要求，引导学生持续提高，维持学习的挑战性。

## 八、输入输出原则

输入输出原则与英语学习中听说读写技能的培养密切相关。其中，"输入"是学生学习和掌握英语语言材料的过程，这一过程主要依赖听和读完成；"输出"是学生表达已掌握的英语语言材料的过程，这一过程主要通过说和写完成。很显然，输出行为建立在输入行为的基础上，基于这一原理，可以认为，输入是第一性的，输出是第二性的。具体分析这一观点，一方面，人们在学习英语的过程中，能理解的部分要比能表达出来的部分多；另一方面，语言输入的量越大，大脑积累的语言材料越多，语言输出的能力就越强。通俗来讲，学习者听的语言、读的语言越多，其表达能力就越强。根据实践研究，有效的语言输入应具备以下三方面的特点：

### （一）可理解性的重要性

可理解性是指教师所提供的语言输入是否在学生的理解范围内。在语言学习过程中，这一原则极为重要。如果学生无法理解输入的语言信息，那么这些信息将对他们的学习毫无帮助，甚至可能使其产生挫败感和困扰。在教学过程中，教师需要确保所教授的内容能够被学生所理解。这并不是说教师需要将所有内容都简化到最低级别，而是说教师需要在保证学生能理解的基础上，逐渐提高语言输入的难度。这需要教师有足够的敏感度去感知学生的理解能力，并做出适当调整。教师应在语言输入的难度和学生的理解能力之间找到一种平衡，使学生能够在理解和挑战之间，逐步提高自己的语言能力。

此外，可理解性的教学也要求教师尽可能多地使用实例和图解等方式，帮助学生理解难以理解的概念。通过图示，学生可以更直观地理解抽象的概念，从而提高学习效率；而通过实例，教师可以将抽象的知识点具体化，使学生能够更快地理解和掌握。

### （二）趣味性或恰当性的角色

趣味性是指教师提供的语言输入是否与学生的兴趣和生活经验相符合。教学内容的趣味性对于激发学生的学习兴趣和动力起着至关重要的作用。在教学过程中，教师需要充分考虑学生的兴趣和背景，为其提供具有吸引力的教学内容。这不仅可以提高学生的学习兴趣，还可以帮助学生更好地理解和记忆新的知识。另外具有趣味性的教学活动还可以激起学生的参与感，使他们在参与和互动中加深对新知识的理解和记忆。

恰当性则是指教师需要考虑学生的年龄、经验和背景，提供与他们生活经验相符的教学内容。这样，学生可以将新的知识与自己的生活经验相联系，从而更深入地理解新的知识。

### （三）足够多的输入量

在语言学习中，足够多的输入量对于学生掌握新的语言知识是必不可少的。只有充足的语言输入，才能让学生有机会练习和运用新的知识，从而使这些知识在他们的大脑中得到巩固和深化。

在教学过程中，教师不仅要注重课堂内的教学，还需要引导学生在课堂外进行大量的学习和练习。这可能涉及学生的阅读、写作、听力和口语练习等各个方面。只有当学生在各个方面都得到充分的练习，才能真正掌握和运用新的知识。实践证明，学生要掌握一个新的语言知识点，需要数小时的练习以及充分的讨论才能完成。因此，教师应该鼓励学生利用课外时间进行大量的语言练习，以确保有足够的输入量来掌握新的知识。

# 第三节　高校英语教学的教学理论

在高校英语教学工作中，不管教学目标是什么、教学内容是什么、教师选择什么样的教学方法，教学活动的开展都建立在一定的理论基础上。由于英语教学属于一种语言的传授，所以会涉及语言学的相关理论；同时英语教学又属于学科教学的范畴，因此教师还要掌握教育学相关理论。根据以上分析，本节将从语言本质理论、语言学习理论和教育学相关理论三个层次出发，对高校英语教学的指导理论进行探讨，为后面的实践教学部分做铺垫。

## 一、语言本质理论

关于语言的本质是什么这一课题，不同学者从不同角度出发对其进行了研究和讨论，并提出了各自的看法和理念。本节主要介绍两种具有影响力的语言本质理论，即语言的功能理论和言语的行为理论。

### （一）语言的功能理论

英国语言学家韩礼德（Halliday）认为语言的本质与人们对语言的要求以及语言本身反映完成的功能相关，据此提出了语言的功能理论。他提出，语言具有社会功能，语言的社会功能在一定程度上影响了语言本身的变化和发展。只有研究语言如何使用，才能发现语言的全部功能及其构成意义的全部成分。韩礼德对语言功能的分类如下所示：

1.微观的功能

韩礼德指出语言具有微观功能，且这一功能主要出现在儿童学习如何使用母语的阶段。语言的微观功能具体又可划分为以下七种功能：个人功能、规章功能、想象功能、启发功能、工具功能、相互关系功能、信息功能。

2. 宏观的功能

对比语言的微观功能可以发现，语言的宏观功能更加复杂和抽象，语言的宏观功能产生于儿童语言向成人语言过渡时期，主要可分为以下两种：

（1）实用功能。实用功能是儿童在学习语言的早期出现的一种功能，通常认为该功能是由工具功能、相互关系功能和控制功能三种功能延伸出来的，是儿童把语言当作做事的方式和手段的功能。

（2）理性功能。理性功能也诞生于儿童学习语言的早期阶段，与实用功能不同的是，该功能是由个人功能、启发功能衍生出来的，是儿童把学习知识和观察事物作为一种手段和方法的功能。

总而言之，语言的宏观功能是儿童早期学习语言时的过渡功能，它是微观功能的延续。语言的宏观功能体现出人类语言功能的实用性，即语言可以根据不同情况运用到不同场合，还证明了人们在使用语言进行沟通和交流的过程中，离不开相应的语言创造。

3. 纯理功能

韩礼德还提出了语言的纯理功能，这一理论对语言学派的发展产生了深刻影响。纯理功能主要包括以下三个方面的内容：

（1）人际功能。语言的人际功能指的是语言具有表明、建立和维护社会关系的功能。由于语言的人际功能，人们能够在某种环境或场合下表达出自己内心的真实想法和情感态度，并作用在他人身上，对他人产生影响。

（2）篇章功能。语言的篇章功能指的是语言在不跑题的前提下具有创造通顺语句和连贯篇章表达的功能，韩礼德还认为，语篇是具有一定功能的语言。

（3）概念功能。语言的概念功能是指人们使用合适的语言对自己曾经历过的事情以及自身的真实体验和感受进行概括描述的功能。换句话说，就是人们会通过概念解码以往的经验，达到表达或阐述事物的目的。

韩礼德还提出，基本上所有句子都在不同程度上体现出以上三种功能，且通常以并存的形式存在。韩礼德对于语言本质的论述为人们研究语言提供了新的思路，有助于人们开展对语言的深入研究，也为后来交际法教学流派的创立奠定了一定的理论基础。

### （二）言语行为理论

　　早在 20 世纪 50 年代，英国哲学家奥斯汀（J.L.Austin）就创立了言语行为的理论基础；随后，美国学者塞尔（J.R.Searle）在奥斯汀理论研究的基础上进行了改进，并建立起一种用来解释语言与交际行为的理论，即言语行为理论。这就是言语行为理论的产生。言语行为理论不仅被用来指导语言教学的开展，还为意念功能大纲的产生和发展提供了理论基础。接下来简单介绍一下奥斯汀和塞尔的言语行为理论观点。

　　1.奥斯汀

　　奥斯汀把语言中的话语分为两种句型：表述句、施为句。在此基础上，奥斯汀提出了言语行为的三分说理论。

　　（1）奥斯汀的表述句理论指的是那些用来描述客观世界、报告客观事件、陈述客观事实的句子。表述句的主要特征是其具有真假判定的标准，能够被实证或者否证。例如，"北京是中国的首都"，这是一个表述句，它表达的内容可以被客观验证，因此可以判定其真假。表述句在语言沟通中起着重要作用，它是人们描述世界、表达看法、交流信息的主要工具。它以客观事实为依据，把语言使用者的思想和认知转化为可理解的语言符号，从而实现信息的传递。然而，表述句并非语言的全部，语言的功能远超过了表述客观事实。这就引出了奥斯汀的另一种句型理论——施为句。

　　（2）施为句是奥斯汀的另一种重要的句型理论，它指的是那些通过言语行为对客观世界进行改变的句子。例如，"我宣布你们结为夫妻"，这是一个典型的施为句，说出这个句子的人通过言语行为改变了两个人的婚姻状态。

施为句的特点是它不能进行真假验证，因为它不是对客观世界的描述，而是对客观世界的改变。这是它与表述句的最大区别。在语言沟通中，施为句起着至关重要的作用，它赋予了语言以行为的力量，使得语言不仅能够描绘世界，还能改变世界。

（3）基于以上对表述句和施为句的理解，奥斯汀进一步提出了三分说理论，将言语行为分为三种：以言指事行为、以言行事行为和以言成事行为。以言指事行为指的是通过言语来指代、描述事物的行为，如"那是一座山"；以言行事行为指的是通过言语来完成某种行为，如在课堂上教师说"我现在开始上课了"，这就通过言语行为完成了上课的行为；以言成事行为则是通过言语来创造新的现象或事态，如法官宣判犯人时说"我判你无期徒刑"，这就通过言语创造了新的事态——犯人被判无期徒刑。

2.塞尔

塞尔在奥斯汀的理论基础上做了深入探究，提出了相应的间接言语行为理论。

（1）以言行事行为的分类。他将以言行事行为分为以下五类：

其一，承诺类。这一言语分类是指讲话者会对未来要发生的事情做出不同程度的保证或承诺，如动词 promise、commit、threaten 等。

其二，表达类。这一言语分类主要是指讲话者暗含某种心理状态，如动词 apologize、welcome、regret、boast 等。

其三，断言类。这一言语分类主要是指讲话者针对某件事所做出的判断或表明的态度，如动词 state、claim、remind、inform 等。

其四，宣告类。这一言语分类主要是指讲话者所要表明的话题的内容与现实世界是一致的，如动词 resign、declare、nominate 等。

其五，指令类。这一言语分类主要是指讲话者指使或者命令他人去做某些事情，如动词 order、advise、ask、want 等。

（2）间接言语行为理论。间接的言语行为就是指通过采用对另一行为的实施方法达到间接实施言语行为目的的一种行为。例如，"Can you take a photo for me？"这句话，从讲话者的言语行为角度出发分析，表面上看，这句话是在询问对方能否为自己拍一张照片，但其实含有"请求"的含义，这就是说，在这句话中，"请求"这一言语行为是通过"询问"的方式间接实施的。

根据塞尔的研究，间接言语行为可分为两类：规约性间接言语行为和非规约性间接言语行为。

规约性间接言语行为是指在特定语境下，讲话人通过间接的表达方式，向听话人传达某种含义或要求的言语行为。这种间接言语行为通常体现在讲话人对听话人的礼貌行为。例如，"你能帮我把门关上吗？"实际上是讲话人在委婉地要求听话人帮其关门。规约性间接言语行为的特点是可以通过讲话人使用的句法形式推测其语意。这种推测通常基于交际双方的共享知识和共享背景，以及语言习惯等因素。在理解这种言语行为的过程中，听话人需要利用这些信息来对讲话人的意图进行解码。在日常交际中，人们经常使用规约性间接言语行为来进行有效沟通，这样既能表达出自己的需要和意图，又能保持交际的和谐和礼貌，避免产生冲突和误会。

非规约性间接言语行为则比规约性间接言语行为更为复杂，通常需要依据交际双方的共识、语境、文化背景等多种因素，对讲话人的言语进行解码。例如，如果讲话人说："我觉得有点冷。"表面上看，这句话只是一个表述句，但在特定语境下，它可能是一个请求——要求听话人把窗户关上。非规约性间接言语行为的理解需要听话人具有较高的语言理解能力和交际能力，能够把握交际双方的关系、识别语境的特征、理解讲话人的意图，以及处理语言和非语言信息等多种因素。因此，非规约性间接言语行为在交际中常常用于更微妙、更复杂的语言表达和信息传递。

## 二、语言学习理论

教师对于语言学习理论的认知和理解也会影响语言教学方法和策略的选择，因此有必要学习和了解语言学习的相关理论，此处主要介绍两种语言学习理论：行为主义学习理论和认知主义学习理论。

### （一）行为主义学习理论

行为主义学习理论是受巴甫洛夫（Pavlov）对"条件反射"这一概念的研究而形成的。行为主义学习理论认为，儿童学习和掌握语言的过程实际上就是不断接受刺激、产生刺激反应的过程。约翰·华生（John B. Watson）和斯金纳（B.F.Skinner）是该理论的主要代表人物。

1. 华生

早在 20 世纪初期，华生就提出了行为主义的相关理论，标志着行为主义学习理论的产生。所谓行为主义，就是通过一些客观方法的运用进行的直接观察的行为。他还指出，无论是人，还是动物，都会进行一些有意义或无意义的行为，而这些行为无一例外都是受外界环境因素的影响并通过他们自身的学习而产生的，刺激与反应因素在这些行为产生的过程中也起到了很大作用。基于以上观点，华生提出了"刺激—反应"公式。

2. 斯金纳

斯金纳在华生行为主义学习理论的基础上进行了继承与拓展。斯金纳认为人们的某些言语是受到一些相应的刺激才产生的。能引发人们说出某些言语的刺激主要可分为三种，即言语刺激、内部刺激和外部刺激。而在学习中，反复刺激是一种有效的学习模式和学习方法。对学习内容的反复刺激包括预习、练习、复习等有效措施。反复刺激的学习模式具有加强学习效果的显著作用。另外，反复刺激还能帮助学习者学会使用恰当的语言形式进行表达。总而言之，反复刺激在学习过程中具有十分重要的作用。图 2-3 为行为主义的学习模式。

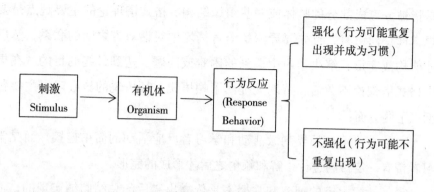

图 2-3　行为主义的学习模式

　　行为主义学习的理论在美国教育学界流行了 50 多年，并且在当前的教育机制中仍占有重要地位。行为主义学习理论的主要表现在于教师能够实施一些干预活动来指导学生的行为，从而帮助学生掌握相关语言知识和技能；除此之外，还表现为经常为学生提供有关语言学习的材料。

## （二）认知主义学习理论

　　从 20 世纪初期到 20 世纪中期左右，行为主义学习理论是语言学界地位最高的一种理论，但行为主义学习理论有一个致命缺陷，就是它把所有思维行为归纳为"刺激—反应"，没有考虑人的主观意识在语言学习中的重要作用，所以越来越多的学者开始提出反对意见。在这种情况下，认知主义学习理论逐渐崭露头角，并引起了学者们的关注。认知主义学习理论主要研究的内容是学习的内部条件和内部过程，它认为学习是一种认知结构，这种认知结构的形成依靠的是学习者对情境的领悟和认知。认知主义学习理论的代表性观点有苛勒（Wolfgang Kohler）的顿悟说、皮亚杰（Jean Piaget）的发生认识论、布鲁纳（J.S.Bruner）的发现学习理论，以及奥苏贝尔（D.P.Ausubel）的认知—同化学习理论。

　　1.苛勒的顿悟说

　　苛勒是来自德国的心理学家，他主要研究的是格式塔理论。格式塔是指被分离成部分的整体或一些组织结构。格式塔理论的主要观点是要想掌握一门语言，首先要弄清楚语言情境中对话双方之间的联系，然后才能构成完形，解决学习中遇到的困难或问题，达到最终的目的。在提出格式塔理论不久后，苛勒又提出了顿悟说，顿悟说的核心观点主要包括以下两方面：

（1）学习不是外界刺激活动和学习者反应活动的简单连接，而是学习者带有一定目的进行了解和顿悟之后才形成的完形。

（2）学习内容的理解和掌握不是依靠出错后的总结归纳实现的，而是通过顿悟实现的。

2.皮亚杰的发生认识论

皮亚杰是来自瑞士的心理学家，他的代表观点是发生认识论，主要研究的内容是人的认识问题，包括概念认识、语言认识、认识发展等诸多方面。具体分析，他认为每个人从童年时期甚至胚胎时期就开始了认识活动，但人出生之后认识的形成和思维的发展以及影响思维产生的因素、思维的结构等相关问题都是需要研究的，这些属于认知发展的阶段性特征和认知机制问题，也是皮亚杰研究的重点。

皮亚杰通过建立可以直接观察的心理模型来探测和分析人脑活动的过程，运用相对科学和客观的方法探究人类复杂或者高级的认知活动，他的研究行为促进了人们对自身的了解和认知。

3.布鲁纳的发现学习理论

美国教育心理学家布鲁纳的发现学习理论提出了学习的本质观点。布鲁纳认为学习的本质在于主动形成的认知结构，该结构的主要作用体现在感知和概括新事物方面。认知结构的形成需要一定的经验做基础，通过不断变化，学习者能了解和学习新知识的内部构成。

布鲁纳还把学习的过程分成了三个阶段，即知识的获得、知识的转换和知识的评价。任何学科知识的学习和掌握都要经历这三个阶段，所以从这个意义来讲，发现学习是最科学、最有效的学习方式。要想开展发现学习活动，教师要清楚学生是一切学习活动的中心，要通过一些准备工作激发学生探索学习的动机，通过引导学生观察、分析和归纳总结活动，使学生分析问题的能力和解决问题的能力得以提升。

4. 奥苏贝尔的认知—同化学习理论

同为美国教育心理学家的奥苏贝尔在研究前人理论经验的基础上，把学习从学习方式角度和学习资料与学习者知识结构的关系角度分为了两个维度。

（1）学习方式。依据学习方式的划分标准，学习可以分为两种类型。

其一，接受学习。接受学习是指教师通过定论形式把学习的内容传授给学生的一种学习方式，在此过程中，学生是一个接受者的角色。

其二，发现学习。发现学习与接受学习最大的区别在于发现学习不会将需要学习的内容直接传授给学生，而是通过设计一些活动让学生自己发现这些内容，并将这些内容添加到自己的认知结构中，从而掌握学习的内容。

（2）学习资料与学习者知识结构的关系。根据学习资料与学习者知识结构的关系对学习这一行为活动进行区分，可以将学习分为两种类型。

其一，机械学习。机械学习，顾名思义，就是指学习者在没有理解所学知识真正含义的基础上，机械地记忆部分学习内容的学习方法。

其二，意义学习。意义学习的含义在于将相关语言符号代表的新的学习内容与学生已有的经验感受相结合，使学生在理解原文真实意义的基础上进行学习的学习方法。

综合以上两个不同维度对学习的分类和定义，可以将学习划分为以下四种类型：其一，有意义地接受学习；其二，有意义地发现学习；其三，机械地接受学习；其四，机械地发现学习。

在这四种类型中，奥苏贝尔提出有意义地接受学习是开展教学活动的首要目标，这种学习方式能帮助学习者在较短时间内掌握大量系统知识。他还认为有意义的学习过程就是学习者已有观念对新观念的同化过程，该过程中主要的同化学习方式有以下三种：总括学习、类属学习和并列结合学习。其中，总括学习又称为上位学习，意思是学习者需要从已经掌握的部分从属观念中总结归纳出一个总的观念或观点；类属学习又可称为下位学习，下位学习的重点在于结合从属观念和总的观念，从而在这两种观念之间建立起一定联系；并列结合学习可理解为学习者在学习过程中接触的新知识与之前学习过的知识在某种程度上有相同之处，因此学习者可以根据之前掌握的知识理解新知识的意义。

## 三、教育学相关理论

教育学是一个研究历史悠久的专业，它研究的方向主要是教育知识、教育现象、教育规律、教育方法等教育相关问题。外语教学在成为学校的一门学科之前，就是教育学的研究范畴，高校的英语教学是一门针对外语教学的学科，因而也与教育学密切相关。英语教学活动的组织与开展需要教育学的相关理论来指导。例如，教学论、教学原则、教学方法等。

教育学中的教学论属于一般性的教学理论，高校英语教学是教学论的进一步拓展和细化，高校英语教学活动的开展也是教学论在实际教育工作中的运用。高校英语教学工作者必须掌握教学论的相关知识，以更好地指导自己的教育实践活动。教育学中很多常规性的教学原则和教学方法也适用于高校英语教学活动。常规的教学原则有科学性原则、启发性原则、直观性原则、循序渐进原则、可接受性原则等，常见的教学方法包括讲授法、演示法、讨论法、参观教学法、自主学习法、任务驱动教学法等。

接下来，本书选择了教育学中与外语教学关系十分密切的三个分支学科来对教育学的相关理论进行详细论述。它们分别是教育经济学、教育心理学和外语教育技术学。

### （一）教育经济学

从这一学科的名称可以看出，其主要研究的是教育造成的经济效益问题，这一研究方向和研究内容比较新颖。

1. 教育经济学的主要研究内容

（1）教育的经济效益分析。教育的经济效益分析是教育经济学的重要研究内容之一，主要包括以下几方面的内容：首先，教育投入可以直接促进经济增长。通过对教育的投入，人力资源的素质可以得到提高，从而提高劳动生产率，推动经济的增长。其次，教育资本的积累也是提高劳动生产率的重要方式。随着教育水平的提高，劳动者可以更有效地使用技术，更好地进行创新，从而提高生产率。最后，提升教育质量可以改善经济结构，促进经济发展。通过提高教育质量，可以培养出更高素质的劳动者，推动产业结构的升级和经济的发展。

（2）教育的成本效益分析。教育的成本效益分析主要是通过比较教育的投入和产出来评价教育的效率。在进行教育的成本效益分析时，需要考虑教育的直接成本，如教育设施的投入、教师的工资等，以及教育的间接成本，如学生放弃工作的机会成本等。而教育的产出则包括学生的知识和技能的提升以及由此带来的经济收益。通过对教育的成本效益分析，可以理解如何更有效地配置教育资源，以达到最大的社会效益和个人效益。

（3）教育政策的经济效果评价。教育政策的经济效果评价是教育经济学的另一个重要的研究内容。在进行教育政策的经济效果评价时，需要使用经济学的工具和方法，分析不同的教育政策对经济的影响以及这些政策如何影响教育的公平性和效率。例如，可以通过成本效益分析评估政府在教育上的投入是否得到了相应回报，通过社会福利分析可以评估教育政策是否提升了教育的公平性，通过生产函数分析可以评估教育政策是否提高了教育的效率。

（4）教育与劳动市场的关系研究。教育与劳动市场的关系研究是另一个重要的教育经济学研究领域。其一，教育对劳动力市场的供应和需求具有重大影响。教育投入的提高可以提升劳动力的素质，从而增加劳动力市场的供应；同时，随着科技进步和产业升级，对高素质劳动力的需求也在增加，这也为教育提供了更大的发展空间。其二，教育对就业和收入分配也有重要作用。通过教育，人们可以获得更多就业机会，获得更高收入，从而改善收入分配。其三，提高教育水平可以影响劳动市场的结构和动态。随着教育水平的提高，劳动力市场可能出现结构性的变化，如由以低技能劳动力为主转向以高技能劳动力为主；与此同时，教育也可以促进劳动市场的动态，如提高劳动力的流动性、促进技术的创新和传播等。

2.教育经济学的意义

（1）对于国家和社会。教育经济学的研究对于国家和社会的意义非常重大。它提供了一种理解教育在经济社会发展中作用的重要视角。一方面，教育经济学研究能揭示教育投资对经济增长的促进作用。教育是人力资本形成的主要途径，通过教育投资，可以提高人力资本的质量，从而提高劳动生产率，促进经济增长。因此，教育经济学研究有助于国家和社会制定适当的教育政策，优化教育资源配置，提高教育效率，为经济增长提供持续动力。另一方面，教育经济学研究能够揭示教育在社会公正中的作用。通过教育，可以促进社会成员的机会平等，进而促进社会的公正。因此，教育经济学研究对于国家和社会在教育政策制定中兼顾效率和公平，促进社会公正具有重要指导意义。

（2）对于教育机构和教育者。教育经济学的研究对于教育机构和教育者的意义也非常重大。一方面，教育经济学研究能够帮助教育机构和教育者更有效地利用有限的教育资源。教育资源是有限的，如何在有限的资源条件下提高教育质量，满足社会和个人对教育的多元化需求是教育机构和教育者面临的重大挑战。通过教育经济学的研究，教育机构和教育者可以了解教育投资的成本和效益，掌握教育资源优化配置的方法和策略，从而更有效地提高教育的效率和质量。另一方面，教育经济学研究可以帮助教育机构和教育者了解教育市场的需求和变化，为其提供有力的决策支持。通过教育经济学的研究，教育机构和教育者可以了解教育需求的变化趋势，掌握教育市场的动态信息，从而更好地满足社会和个人对教育的需求。

（3）对于个人。教育经济学可以帮助个人更加深入地理解教育投资的长期经济影响。教育不仅仅是学习知识和技能的过程，它对个人的经济生活也有深远影响，包括对收入水平、就业机会、职业发展等各个方面的影响。通过教育经济学的研究，个人可以更加明白自己在教育上的投入将如何影响自己未来的经济生活，并根据这些信息做出明智的教育投资决策。与此同时，教育经济学的研究也可以帮助个人理解和应对教育市场的变化。随着社会经济的发展，教育市场的需求和供应都在不断变化，个人需要适应这些变化，做出符合自己长期利益的决策。教育经济学的研究提供了理解和分析这些变化的工具和框架，使个人能够在复杂变化的教育市场中找到适合自己的发展道路。另外，教育经济学的研究对个人社会责任和公民素质的提升也有积极的推动作用。了解教育对社会经济的影响，可以使个人更加深入地理解自己的社会责任，更加积极地参与社会公共事务中来，同时也有助于提升个人的公民素质，从而更好地为社会发展做出贡献。

## （二）教育心理学

教育心理学是研究教育情境中学与教的基本心理规律的科学。它不同于教育学，教育学研究的是教育现象，而教育心理学侧重研究教育现象中的心理因素，并探讨这些心理因素的实质、规律；另外它也不同于普通心理学，普通心理学是研究一般的心理现象，而它是对某一特殊领域内的现象做心理学的研究，有着自己独特的研究课题，那就是学习的心理实质、学习动机、学习过程与条件，以及怎样设计教学情境才能符合学习的实质、过程的要求。

教育心理学关注受教育者在教育过程中的心理现象及其变化和发展规律，以及教育者如何利用这些规律对受教育者进行有效的教育。教育心理学的研究对象主要包括以下几方面：

1.学生的学习心理

学生的学习心理是教育心理学中的一个重要研究对象。它主要关注学生在学习过程中的认知、情感和动机等方面的心理现象。比如，教育心理学家可能研究学生如何接收、处理、储存和应用新的信息和知识。这个过程包括注意力的分配、记忆的存储和提取以及思维的逻辑过程等。教育心理学家也会关注学生的学习动机和学习策略，以及他们对于成功和失败的归因方式。这些都会影响学生的学习习惯和学习效果。

这个领域的研究可以帮助教师和教育工作者理解学生的学习方式和学习困难，进而更有效地设计和实施教育教学活动。比如，了解学生的学习动机和兴趣，可以帮助教师设计更吸引学生的教学活动；了解学生的认知发展水平和学习策略，可以帮助教师选择合适的教学方法和教学内容。

2.教师的教育教学心理

教师的教育教学心理也是教育心理学的重要研究内容。教师是教育过程中的关键角色，他们的信念、动机、情感等心理状态会直接影响教育教学的质量和效果。比如，教师的教育信念会影响他们的教学理念和教学行为，教师的教学动机和情感状态会影响他们的教学效能和教学满意度。

教育心理学在这个领域的研究可以帮助教育工作者了解教师在教育过程中的心理需求和心理困扰，从而提出有效的教师培训和教师支持策略。比如，了解教师的教学动机，可以帮助教学工作管理者设计出更能激发教师积极性的工作条件和工作奖励；了解教师的情绪管理策略，可以帮助教学工作管理者提供更有效的教师心理支持服务。

3. 教育过程中的人际交往

在教育过程中，学生与教师、学生与学生之间的人际交往也是教育心理学关注的重要方面。这些交往过程中的心理因素，比如互动模式、沟通风格、角色期待等，都会对教育教学的质量和效果产生重要影响。比如，良好的师生关系可以激发学生的学习动机，提升学生的学习成就感；有效的合作学习可以提高学生的团队合作能力和问题解决能力。

教育心理学在这个领域的研究可以帮助教师和教育工作者理解和优化教育过程中的人际交往，从而提高教育教学的质量和效果。比如，了解师生交往的心理机制，可以帮助其建立更加亲近的师生关系；了解合作学习的心理条件，可以帮助其设计更有效的合作学习活动。

4. 教育评估与反馈

教育评估与反馈是教育过程中的一个重要环节。教育心理学关注这个过程中的心理因素，如评价标准、评价方式、反馈策略等。这些因素会对学生的学习动机、自我评价、学习策略等产生重要影响。比如，公正而有效的评价可以促进学生的学习动机和学习自信，及时而积极的反馈可以优化学生的学习策略和学习效果。

教育心理学在这个领域的研究可以帮助教师和教育工作者设计和实施更有效的教育评估和反馈策略。比如，了解评价的心理影响，可以帮助其建立更公正、更有效的评价标准；了解反馈的心理机制，可以帮助其提供更及时、更积极的学习反馈。

5. 教育环境与心理适应

教育环境对学生的心理发展和学习成果具有重要影响。教育心理学研究学生在不同教育环境中的心理适应，比如家庭教育环境、学校教育环境和课堂氛围等。这些环境中的心理因素，如环境压力、支持资源、群体氛围等，都会对学生的心理状态和学习表现产生影响。

教育心理学在这个领域的研究可以帮助教师和教育工作者创设更有

利于学生心理发展和学习成果的教育环境。比如，了解环境压力的心理影响，可以帮助学习者减少不必要的学习压力；了解支持资源的心理作用，可以为学习者提供更充足、更有效的学习支持。

6.教育心理发展

教育心理学关注学生在教育过程中的心理发展，包括认知、情感、道德和社会适应等方面。这些发展规律为教育者提供了针对不同年龄阶段和特殊需求的学生进行个性化教育的依据。

教育心理学在这个领域的研究可以帮助教师和教育工作者了解和应对教育过程中的心理发展问题，从而优化教育政策和实践。比如，了解认知发展的规律，可以帮助教师设计更适合学生认知水平的教学内容和方法；了解情感发展的规律，可以培养学生更健康的情感态度和情感技巧。

### （三）外语教育技术学

随着互联网信息技术在各行各业的普及和应用，在开展外语教学活动的过程中发挥信息技术的优势作用成为广大高校的重要选择，这也是适应时代发展和社会需求的新型教育教学方式。外语教育技术学就是基于以上背景产生的一门新的学科专业。具体分析，外语教育技术学的出现转变了传统外语教学的基本范式，集外语教育学科构成要素和技术学学科表现要素于一体，并利用这些要素构成了基本的学科框架体系。作为一门新兴的学科，外语教育技术学采用了交叉研究的方法，将语言学、教育学、技术学等多门学科的研究内容科学地融合在一起，确定了自己的研究方向和内容。

在内容上，外语教育技术学主要包括以下几方面。第一，它研究如何将信息技术融入外语教学过程中，包括在线课程设计、多媒体教学资源的开发使用、在线测试和评价等；第二，它研究如何通过技术手段促进学生的外语学习，包括自主学习、合作学习、移动学习等；第三，它研究信息技术对外语教学模式和教师角色的影响，以及如何培养教师的技术素养和技术教学能力。

外语教育技术学的意义则主要体现在以下几方面：首先，运用信息技术可以丰富和活化外语教学手段，打破时间和空间的限制，提高教学效率。学生既可以通过在线课程和多媒体资源进行自主学习，也可以通过在线交流和合作学习互助提高。其次，信息技术可以提供丰富的语言环境和实践场景，有助于提高学生的语言实际应用能力。最后，信息技术可以实现个性化学习和教学，满足不同学生的学习需求，提高教学质量。

外语教育技术学所推动的新型教学模式，比如反转课堂、在线课堂等，能够更好地调动学生的主动性和创新性，将教学焦点转移到学生身上，从而实现学生的主体性教育。但这种教学模式也对教师提出了新的要求，即教师不仅要掌握专业知识，还要掌握相关的技术知识和技术教学能力，从而更好地适应现代教育的发展趋势。

# 第四节 高校英语教学的教学定位

近 30 年以来，为了适应社会的进步和时代的发展，我国高校的教育教学事业，开展了一系列改革活动并取得了不俗的成绩。其中，高校英语教学也经历了多次改革实践。例如，随着社会主义现代化发展建设对国际型人才需求的日益增长，高校英语课程的教学定位发生了相应变化。课程教学定位是高校教育教学工作中最根本性的工作，合适的课程教学定位可以使高校英语教学更好地满足社会发展的需要和人才培养的需要。当前，我国各个领域行业的飞速发展对高校英语教育事业提出了更精准、更高层次的要求，这些要求应当首先反映在高校英语课程的教学定位中。探讨分析高校英语课程的教学定位以及可能存在的问题，可以使教育工作者对今后的高校英语教学进行更精准的定位。

## 一、当前高校英语课程教学定位

自 20 世纪 80 年代以来，教育部以大纲或类似大纲的形式先后颁布了多份高校英语教学的纲领性文件，以政府文件的形式确立了英语这一专业在高等教育中的地位，提出了国家对高校英语教学的统一要求，见表 2-1。

表2-1　20世纪80年代以来高校英语教学的纲领性文件

| 颁布年份 | 文件名称 |
| --- | --- |
| 1980 | 《高等学校理工科公共英语教学大纲》 |
| 1985 | 《高校英语教学大纲》（高等学校理工科本科用） |
| 1986 | 《高校英语教学大纲》（高等学校文理科本科用） |
| 1999 | 《高校英语教学大纲（修订本）》 |
| 2007 | 《高校英语课程教学要求》 |
| 2017 | 《大学英语教学指南》 |
| 2018 | 《普通高等学校本科专业类教学质量国家标准（外国语言文学类）》 |
| 2020 | 《大学英语教学指南》 |
| 2020 | 《普通高等学校本科外国语言文学类专业教学指南（上）——英语类专业教学指南》 |

其中，2007 年颁布的《高校英语课程教学要求》是在教育部 2004 年 1 月颁布的《高校英语课程教学要求（试行）》的基础上制定的，与之前其他几个版本相比，文件的名称由"教学大纲"改为"教学要求"，文件的内容也发生了相应变化，其教学定位设定在培养学生的英语综合应用能力，特别是英语听说能力。这些变化是为了适应时代的发展和社会的进步对高校英语教学的新期待和新要求，具体分析，高校英语课程的教学定位从之前着重发展学生的英语阅读能力变为着重发展学生的英语综合应用能力。不可否认的是，《高校英语课程教学要求》在一定程度上适应了社会发展建设的新要求，但也存在着值得进一步探讨的问题。

2020 年定稿的《大学英语教学指南》（以下简称《指南》）总体保留了 2017 版《大学英语教学指南》的整体框架，主要继承了以下关键部分：大学英语课程性质，兼具工具性和人文性；大学英语教学目标，分为基础、提高、发展三个级别；大学英语课程设置，包括通用英语、专门用途英语、跨文化交际三大类课程。在"课程定位与性质"部分，《指南》明确提出：大学英语教学应主动融入学校课程思政教学体系，使之在高等学校落实立德树人根本任务中发挥重要作用；课程设置应该以立德树人为根本任务，以提高课程质量为抓手，对标一流课程建设的要求，体现高阶性、创新性和挑战度，将课程思政理念和内容有机融入课程。

## 二、高校英语课程教学定位中值得探讨的问题

### （一）关于特别培养英语听说能力的问题

仔细阅读《高校英语课程教学要求》（以下简称《要求》）可以发现，高校英语教学课程定位的表述中，认为学校应培养和发展学生的英语综合应用能力，对于这一整体要求，大家没有异议，但《要求》还规定，在培养学生的英语综合应用能力时，要"特别"注重培养学生的英语听说能力。这说明在对听、说、读、写、译这几大能力的层次划分上，《要求》将听说能力置于所有能力层次中的最高层次。笔者认为，这种特别强调英语听说能力的培养规定是值得进一步思考和讨论的，具体可从以下三方面考虑：

1.没有科学依据的支撑

首先，没有科学依据可以证明在英语的综合应用能力中，听说能力比读写译能力更加重要。虽然听说能力重要，但其他能力并不逊色听说能力。过分强调听说能力的重要性就是对其他三项能力的相对轻视。中国学生的英语听说能力应该加强，但不应牺牲读写译练习的时间，因为根据调查研究发现，高校学生的阅读能力、写作能力和翻译能力并没有

达到教学的标准要求，甚至有些能力很薄弱。在这种情况下，一直强调听说能力的培养似乎并不合适。

2.英语作为外语教学与母语教学的差别

在教授母语的教学活动中，对听说能力的培养是教学的基本和首要任务，因为人们在日常生活中完全离不开对这两种语言能力的应用，人们需要通过听和说来与他人展开沟通和交流，以满足生存和发展的需要。与母语教学要求不同的是，英语作为外语，其教学主要是为了培养学生的第二语言技能，使英语在提高个人综合素质、满足个人工作需要方面有所帮助，而非必要的生活需要。作为在学习和工作中起到辅助作用的工具，英语的读写译能力常常比听说能力更加重要。

3.高校英语教学与中小学英语教学的差异

按照难易程度和学习阶段，英语听说能力可分为基本英语听说能力（基本难度）和高级英语听说能力（高级难度）。其中基本难度是中小学英语教学的重点，高级难度是高校英语教学的重点。高级英语听说能力的培养和提升离不开较好的英语读写能力。对于高校学生的培养来说，如果他们的基本英语听说能力还不达标，就应该着重培养一下这方面的能力，但不能在这方面花费过多的时间和精力，而忽略了英语读写能力的培养。如果高校英语教育培养出来的高才生只是听说能力强，但读写能力薄弱，高校英语教学就失去了其本身的意义。

### （二）关于其他英语应用能力的培养问题

与之前几版教学大纲不同的是，最新一版《要求》的教学定位把英语的各种应用能力整合为英语的综合应用能力，这种操作符合学生的学习情况和英语能力评定，因为语言的各个能力要素是相互关联、相互影响的，各种英语应用能力不能脱离其他能力而存在。尤其当前高校学生的英语基础已经有了大幅度提升，再采用不同层次的能力定位方法已经不合时宜。

最新一版《要求》的教学定位在明确规定培养英语综合应用能力的同时，只强调了听说能力的培养这一做法略有不妥。听说能力只是英语综合应用能力中的一个组成部分，英语综合应用能力还应包括英语阅读能力、英语写作能力、英语口译能力和英语笔译能力等。

也就是说，高校学生应在掌握基础英语综合应用能力的基础上，结合当今社会对人才的要求、各专业的培养目标以及个人的学习兴趣，掌握至少两种英语应用的能力。例如，跨文化交际的听说能力、日常应用文的写作能力、专业文献的阅读能力、学术论文的撰写能力、文学作品的鉴赏能力、口译和笔译能力。

高校英语课程的教学定位不能忽视听说能力之外的其他英语应用能力的培养，主要有以下三方面的原因：

1.社会发展建设需要不同的英语应用能力

社会不同领域、不同行业发展的特殊要求注定了社会需要多样化的英语人才。社会不仅需要听说能力突出的英语人才，还需要读写能力出众的英语人才，也需要翻译水平较高的英语人才，哪一种类型的人才都不能缺少。然而全面的语言能力培养是十分困难的，因为每个人的天赋不同，时间和精力也有限，因此不可能每项能力都十分出众。高校和教师需要在培养高校学生英语基本综合应用能力的同时，注重学生实用型应用能力的培养和提高，以满足社会不同领域、不同行业发展的多样化需求。

2.高校学生的能力培养应考虑其个性特征

在培养高校学生英语综合应用能力的过程中，高校和教师应该针对高校学生不同的性格特征和兴趣特长，因材施教，发展每个学生独特的英语应用能力。因为在高校阶段，学生基本已经成年，其身心特征已经发育完全，其个性特征也已经基本形成，而每个学生不同的个性特征会影响甚至决定其适合发展的英语应用能力。例如，有的学生心思细腻、性格沉稳，那么他可能更适合读写类或笔译类应用能力的培养；有的学生性格活泼开朗，喜欢与人沟通，那么他可能更适合听说类或口译类应用能力的培养。总而言之，教师在培养学生英语应用能力的过程中，应充分关注学生的个性特征和兴趣爱好，参考学生的个性和兴趣，制订学生能力培养的方案。

3.不同高校和专业的人才培养目标不同

不同高校和专业培养英语人才的方向和目标是有很大差别的，因此要针对不同高校和专业的特点，培养各具特色的实用型英语人才；针对不同层次的人才，着重培养不同层次的实用英语能力。

（1）商场、酒店、旅游景点等服务行业的工作人员与外国人接触较多，当面交谈的情况十分常见，因此需要培养和提高自己的英语听说能力和跨文化交际能力。

（2）对于学校或其他研究机构从事文科、理科、农业、工业、医学、物理、化学等研究领域的科研人员，因为他们需要经常查找翻看一些外文文献资料，甚至用英文发表学术论文，所以应该培养他们的英语读写能力。

（3）对于各项专业的翻译人员，如医学翻译、文学翻译、会议翻译、旅游翻译等专业的翻译人员，则需要结合他们本专业的知识，培养他们的专业翻译能力。

## 三、对高校英语课程教学定位的几点看法

通过对现行高校英语课程教学定位的分析以及其中可能存在的问题探讨，可以发现，当前高校英语课程的教学定位应主要包括两个方面的内容：一是培养学生的英语综合应用能力，二是培养学生的实用英语应用能力。其中英语综合应用能力是指学生对听、说、读、写、译不同英语能力进行综合运用的一项基本能力。这一能力的培养呈现出三个基本特征，即基础性、综合性和统一性。其中基础性是指英语综合应用的能力是每一位高校学生都能掌握且必须掌握的基本能力，是一个普遍的、

低水准的要求；综合性是指英语的综合应用能力要包含多方面的单项能力内容，如听、说、读、写、译等，且这些能力应尽量均衡发展，不要只注重其中的一项或者几项；统一性是指国家会规定几个不同层次对统一的不同要求，以确保高校英语教学工作的基础教学质量和其他层面的教学质量。

实用英语应用能力是指学生根据自身情况和所处环境的具体要求，突出培养的一种或几种英语应用能力。对于实用英语应用能力的培养，学校和教师应做到以下两点：

第一，发掘每名学生的个性特征和兴趣爱好，根据每个人不同的个性和爱好，培养其不同的应用能力，因材施教。

第二，充分利用现有的各类教学资源和教学条件，创设英语应用的不同情境，培养学生的实用英语应用能力。

从国家的角度出发，需要制定更详细、更具体的高校学生实用英语应用能力标准。例如，要求70%的学生着重发展英语听说能力，就可以选择70%的学生进行专门的培养和提升。如此一来，高校英语教学既能满足社会发展的多样化需求，也能兼顾学生的个性成长，还能实现教学定位的多样化、专业化，可谓一举多得。

在这种多样化、专业化的教学定位中，还需要处理好两种英语应用能力之间的关系：综合应用能力是基础，是前提；实用应用能力是扩展，是强化。这两种能力的培养和发展没有固定不变的先后顺序，教师既可以先培养综合应用能力，后培养实用应用能力，也可以同时进行两种能力的培养，但要注意有所侧重。如果对某些学生需要着重提高某项能力，可以分别从这两个角度出发展开培养。例如，在培养综合应用能力的过程中，设定某项能力达到更高水准；在培养实用应用能力的过程中，加强对这项能力的培养。

英语综合应用能力和实用英语应用能力培养的有机结合可以帮助高校英语教学活动实现统一性与灵活性相结合，还可以在培养高校学生基本能力的同时，发展高校学生的特长能力，从而使高校学生的英语能力培养做到既保证基础牢固，又保证特长突出。从能力培养的先后时间来看，在教学活动开展的前半阶段，教师应更注重学生各项基础能力的全面发展和协调发展；在教学活动开展的后半阶段，教师开始侧重对学生个性的发掘和实用英语能力的培养。

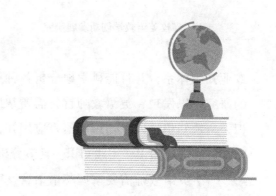

# 第三章　高校英语教学的影响因素

## 第一节　高校英语教学的参与者

在高校英语教学工作开展的过程中，有三类主体是影响教学工作组织和进行不可缺少的因素，分别是高校英语教师、高校学习者和高校教学工作管理者。

### 一、高校英语教师

#### （一）高校英语教师的角色定位

高校英语教学具有独特的学习方法和实践体系，英语教师在开展教学活动的过程中，需要从英语学科的具体特点出发，研究在教学中如何培养学生学习英语语言和文化的兴趣，可提高学生的英语语言综合运用能力，这就要求英语教师必须承担以下与教学相关的多重角色定位：

1.英语语言知识的引导者

英语教师是英语语言知识的引导者和诠释者，因此首先自身要具有专业、正确的英语语言知识储备。也就是说，英语教师必须具备系统的专业知识体系，并且能科学地分析各种英语语言现象。根据对教师教育的研究可以发现，英语教师首先需要掌握与英语专业相关的各种语音知识、语法知识、词汇知识等语言应用知识，其次需要掌握其他与教育教学相关的理论知识、实践知识。具体分析如下：

（1）英语教师需要掌握英语语言基础及应用知识，这些知识内容主要包括英语语音知识、英语语形知识、英语词汇知识、英语语法知识以及英语阅读知识、英语写作知识。

（2）英语教师需要掌握全面的知识结构体系，包括综合文化知识、英语专业知识、教育学科知识以及社会实践知识等。教师不仅是教育者，也是学习者，在当今这个信息时代，随着社会日新月异的发展，知识更新的速度越来越快，不断考验着英语教师的学习能力。

（3）英语教师还需要掌握与教育教学相关的学科知识，包括语言学、认知学、心理学、教育学、社会学等多种类型的学科知识，这些都是英语教师在学习生活、专业教育、教学实践中逐渐形成的关于英语、英语学习和英语教学的知识。它们构成了教师潜在的语言观、语言学习观和语言教学观，影响着教师每一个具体的教学行为，指导教学顺利有效地进行。

2.英语语言技能的培训者

英语教师不仅是英语语言的引导者与阐释者，更是学生英语语言技能的培训者。英语语言技能的培训包括听力、口语表达、阅读、写作和翻译五个方面。实践证明，这五种能力的培养和提升有利于激发学生学习英语的兴趣，提高学生的自信心，也有助于教学质量的提升。从学生的角度来说，对语言知识的学习是掌握这一门语言的前提和基础，但对语言技能的学习能发展自己的语言应用能力，进而实现自己学习英语的最终目标。

3.英语课堂活动的组织者

在开展高校英语教学活动的过程中，课堂活动是不可缺少的教学形式。可以说，课堂活动是课堂教学的载体，开展科学合理的课堂活动有助于提高教学质量，激发学生学习英语的兴趣。英语是一门传授语言知识和技能的特殊学科，其具有区别于其他学科的特征。例如，在课堂上，英语教师需要对学生的英语语言技能进行培养和训练，而英语课堂活动正是一种有效的训练语言技能的方式和活动。

4. 英语语言教学的研究者

英语教师除了要承担语言教学的任务之外，还要承担学科研究者的任务。英语教师要在掌握一定语言学理论和教育学理论的基础上，根据自己的教学实践积累起来的教学经验，构建自己的教学理念，并运用这一理念指导实践活动，提高教学水平。与此同时，在日常的教学实践过程中，英语教师还需要进行教学理论的研究，将理论研究与实践活动相结合，实现从理论到实践的转变和理论的升华。

5. 学生潜势的激发者

教师与学生之间是教与学的关系，因而教学过程也被看作一种关系过程。在这一关系过程中，英语教师是一个能使学生用目的语表达自我、参与跨文化交际的引导角色。而语言是个体的一种潜势，又称意义潜势。英语教师的责任与义务就是激发学生的意义潜势，帮助学生掌握目的语语言知识和技能，同时培养学生的跨文化交际能力和文化意识。

教学过程除了被看作一种关系过程之外，还被看作一种活动过程，在教学活动过程中，教师和学生是主要的参与者，教师还是这一活动的组织者与管理者，就如同这不同的角色头衔一般，教师在教学活动中发挥的作用是不同的。例如，教师可以是控制者，控制学生的学习行为和学习过程，学生需要学习和掌握英语教师所传授的他认为重要的语言知识和技能；教师可以是训练者，让学生根据学习目标开展活动、练习技能；教师还可以是答疑解惑者，当学生在学习过程中遇到不能解决的问题或疑问时，教师要及时引导学生解决问题。

### （二）高校英语教师的专业素养

1. 高校英语教师的职业道德素养

高校英语教师的职业道德是所有教师都必须具备的基本行为操守和道德品行，是教师在教学过程中调控与国家、与社会、与学生之间关系应该遵循的道德意识、道德规范和道德情操的综合。无论教学理念、教学模式和教学方法如何改变，社会和学校对英语教师的道德要求是不会变的。

英语教师对职业的热爱、对学生的关心和尊重、对工作认真负责的态度都是教师职业道德的组成部分。首先，教师的职业道德会促使英语教师不断提高自身英语水平和授课技巧，尽可能创造有利于学生学习的条件；其次，在平时的备课过程中，英语教师会努力扩大自己的知识面，寻找各种形式的补充材料，以弥补教材的不足，激发学生的兴趣；最后，英语教师还会因为对教学质量的高要求，不断地反思教学中出现的问题与挑战，并积极寻找解决办法。实践证明，英语教师只有具备正确的职业观和职业道德，才会全身心投入教学，努力提高教学水平，积极地针对教学过程中的问题和困扰自主寻找答案，做到使学生满意，使自己问心无愧。

2. 高校英语教师的学科专业素养

（1）专业的知识储备。在当今时代背景下，高校英语教师需要具备专业的知识水平，也就是扎实的语言基本功。所谓语言基本功，是指英语教师能够把握和驾驭英语语言知识和相关应用技能，能熟练地运用英语这一门语言进行授课，这是身为一名高校英语教师最基本的素质要求。与此同时，高校英语教师最重要的业务素质是具有较强的英语表达能力和写作能力。这主要是因为高校英语教师需要运用英语语言文字和口语进行教学和交流，英语教师只有思维逻辑顺畅、表述问题清晰，才能与学生进行良好的沟通。

（2）先进的教育理念。在教育领域，理念决定着行动的方向。理论取向的教育理念主要围绕具体的教学理论和学习理论，为教育提供一种理性的框架。这类理念主张教学策略的有效性，关注学生的认知发展，强调教育的效益，与传统的教学有明显区别。然而，仅有理论取向的教育理念并不能满足当下教育的需求，教学工作需要的是更具人文关怀、关注个体价值和全面发展的价值取向的教育理念。

价值取向的教育理念主张将学生放在教育的中心，关注学生的需求，尊重学生的个性，强调教育的人性化和个性化。这种理念体现在诸多教育实践中，如语言课程文献、校本课程发展、行动研究等。人文教学法、学生中心教学法、教师分队教学制等教学方法和制度都是价值取向的教育理念在语言教学领域的具体体现。人的成长和发展，尤其学生的学习，不仅是一个获取知识的过程，更是塑造人格、形成价值观的过程。先进的教育理念就是要引导教师们从尊重学生的个性出发，关注学生的内心世界，发现并培养学生的潜能，引导学生自我发展，从而真正达到教育的目的。

（3）科学的教育技艺观。在现代教育中，教育技艺观是一个非常重要的理念。它将教育看作一种艺术，教育的实施需要教师具有一种艺术的修养。教育技艺观强调教师的个人特质，关注教师的人格魅力，强调教师的创新意识。教育技艺观强调教师应具备现代意识、改革意识和创新意识。这三种意识可以让教师持续研究课程的时代性、实用性和独特性，能依据教材、超越教材、活用教材、发展教材；教师对教学形势的需要以及教学形势的发展进行评价，从而创造、运用符合自身教学实际的教学策略。

科学的教育技艺观也要求教师根据特定的教学形势和教学环境，总结出适合自己的教学方法，逐渐形成个性化的教学技巧。在教学过程中，每个教师都应找到自己的"得法"，这不仅涉及教学策略的选择，更关乎教师对自我职业发展的理解和定位。总的来说，教育技艺观主张以一种更为科学、个性化和人性化的方式进行教学，这样才能真正地将教育的艺术性和科学性融为一体，达到较好的教学效果。

（4）开放的思维方式。在思维科学中，创造性思维是最高的思维形式，也是最有价值的思维形式。所谓创造性思维，就是用新想法、新技术和新方式来解决问题和处理问题。创造性思维一般具有以下四个方面的基本特征：

其一，独特性。在教育过程中，教师不仅需要遵循教育规律，还要具有从独特角度发现和解决问题的能力。这需要教师具有独立思考能力和创新精神。独立思考能力使教师能够独立分析问题，不受既定观念和传统观念的束缚，能够从不同角度审视问题，寻找到最合适的解决方案。创新精神则使教师能够打破常规，尝试新的教学方法和策略，以满足不同学生的需求。在这种理念下，每个学生都是独特的，他们的需求、兴趣和能力都是不同的，教师需要充分尊重学生的个性，创造出能够满足所有学生需求的教学环境。

其二，多向性。即包含发散性思维与聚合性思维。发散性思维要求教师能举一反三，灵活开展教学活动。聚合性思维又有三个显著特点，即同一性、程序性和比较性。同一性是指在解决问题的过程中，利用求同的方法找到解决问题的答案；程序性则是指在解决问题的过程中如果有许多步骤，那么教师应该清楚地知道应该先做什么、后做什么，使问题的解决有章法可循；比较性就是指当解决问题的方法不止一个时，要选出最好最合适的方法，就要通过各方面的比较来决定。

其三，综合性。通过综合和分析归纳，抓住事物的主要矛盾和矛盾的主要方面。综合性思维是解决复杂问题的关键。教师需要能够综合分析各种信息，对事物进行全面的理解。这需要教师具有广阔的知识视野和深厚的专业素养。通过综合和分析归纳，教师能够从纷繁复杂的信息中提取出有价值的信息，从而找出问题的主要矛盾和矛盾的主要方面，更好地解决矛盾。

其四，发展性。发展性思维是教师对未来的敏锐预见。教师不仅要把握现在，还要有远见，能够预测未来的趋势，对教育过程进行前瞻性的设计。这需要教师有较强的敏感性和透视力，能够在教学过程中察觉到可能出现的问题和困难，并提前做出调整。在这种思维下，教师更能够根据教学环境和学生的变化，及时调整教学策略，促进学生的发展。

3.高校英语教师的科学研究（科研）素养

一名出色的英语教师不仅是课堂上的教学执行者，更是英语教学与学习规律的深度研究者。中国是世界上英语作为第二语言学习者最多的国家，拥有庞大的英语教学和研究团队，整个国家和社会对英语学习的重视程度较高。然而，尽管如此，我国的英语教学理论研究仍然滞后学习者群体的庞大规模，仍有大量工作等待教学工作者去完成。

长期以来，我国的英语教师倾向引进并模仿西方的英语教学理论和教学方法。虽然这些理论和方法在其发源地已经证明有效，但并不意味着这些理论和方法一定能够适应中国的英语教学环境。中国的英语教学环境有着独特的语言文化背景，而中国的英语学习者也有着他们特殊的生理和心理特性。这些因素决定了中国英语教师不能单纯地照搬西方的教学理论和方法，而是需要在借鉴和学习的过程中，融入中国特色，创新出适合中国情况的英语教学方法。

在这一过程中，英语教师的科研素质显得尤为重要。英语教师需要通过科研来理解和优化教学实践，以提升教学效果，为中国的英语教学事业做出更大贡献。然而，许多英语教师的科研素质还不能令人满意，这就需要他们不断地寻找方法、付诸行动，从而更好地服务教学实践。

## 二、高校学习者

受教学目标与教学条件的影响，传统的英语教学模式以英语教师的课堂讲授为主，教师是教学的中心，决定着教学活动的组织与开展，学习者多是被动地、机械地接受知识。当今时代，英语教学与信息技术的融合应用推动了英语教学的变革，新的时代背景要求英语教师改变传统的教学模式，以学习者为中心展开教学，充分发挥学习者参与教学的积极性与主动性，全面提升学习和教学的效果。在以学习者为中心的课堂教学活动中，学习者的学习动机、学习风格和学习策略是影响教学活动开展的重要因素。

### （一）学习者的学习动机

根据相关研究表明，动机在影响第二语言习得的主要因素中占 33% 的比重。所谓动机，就是对某种活动有明确的目的性，以及为达到该目标而做出一定努力。对第二语言学习者来说，想要学好一门语言，首先要有强烈的学习愿望，继而产生学习的动力，最后付诸行动。在我国，学生是第二语言学习者的主力大军，但中学生在上大学之前是为了取得较好的高考英语成绩而学习外语的，上大学之后是为了等级考试和学分而学的。

因而高校学生中有相当一部分人的学习动机是短期的、外在的被动性动机，虽然许多学生也能意识到学习英语的重要意义，但由于缺乏内在的、深层次的主动性动机，所以平时学习英语并不努力，对自己的英语成绩也没有很高要求。他们很少考虑英语语言交际的功能需要以及英语的实际运用能力。在学习英语的过程中遇到困难不是想办法克服困难、战胜困难，而是选择避而不见，选择放弃学习。

在当今时代背景下，要培养和激发高校学生的英语学习动机，需要从学习者角度出发考虑。事实上，从学习者要素视角出发，培养英语学习的动机需要学习者在自我调节功能的作用下，协调自身的内在需求与行为的外在诱因，进而激发和维持影响个体行为的动力因素。也就是说，一个完整的学习动机由三方面的因素组成，即学习者的自我调节能力、内在需求以及外在诱因。

1. 自我调节能力的培养

自我调节是个体的一种关键能力，它是在学习过程中调整自我行为、目标和方法以达成预期学习效果的重要机制。教师应鼓励学生积极发展这种能力，使他们能够自我监控、自我评估，从而能更有效地达到自身的学习目标。这需要教师在教学过程中定期反馈学生的学习情况，帮助他们理解自己的学习进度，鼓励他们设置和调整自己的学习目标。教师可以通过组织多样化的教学活动，如小组讨论、案例研究等方式，让学生有机会在实践中锻炼自我调节能力。

同时，教师也需要对学生的学习进度有合理的预期，并基于此，对教学策略进行调整。教师需要明确，学生的学习进度可能会因为各种因素而有所不同，因此教师的教学策略也需要随之调整，以保证所有学生都能获得满足自己需求的教学。教师应当对学生的学习进度有清晰的认知，并依据这一认知调整教师的教学策略。

2. 内在需求的培养与激发

内在需求是推动学习的核心动力，它是源自学生内心对学习的渴望。教师的任务是激发这种内在需求，并引导学生将这种需求转化为持久的学习动机。这需要教师深入理解学生的需求，发现他们的兴趣所在，将学习目标与他们的需求相结合，引导他们看到学习英语的价值和意义。

同时，教师也需要创造一种有利于学生发现和追求内在需求的学习环境。这可能包括提供各种语言学习资源、创设真实的语言应用情境、为学生提供丰富的语言应用实践机会。在此基础上，教师还需要通过课堂活动和课外实践，不断地挖掘和激发学生的学习兴趣和需求。

3. 外在诱因的设置与运用

外在诱因包括对学生设置的目标和奖惩措施，它们对调动学生学习的积极性有着重要作用。在设置学习目标时，教师需要考虑学生的实际能力和需求，既要保证目标具有一定挑战性，又不能超出学生的能力范围。这些目标应该是明确的、可衡量的，让学生有明确的学习方向和奋斗目标。

在使用奖惩措施时，教师需要明确，赞誉和鼓励比惩罚更能有效地激发学生学习的积极性。尤其对那些自尊心较强、害怕失败的学生，教师需要更多地给予他们肯定和鼓励，帮助他们建立自信心，克服学习中的困难和挑战。在某些情况下，虽然惩罚可能是必要的，但教师需要注意其可能带来的负面效果，如伤害学生的自尊心、引起他们的反感等。因此，在使用惩罚时，教师需要谨慎行事，尽量选择对学生有积极影响的奖惩方式。

### （二）学习者的学习风格

学习风格是学习者个性的一种体现，是在长期的学习过程中逐渐形成的，学习风格一般不会随着学习内容或教学方式的变化而变化。但学习风格也不是固定不变的，学习者内部因素和学习条件等外部因素会使学习风格发生一些改变。不同的学习者有不同的学习风格，学习风格犹如人的性格特征，没有优劣之分，任何一种学习风格都可能帮助学习者取得学习上的进步和成功。按照学习者的个性特征、认知方式和感知方式，可以将学习风格划分为不同类型。

1. 按照个性特征进行划分

受先天因素和后天环境的影响，不同的学习者展现出不同的个性特征，他们的个性特征是影响他们形成不同学习风格的重要因素。根据个性特征的不同，学习者的学习风格可以划分为以下三种类型，如图 3-1 所示。

外向型与内向型

开放型与封闭型

直觉型与程序型

图 3-1 按照个性特征划分学习风格

（1）外向型与内向型。外向型学习者乐于接触新人新事，热衷社交活动，他们在人群中能获得更多能量，这种类型的学习者在学习过程中更依赖交流和讨论。他们会积极主动地参与小组讨论、角色扮演、演讲等互动性强的活动。然而，他们在独立思考和反思的能力上可能相对较弱，需要适度的训练和引导。对于这类学习者，教师可以设计更多的小组合作活动，同时要培养他们自主学习和独立思考的能力。相反，内向型学习者则更喜欢独立工作，他们的学习往往更依赖自我反思和深度思考。他们可能更善于独立完成任务，对于需要大量人际交往的活动可能感到不适。因此，对于这类学习者，教师需要提供充足的个人学习和思考时间，同时要尝试引导他们参与团队合作中，提高他们的社交技巧和团队协作能力。

（2）直觉型与程序型。直觉型学习者善于发现新观点，他们的思考通常不受限于现有的框架和理论，他们更愿意接受新的、未知的信息，对于抽象的概念和理论有较高的理解能力。他们善于通过探索和试验来学习新的知识和技能，因此，教师在设计教学活动时，应该为他们提供更多创新和探索的机会。程序型学习者更依赖逻辑和顺序，他们更喜欢按照步骤和规则来进行学习。他们善于管理和组织信息，擅长按部就班地学习。对于这类学习者，教师需要提供清晰的教学计划和步骤，同时要适当鼓励他们跳出固有的思维模式，进行创新性的思考。

（3）开放型与封闭型。开放型学习者善于处理模糊不清的信息，他们愿意对各种可能性保持开放，对于学习过程中的不确定性能够保持耐心。他们更愿意通过试错和实验来寻找最佳的解决方案。对于这类学习者，教师应该鼓励他们的探索精神，同时要培养他们批判性思考的能力。封闭型学习者则更善于处理具体和确定的信息，他们对于清晰明确的规则和步骤更容易接受。他们善于系统地处理和组织信息，对于学习过程中的不确定性可能感到不安。因此，教师在设计教学活动时，应为他们提供明确的指导和反馈，同时要适当挑战他们的思维习惯，鼓励他们更多地接受新的、不确定的信息。

2.按照认知方式进行划分

认知方式是人们分析、组织、理解新信息的方式。认知方式和思维方式的不同也会影响学习者的学习风格。根据认知方式的差异，学习风格可以分为以下三种类型，如图 3-2 所示。

图 3-2　按照认知方式划分学习风格

（1）场依赖型与场独立型。场依赖型和场独立型的学习风格实际上涵盖了学习者对环境、教师、同伴的依赖程度，以及他们在解决问题时自主性和独立性的特点。在学习过程中，对于场依赖型学习者来说，他们更倾向依赖教师的指导和同伴的协作。他们善于从整体角度出发，注意到环境的影响，对于社交活动和团队协作更感兴趣。例如，在一个英语口语的学习项目中，场依赖型学习者可能更倾向在教师的引导下，通过小组讨论和角色扮演的方式来提高口语能力。相反，场独立型的学习者则更倾向独立学习和解决问题，他们更加注重细节，不容易受到环境的干扰。他们能在各种复杂的环境中保持清晰的思考。例如，在自主阅读英文文献或写作英文文章时，他们可以独立思考，运用各种策略来理解文献内容或组织语言表达。

（2）整体型与细节型。整体型学习者和细节型学习者在接收和处理信息的方式上有显著不同。整体型学习者善于把握整体，对宏观层面的观念和关系有较好的理解能力。例如，当学习一个新的语法规则时，他们可能会首先理解这个规则在语言整体中的功能和作用，而不是深入研究其具体使用的例子。相反，细节型学习者在处理具体的信息和任务时更为擅长。他们关注的焦点通常在具体的事物、事件和问题上，比如，当遇到新的词汇时，他们可能将其意思、发音、拼写等详细信息都记住，并在合适的语境中正确地使用。

（3）左脑主导型与右脑主导型。左脑主导型和右脑主导型的学习者在处理信息的方式以及解决问题的策略上有显著不同。左脑主导型的学习者在逻辑推理、分析问题、关注细节方面有显著优势，他们善于理性思考，严谨对待每一件事物。例如，在解决一个数学问题时，他们会使用逻辑推理，通过公式计算得出答案，而不会轻易地接受没有逻辑支撑的答案。右脑主导型的学习者更倾向使用直觉和创新思维来解决问题，他们善于发散思考，对于音乐、艺术、空间和整体概念有较强的认知能力。例如，在进行艺术创作或写作活动时，他们能通过直觉理解和处理复杂的内容，创造出独特的作品。

3.按照感知方式进行划分

学习者必然会通过感知方式进行信息的获取与学习，而不同的学习者会表现出不同的感知偏好方式。因此，以感知方式为标准进行划分可以将学习风格分为听觉型、视觉型和动觉型三类，如图3-3所示。听觉型、视觉型和动觉型学习风格分别体现了学习者对信息输入和处理的偏好。他们各自具有独特的特点和优势。

图3-3 按照感知方式划分学习风格

（1）听觉型学习者。他们在获取和理解新信息时，倾向使用听觉信息。这类学习者在听讲、讨论或听故事时的学习效果最佳，他们更依赖听觉记忆，对语音、音乐和语调等音频信息有更敏锐的感知。例如，听觉型的英语学习者可能倾向通过听英文歌曲、看英文电影或参加口语对话等活动来学习和练习英语。如果教学活动中能提供大量的听力材料和听说交流的机会，会极大提高他们的学习效果。

（2）视觉型学习者。他们对视觉信息有更高的敏感度，对文字、图像、色彩和空间布局等视觉元素的处理能力很强。在学习过程中，他们倾向通过阅读、观察和想象来获取和理解新知识。视觉型的学习者在英语学习中，可以大量使用图像、影视材料甚至英语原版图书来提升学习效果。例如，当学习新的词汇时，可以让他们看一些包含这些词汇的图片、视频，或者通过单词卡片的方式来记忆。同时，他们也可以通过阅读英文文章或者观看原版英文电影来提升自身的阅读和听力理解能力。在写作训练中，视觉型学习者可以尝试通过思维导图的方式来组织他们的想法，这将帮助他们更好地梳理思路并提升写作能力。

（3）动觉型学习者。他们在学习过程中更倾向动手操作和体验。他们通过实际行动和身体感觉来理解和记忆新知识，对动态和实际操作有更强的敏感性。对于动觉型的学习者来说，"做中学"的方式更为适合他们。在学习新的语法结构或者短语时，可以让他们通过编写小故事或者进行角色扮演的方式来实践。例如，在学习 past tense（过去式）时，他们可以编一个小故事，通过讲述故事的方式来运用并实践新学的语法结构；在学习日常交际用语时，可以通过角色扮演的方式来模拟实际的语言环境，让他们在实际对话中运用新学的知识。此外，他们也可以通过记忆英文歌曲或者诗歌，甚至通过游戏的方式来学习新的单词或者表达，这将使得学习过程更加生动有趣，也可以提升他们的学习效果。

在开展高校英语教学工作的过程中，英语教师需要引导学生正确认识学习风格，使每一位学生形成对学习风格的科学认知。

（1）学习风格是学习者在学习过程中采取的一种稳定的、个体化的行为方式或心理倾向。每个人都有自己独特的学习风格，这是由他们的性格特点、认知结构、学习经验等多种因素决定的。学习风格没有优劣之分，只有适合与不适合之别。正如世界上没有两片完全相同的树叶，每个人的学习风格都是独一无二的。

（2）学习风格是个体对信息的接收、处理和理解的固定方式，而学习方式则是个体在特定学习环境和学习任务下选择的具体行为策略。学习方式对学习风格的形成有重要影响。每个人都需要努力探索适合自己的学习方式，因为只有选择适合自己的学习方式，才能达到最佳的学习效果。

（3）学习风格不是固定不变的，它受学习者的生理状况、心理状态、学习环境、学习任务等多种因素的影响，会随着时间和情境的改变而变化。因此，学习者需要保证学习风格的灵活性，能够在不同的学习条件和环境下选择和调整自己的学习风格。

### （三）学习者的学习策略

#### 1.概念与内涵

学习策略可以被定义为在学习过程中学习者主动使用的一系列方法和技巧，它们被用来实现特定的学习目标。这个概念涵盖了学习过程中学习者对学习任务的认识、对学习方法的调用和对学习过程的调控。以下是对学习策略内涵的四个方面的详细论述：

（1）学习策略是用于学习的计策和谋略，它结合了科学和艺术两个方面。学习策略的科学性体现在它们是通过试验和研究得出的，通常基于一定的理论基础，并且具有可操作性和可重复性。然而，每个学习者都是独特的，因此，对学习策略的使用也需要灵活性和创新性，这就是学习策略的艺术性。这种艺术性需要学习者运用判断力和独特的思维方式来调整策略。这两个方面的结合使得学习策略既科学，又富有创新性，为高效学习提供了路径。

（2）学习策略是学习者为实现学习目标而自觉主动使用的。这表明学习策略需要学习者的主观参与，需要他们理解学习任务，选择合适的学习方法，并对自己的学习过程进行监控和反思。这种自觉性和主动性是学习策略的重要特征，因为它促进了学习者对自己的学习过程进行深度参与和控制，从而提高了学习效果。

（3）学习策略是有效学习所需要的。学习策略的有效性源于它们能够帮助学习者以更高的效率来实现学习目标。有效的学习策略可以帮助学习者更好地理解和掌握知识，激发他们的学习动机，提高他们解决问题和批判思考的能力。另外，有效的学习策略也可以帮助学习者更好地调整和控制自己的学习过程，从而使学习更具有目的性和高效性。

（4）学习策略的作用对象是学习活动及其要素。这些要素包括学习主体（即学习者）、学习客体（即学习的内容或材料）、学习手段（如学习工具）和环境等。学习策略的使用和应用应考虑这些要素的特性和相互作用。例如，学习策略应考虑学习者的学习兴趣和学习风格，以便选择最适合他们的学习方法和技巧。同样，学习策略也需要考虑学习的内容和结构，以便制订有效的学习计划和方法。学习策略还需要考虑学习环境和可用资源，以便最大化利用它们来支持学习。这种对学习活动各要素的考虑和整合，使得学习策略能够有效促进学习者的学习，帮助他们实现学习目标。

2. 主要分类

在学习策略的研究中，许多专家和学者已经提出了他们对学习策略成分和层次的理解，并据此对学习策略进行了分类。20世纪90年代，教育心理学家迈克卡（McKeachie）及其团队提出了一种独特的分类方法，他们将学习策略分为三种主要的类别，这些类别代表了学习策略的不同层次和方向。这三种策略分别是认知策略、元认知策略和资源管理策略。这一分类方法得到了大部分人的认可。

（1）认知策略。认知策略是学习者在处理信息，如编码、存储和提取过程中所采取的方法和策略。这些策略有助于学习者理解新的信息、连接新旧知识以及在需要时有效地回忆和使用所学知识。在实际的学习过程中，三种最为常用的认知策略就是复述策略、精细加工策略和组织策略。

第一，复述策略是一种基本但有效的认知策略，它要求学习者通过用自己的话复述信息来加深对该信息的理解。复述策略的一个关键要素是将复杂的信息或观念简化为易于理解的语言。复述策略不仅可以帮助学习者消化新的信息，而且可以帮助他们检查自己是否真正理解了这些信息。复述的过程可以采取各种形式，如口头复述、写作、创作图表或故事等，这不仅促进了理解，还能提高记忆力。此外，复述策略可以与其他策略相结合。例如，学习者可以在复述过程中使用问题提问或思维导图等方法，从而进一步提升复述策略的效果。

第二，精细加工策略是指学习者在处理信息时，通过深度思考和理解，将信息内化为自己的知识。与复述策略不同，精细加工策略并不仅仅是简单地重复信息，而是需要学习者对信息进行深度分析，理解信息的含义，掌握信息的结构，并将新的信息与已有的知识链接起来。精细加工策略可以帮助学习者形成更复杂、更详细的知识结构，提高记忆和理解能力。精细加工策略可以通过提问、讨论、批判性思考等方式实施，从而加深对新知识的理解。

第三，组织策略也是学习者常用的一种认知策略，通过将信息分类和结构化，组织策略可以帮助学习者更好地理解和记忆信息。组织策略的核心是将相关信息组织在一起，形成一个有意义的整体。这种策略可以帮助学习者看到各种信息之间的联系，提高他们的理解和记忆能力。组织策略可以采取多种形式，如创建概念图、制作思维导图、分类信息等。这些都是有效的方法，可以帮助学习者构建并理解新的信息和知识。

（2）元认知策略。元认知策略是一种复杂而关键的学习策略，它涉及学习者对自身认知过程的理解和掌控。通常情况下，元认知策略由元认知知识、元认知体验和元认知监控三部分组成。对这三者的理解和运用有助于学习者进行更有效的学习。

第一，元认知知识是指关于认知过程的知识。这是对个人学习的自我认知和自我理解，包括了解自己的认知能力、了解各种类型的学习任务以及认识使用不同策略的重要性。元认知知识涵盖了对学习任务的理解，既可以是一项特定的任务，比如写作或阅读理解，也可以是一项更广泛的任务，比如如何发展自己的创新思维。学习者还需要了解自己的认知能力和特点，包括了解自己在各个领域的优势和劣势，以及自己的学习风格和偏好，这样才能更好地调整自己的学习策略，以适应不同的任务。此外，元认知知识还涵盖了对策略的理解，这意味着学习者需要知道如何、何时、为何使用特定的学习策略。

第二，元认知体验是指学习者对自身学习状态的感知和理解。包括对自己的情感、情绪和动机的理解以及对学习过程的直观感受。这种对自身学习的感受和理解可以帮助学习者在学习过程中做出调整。比如，学习者在学习过程中感到困惑或者疲劳，他们可以通过调整学习策略或者改变学习环境来提高学习效率。元认知体验还涉及对学习难度的感知，学习者需要对任务的难易程度有所认知，这样才能有效管理自己的学习过程。

第三，元认知监控是指学习者对自己的学习过程进行监控和管理的能力。包括计划、监控和评估学习过程。计划包括设定学习目标、规划学习任务和选择适当的学习策略。在学习过程中，学习者需要监控自己的进度和表现，对比预期目标，发现并纠正错误。完成学习任务之后，学习者需要对完成的任务进行评估，反思自己的学习过程，以了解自己在哪些方面做得好、哪些方面需要改进，从而在未来的学习中取得更好的效果。

（3）资源管理策略。资源管理策略在学习策略中占据重要地位，它涉及学习者如何有效地管理和分配自己的学习资源。这种类型的策略主要包括时间管理策略、努力管理策略、学习环境管理策略以及利用他人支持的策略。

第一，时间管理策略是对学习者如何合理安排和使用他们的时间进行规划和调整的策略。良好的时间管理是学习成功的关键，包括设定具体的学习计划和目标、预估任务完成所需的时间、有效地分割学习任务以防止拖延以及合理地安排休息时间以防止过度劳累。熟练地使用时间管理策略可以帮助学习者提高学习效率，降低学习压力，更好地平衡学习和生活。

第二，努力管理策略是关于学习者如何合理地调整和投入他们的努力以最大限度地提高学习效果的策略。包括了解并调整自己的学习节奏、识别并聚焦关键的学习内容、保持持续的学习动力以及对抗各种可能的分心和干扰。准确地使用努力管理策略可以帮助学习者更专注他们的学习，更有效地掌握学习内容。

第三，学习环境管理策略是关于学习者如何创建和调整适宜的学习环境以提高学习效果的策略。包括选择安静、舒适和无干扰的学习场所，合理地安排和使用学习工具和材料，创造积极和鼓励的学习氛围，以及有效地处理各种可能的环境干扰。合理使用学习环境管理策略可以帮助学习者更好地集中注意力，更愉快地进行学习。

第四，利用他人支持的策略是关于学习者如何有效地利用他人的帮助以提高学习效果的策略。包括寻找和利用适当的学习伙伴或小组、积极参与课堂和小组讨论、主动寻求教师或导师的指导和反馈以及开展合作学习。恰当地利用他人支持可以帮助学习者获得新的观点和想法，增进对学习内容的理解，增强学习的动力和乐趣。

3.培养方法

（1）开展明确的学习步骤指导。明确的学习步骤指导对学生的学习过程起着至关重要的作用。许多学生富有学习的动力和决心，但他们可能在不明确如何学习或如何优化他们的学习策略的情况下遇到困难。尤其在学习英语时，具体明确的学习步骤和策略的指导可能被忽视，导致学生难以找到最有效的学习方式。因此，教师的作用就显得尤为重要，他们需要通过设计具体的任务和步骤来引导学生理解和应用有效的学习策略。

明确的步骤指导应该包括对具体学习行为的解释和示范，比如，如何注意听讲、如何记笔记等。这些对具体步骤和行为的讲解和示范可以使学习策略的培养更具有针对性和实效性。另外，当教师引导学生了解和尝试各种学习方法和策略时，他们应给予学生足够的时间和空间去判断和选择适合自己的学习方式。这就需要教师在指导中有明确的倾向，以防止学生在面对多种方法时感到困惑或者迷失。

（2）进行隐性的学习策略渗透。隐性的学习策略渗透可以提升学生的学习策略意识和能力。教师可以通过设计具体的教学任务和步骤以及通过及时的互动反馈，让学生在实际的学习实践中意识到学习策略的重要性，并形成良好的学习行为习惯。教师也可以运用学习策略调查问卷，引导学生理解学习策略的各种类型、作用以及需要改进的方面。在此基础上，教师可以引导学生分析自己的学习策略运用情况，并组织学生之间的经验交流和分享。这种隐性的引导与显性的指导相结合，可以更有效地帮助学生理解和应用学习策略，进而提高他们的学习效果。

（3）发挥教师的引导示范作用。教师在课堂教学中起到的作用远超出教学内容的传递者，他们也需要作为示范者和引导者，帮助学生理解并实践有效的学习策略。以学习英语为例，当教师让学生欣赏并跟唱英文歌曲时，他们也需要积极参与，而不是将自己局限于旁观者或者监督者的角色。通过将自己投入学生的学习活动中，教师可以更有效地演示如何学习英语、如何完成任务。

这种示范者和引导者的角色需要在教学过程中的各个环节中得到体现。其一，教师需要通过自身的行为示范学习策略，比如，如何倾听学习意见、如何积极思考学习方法等。其二，在学生完成任务后，教师需要给出具体和有针对性的反馈和评价，而不是仅仅停留在肯定和鼓励的层面。这些评价不仅针对完成任务的学生，也对其他学生有重要的指导作用，他们可以通过这些评价了解如何更好地完成任务、如何评价他人的表现等。在整个教学过程中，教师需要充分发挥自己的专业知识和教学经验，灵活调整自己的教学策略，使其能更好地符合学生的学习需求和情况。同时，教师也需要关注学生的反馈和反应，以便及时调整自己的教学策略，更好地满足学生的学习需求。

（4）推动学生间的互动和交流。推动学生间的互动和交流可以显著增强学习策略的应用和优化。其中，设计并执行学习策略指导计划是实现这一目标的有效手段。例如，教师可以每周选择 2～3 位具有不同学习水平的学生，通过对其课堂行为的观察和课后的深度访谈，深入了解他们的学习观念和学习策略。然后，挑选一些有效的学习观点和策略与班级所有学生共享，以帮助他们摒弃那些不合适的学习观念和策略。

在教学过程中，教师需要积极地去发现并分析那些在学习中取得成功的学生所采取的有效学习策略，然后引导这些学生将他们的经验和方法与全班分享。为此，教师可以举办如"英语学习策略"主题的班会或者英语学习交流会，这些活动能够有针对性地引导学生去思考自己的学习观念和策略。特别是对于全班学生来说，那些英语成绩优秀的学生分享自己的成功经验和策略，会比单纯听取教师讲解更具有吸引力和说服力。与此同时，教师自身的专业发展也是提升学生学习策略水平的重要影响因素。教师应不断去学习新的教育知识和教学策略，以便能够更有效地指导学生培养良好的学习习惯，进而提高学生的学习成效。

## 三、高校教学工作管理者

### （一）教学工作管理的过程

正常的学校管理总是遵循着计划、实施、检查、总结这一程序有序进行的。同时，学校管理过程的各个阶段并不是孤立存在的，它们互相关联、互相促进。由此可知，学校教学管理的基本过程也包括计划、实施、检查和总结四个环节，大体上表现为以下几点：制订全校性的教学工作计划；组织教学计划工作的实施，在实施的过程中加强指导和帮助，及时解决各种问题；加强教学工作的检查，既要检查教师的教学工作，也要检查学生的学习质量；做好教学工作的总结。教学工作管理的过程由上述环节有机运转而成。

1.教学工作计划的制订

教学工作计划制订的基本要求是确保教学工作的顺利进行，提高教学质量，具体包括以下几个方面的内容：

（1）教学工作计划的制订应当是一个集体行为，涉及教学管理者、普通教师和教育理论专家。通过广泛征集意见，确保教学计划的全面性和合理性。

（2）明确目标和任务分解是教学工作计划制订的关键。从学校到个人教师，层层分解教学目标，确保各级教学工作计划协同一致，有利于提高教学工作的针对性和实施效果。

（3）教学工作计划的制订应遵循教育教学活动的基本规律。根据学生的年龄和发展特点，采用自下而上、共同协商的方式制订计划，以便更好地满足学生的学习需求。

（4）计划性和前瞻性是教学工作计划制订的重要原则。在制订教学工作计划时，应充分考虑实施过程中可能遇到的困难，确保计划的可行性。同时，结合学校的现实情况和未来发展目标，制订具有指导意义的教学工作计划。

2.教学工作管理的实施

教学工作管理的实施就是学校全体教师在教学工作管理者的领导下，将学校教学工作的计划进行具体落实，以实现学校教学目标的过程。教学工作管理的实施环节是教学工作管理过程中持续时间最长也最具有实质性的环节。在实施过程中，教学工作管理者需要做好组织、指导和协调工作，具体分析如下：

（1）资源整合与配置。在教学工作管理中，教师需要合理配置学校的人力、财力、物力和信息资源，确保各种资源得到充分利用。这涉及建立有效的组织机构，如年级组和学科组，明确各级机构的职责、权力和分工，以便实现人尽其才、物尽其用的目标。

（2）制度建设与规范。教学工作管理的实施需要建立一套完善的规章制度，包括备课、上课、听课、评课等方面的标准、规定和要求。这有助于规范教师的教学行为，激发他们的积极性，提高教师队伍的素质和教学质量。

（3）指导与培训。教学工作管理还需要对教师进行必要的指导和培训，以提高他们的专业素养和教学能力。包括对下属管理者的指导和帮助，确保每个组织成员的工作与组织的计划实施保持一致。

（4）协调与沟通。教学工作管理的实施还需要加强协调和沟通，以解决组织内部和组织之间可能出现的问题。管理者应秉持团结一致、齐心协力、提高效率的原则，协调好教学管理系统内与外、组织与组织、组织与个人、个人与个人之间的关系，确保计划的有效实施。

3.教学工作管理的检查

教学工作管理的检查是学校教学管理过程中至关重要的环节，起到了沟通、协调和监督的作用，有力地保障了教学工作能够按照既定的目标和计划顺利进行。在教学工作管理的检查中，有几个主要的内容需要关注。

（1）检查教学工作计划的实施进展和真实情况。包括了解教学任务的完成情况、教师授课的进度和质量，以及课程设置、教材选用等方面的实际执行情况。通过对这些方面的检查，可以确保教学计划得到有效的执行，及时发现并解决可能存在的问题。

（2）关注学校教学规章制度的执行情况。包括学校制定的教学管理政策、考试评价标准、教学质量监控等方面，检查各项规章制度是否得到了严格执行，找出不足之处，并提出相应的改进建议。

（3）审查各级教学工作管理机构及人员在教学工作管理中的职责履行情况。包括对各部门、教务处、班主任等在教学管理工作中的表现进行评估，确保各部门和人员都能够充分发挥职责，为教学工作的顺利进行提供支持。

4.教学工作管理的总结

教学工作管理的总结是教学管理过程中的关键环节，既是对前一阶段工作的回顾和评价，又为新一轮教学工作管理活动奠定了基础。这一环节主要包括以下几个方面的内容：

（1）对教学计划的制订和实施情况进行全面分析。包括对教学目标的达成程度、教学计划的完成情况、教学方法的运用、课程设置、教材选用等方面进行综合评估，以便了解教学工作的整体效果。

（2）肯定教学工作管理取得的成绩。学校管理者应对表现优秀的部门和教师给予表扬，总结并宣传他们的先进经验，以激励全体教职工继续努力，提高教学质量。

（3）深入剖析存在的问题和不足。针对教学工作中出现的问题，如教学资源分配不均、教学方法单一、学生评价不公等，进行深入分析，找出原因，并提出解决办法。对于表现不达标的部门和教师，进行通报批评，以促使他们吸取教训，改进教学工作。

（4）为下一阶段的教学工作管理制定改进措施和目标。在总结过程中，要结合学校的实际情况，为新一轮的教学工作管理提出具体的改进措施、目标和预期成果，为下一阶段的工作打下坚实基础。

总之，教学工作管理总结环节是对学校教学工作进行全面审视的过程，具有重要的指导意义。通过对教学工作的总结和分析，学校管理者可以更好地了解教学工作的优势和不足，进而采取有效措施，提高教学质量，推动学校教育事业持续发展。

## （二）教学工作管理者在英语教学工作中的作用

### 1.制订英语教学计划

教学工作管理者在英语教学工作中的首要任务是制订有效的英语教学计划。一个优秀的教学计划应该包括明确的学习目标、具体的教学内容、合适的教学方法和评估方式等。在制订计划时，教学管理者需要充分了解学生的需求，同时充分考虑教师的能力和资源。通过为不同水平、不同需求的学生提供差异化的教学计划，教学管理者可以帮助每位学生在英语学习过程中取得最大进步。

除此之外，教学管理者还需要关注学校的整体教学目标，与其他学科的教学计划保持一致。这意味着英语教学管理者需要与其他学科的管理者、教师以及相关部门密切合作，共同制订和调整教学计划，以满足学生和学校的需求。

### 2.组织教学计划的实施

教学计划的实施是英语教学工作中的核心环节。教学管理者需要确保教师们了解并掌握教学计划的内容，以便更好地进行教学。为此，教学管理者可以组织培训课程和研讨会，从而提高教师们的教学水平和专业素养。同时，教学管理者还需要协调资源，如分配合适的教室、教学设备和教材等，确保教学工作能够顺利进行。

此外，教学管理者还需要关注学生的学习动态，及时调整教学计划和方法，以适应学生的需求和发展。这需要教学管理者密切关注课堂情况，与教师和学生保持良好的沟通。

### 3.监督教学工作的开展

监督教学工作的开展是教学管理者在英语教学工作中的重要职责。通过定期观察课堂教学、检查教学记录，以及搜集教师、学生和家长的反馈等途径，教学管理者可以了解教学过程中存在的问题，并采取相应措施进行改进。

为了确保监督工作的有效性，教学管理者需要设定明确的监督标准和评估指标，以便更好地评价教学过程的质量。在监督过程中，教学管理者还应鼓励教师们开展自我评价和反思，从而提高教学的质量和效果。同时，教学管理者应为教师提供及时的反馈和支持，帮助他们解决教学中遇到的问题，激发他们的教学热情和创造力。

4. 总结教学工作的成果和问题

在英语教学工作中，教学管理者需要定期对教学成果和问题进行总结和分析。通过对教学数据的搜集、整理和分析，教学管理者可以了解学生的学习成果、教师的教学质量以及教学方法的有效性等方面的情况。这有助于教学管理者发现教学中的优点和不足，从而不断优化教学计划和方法，提高教学质量。

在总结教学工作时，教学管理者还需要关注教学过程中出现的问题，分析问题产生的原因，并提出针对性的解决方案。这可能涉及对教师的培训、教学资源的调整、教学方法的改进等多个方面。通过对教学工作的总结和改进，教学管理者可以为学生和教师创造更加优质的英语教学环境，促进学生的全面发展。

# 第二节　高校英语教学的教学内容

教学内容是指在教学活动中为了实现教学目标，教师和学生共同作用的知识、技能、观点、原理、事实等的总和。教学内容是教师要传授给学生的内容，它不仅仅指语言知识，也不是一种经历，而是一种特殊的知识系统。教师在选择和确定教学内容的过程中，既要考虑英语作为一种语言本身的知识体系，又要考虑与英语相关的一些影响因素，如社会文化因素，还要结合学生的身心特点和学习需求。具体分析，高校英语教学的教学内容可分为以下四大类，即语言类、文化类、策略类和态度类。将这四大类继续划分，又可分为以下八项内容，如图3-4所示。

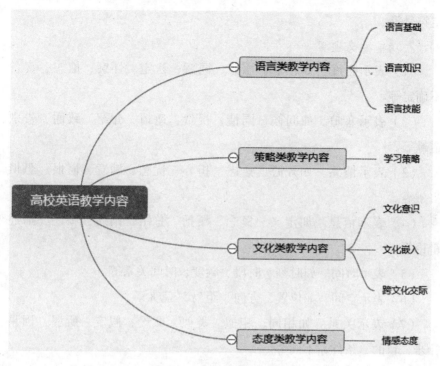

图3-4　高校英语教学内容

# 一、语言类教学内容

## （一）语言基础

高校英语教学中语言基础类教学内容又包括语法结构项目和功能意念项目。

1.语法结构项目

（1）词语层面。包括各类名词、动词、形容词、数词、限定词、副词、介词，以及构词法和被动语态等。

（2）句子层面。包括句子成分、句子结构、句型、各种从句、同位语、直接引语、间接引语等。

（3）超语句层面。包括强调、省略、替代、插入语、倒装语序、标定符号等。

2.功能意念项目

（1）表示态度。如相信、愿意、同意、认定、怀疑、抱怨、责备、不确定等。

（2）表示寒暄。如问候、同情、祝贺、邀请、介绍、致谢、告别、道歉等。

（3）表示情感。如开心、焦虑、担心、忧愁、满意、愤恨、恐惧、失望等。

（4）表示信息。如定义、概念、概括、总结、阐述、叙述、描述、辩论等。

（5）表示时间。如时刻、时段、频度、时间关系等。

（6）表示空间。如位置、方向、距离、运动等。

（7）表示关系。如相同、相似、类似、假设、假定、所属、因果、让步、目的、条件、不同等。

（8）表示特性。如形状、颜色、体积、材料、规格、功能等。

（9）表示计算。如加、减、乘、除、倍数、百分数、分数等。

（10）表示计量。如长度、宽度、高度、深度、温度、速度、平均、比例、容量、限度等。

### （二）语言知识

英语语言知识对于综合英语运用能力的发展具有至关重要的作用。要想学习一门语言，学习者就需要了解该语言的起源、历史发展和演变，同时需要掌握它在现代社会中的广泛应用。这些知识将帮助学习者建立更为全面的英语认知，从而提高学习者的语言运用能力。

（1）学习一门语言并不仅仅是掌握词汇和语法。一门语言的形成、发展和变化与其背后的社会、历史、文化等方面密切相关。因此，了解英语的起源、历史发展和演变可以帮助学习者更全面、更深入地理解这门语言。比如，学习者在掌握了大量古英语词汇后，可以发现很多现代英语词汇的来源，这就可以帮助他们更好地记忆和理解这些词汇。又如，通过了解英语在历史上的演变，学习者可以理解为什么英语会有那么多例外情况和不规则变化，这对于理解和学习英语的语法规则具有重要作用。

（2）掌握英语在现代社会中的广泛应用是提高学习者英语运用能力的关键。现代社会中，英语的应用领域十分广泛，包括但不限于科技、商业、旅游、教育、媒体等各个领域。通过学习和了解英语在这些领域中的具体应用，学习者不仅可以扩充自己的词汇量，了解更多实用的表达方式，还可以提升自己的跨文化交际能力，从而更好地适应全球化的需求。

### （三）语言技能

英语语言技能包括听、说、读、写、译以及这些技能的综合运用，实践证明，这五种能力的培养和提升有利于激发学生学习英语的兴趣，提高学生的自信心，也有助于教学质量的提升。

1.听力技能

英语听力技能是英语学习的基础之一。有效的听力技能包括辨别音素、重音和语调等基础元素，以便更准确地理解发音和词汇的技能。此外，听力技能还包括理解对话、文章、新闻报道以及演讲的能力。这涉及在听对话时理解真实含义和对话内容、听文章或新闻报道时理解语篇的主题或大致含义，以及听演讲或报告时领会说话人的观点、态度和意图等能力内容。对于英语学习者来说，提升这些技能将有助于他们在日常生活和学术场合中更好地理解英语。

2.说（表达）技能

说（表达）技能是英语学习的另一个重要部分。它不仅要求学习者的发音和语调准确，还要求他们能够自如地进行交流。这包括学习者能够用英语回答问题、提出问题、复述故事和展开对话的能力。此外，说（表达）技能还包括能够就日常话题进行口头作文或评论，以及进行即兴的简短演讲或讲话的能力。这些技能的提升将有助于英语学习者在各种语境中更有效地表达自己的思想和意见。

3. 阅读技能

阅读技能是英语学习的重要组成部分，涉及对文字信息的理解和处理。有效的阅读技能包括理解文章的主题或中心思想、通过浏览了解文章大意、快速阅读查找特定信息，以及仔细阅读辨别关键细节的能力。此外，它还包括区分客观事实和主观看法，根据上下文语境推测不认识单词或短语的含义、理解复杂句子的内部关系以及推测论述文章后续和给文章做结论等方面的技能。这些技能的掌握和提升将使英语学习者在阅读英语文章时更具有效率和深度。

4. 写作技能

英语写作技能则是学习者在英语学习中必须掌握的能力之一。该技能的训练要求学习者既能写出语法正确、表达清晰的句子，也能写出表述合理、逻辑顺畅的段落。更高级的写作技能还包括撰写各种类型的短文和文章，如描写文、叙事文、说明文和应用文等。对于英语学习者来说，提升写作技能不仅可以帮助他们在学术和职业生涯中更好地表达自己的思想和观点，还可以提高他们对英语语言结构和语法规则的理解。

5. 翻译技能

能进行简单的口译和笔译，灵活运用各种翻译方法。例如，直译法、意译法、音译法、借译法等，如图 3-5 所示。

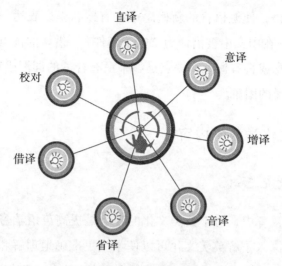

图 3-5　语言技能中的翻译方法技能

（1）直译，又称为字面翻译，是将源语言的词或短语——对应地翻译成目标语言的词或短语，保持原始的语法结构和词汇。它侧重源语言词汇和语法结构的准确性。然而，由于语言之间的文化、习惯、表达方式等差异，有时直译可能导致目标语言的读者理解困难。例如，英文中的"kick the bucket"直译成中文就是"踢桶"，但实际意思是"去世"，所以如果直译，会失去原文的含义。

（2）意译是指根据源语言的语境和含义，将信息用目标语言的表达方式重新表述，使之符合目标语言的语法规则和表达习惯。意译更侧重对源语言信息的传达，而非形式的对应。意译的优点是能更好地传达源语言的含义和情感，使翻译的文本更易于被人理解和接受。需要注意的是，过度的意译可能导致原文的一些细节或特定含义丧失。

（3）音译是指将源语言的发音直接转写为目标语言的文字。这种方式常用于地名、人名、公司名等的翻译。例如，英文中的"Apple Inc."在中文中通常被音译为"苹果公司"。音译的优点是可以保留原词的发音特性，缺点是可能无法传达原词的含义。

（4）借译是指借用目标语言中已经存在的词汇或短语来翻译源语言

的词汇或短语，使源语言的新概念或特有概念得以表达。例如，英文中的"e-mail"在中文中被借译为"电子邮件"。借译的优点是可以有效地引入新的概念或特有概念，缺点是如果没有合适的词汇或短语可供借用，可能导致翻译的困难。

## 二、文化类教学内容

### （一）文化意识

在高等教育中，对于英美文化的理解是提高英语学习者语言水平的重要因素。深入了解英美文化可以使学生更准确地理解和运用英语，更好地理解英语语境中的含义，这是因为语言和文化是密切相关的。然而，教师需要注意到，在学习英美文化的过程中，学生会不可避免地接触英美国家特有的文化观和价值观，如何在这个过程中引导学生正确地看待并理解这些文化观念是英语教学的重要任务。

对于这个问题，教师需要首先明确，尽管文化有其特殊性，但这并不意味着某一种文化就是绝对的优越或劣等。每一种文化都有其独特的价值和魅力。在学习英美文化的过程中，教师应帮助学生树立起这样的观念，那就是尊重每一种文化，尝试理解每一种文化。在学习英美文化的同时，教师不能忽视对中国文化的学习和研究。只有这样，学生才能真正尊重和理解英美文化，而不是盲目崇拜或排斥。

在这一过程中，英语教师还应积极引入中国文化，将中西文化进行对比，这样不仅能使学生更深入地理解英美文化，而且能增强学生对中国文化的认识和自信。这是因为只有当学生了解自己国家的文化，才能更好地理解其他文化。同时，通过对比中西文化，学生也能发现中国文化中存在的问题和不足，从而有助于学生更好地发展和完善中国文化。

除此之外，教师还需要培养学生的多元文化意识。在全球化背景下，学生不能局限于自己国家的文化视野，而是应当开阔眼界，尊重和理解不同的文化。同时，教师也应教育学生，尽管学生需要尊重和理解各种文化，但不能忘记自己的文化根源。学生应当有自己的文化立场和价值判断，这是学生作为一个有独立思考能力的人应有的态度。

## （二）文化嵌入

1. 文化行为项目

（1）日常生活。包括穿衣打扮、饮食用餐、居住条件、交通出行、购物旅行、医疗服务、节假日习俗、搬家等。

（2）家庭生活。包括家庭成员、亲戚构成、家庭聚会、家庭分工、家庭消费、家庭纠纷等。

（3）人际关系。包括寒暄、介绍、交友、会客、聚会、送礼、祝贺、安慰、打电话、通信、邀约、拜访、帮助、拒绝、合作、对抗等。

（4）接受教育。包括幼儿教育、青少年教育、成人教育、学校教育、职业教育、课外活动、校园生活、教育实习、社会教育等。

（5）娱乐消遣。包括看电影、看电视节目、看演唱会、听广播、听音乐、观看戏剧表演、参与体育锻炼、参与各类户外活动等。

（6）情感态度。包括高兴、兴奋、沮丧、感谢、同情、赞美、讨厌、惊讶、道歉、服从、道歉、妥协、爱慕等。

（7）观点意见。包括同意、反对、中立、赞成、商讨、评价等。

（8）婚姻习俗。包括恋爱、婚姻、婚礼、结婚、离婚、生育、育儿等。

（9）个人隐私。包括年龄大小、经济收入、婚姻状况、家庭状况、受教育情况、工作情况、宗教信仰、政治立场等。

（10）时空概念。包括肢体接触、人际交往距离、时间观念、时间划定、时间分配等。

2. 文化心理项目

（1）社会价值观。社会价值观在不同的文化背景下有着显著差异。在英美文化中，个人主义精神是其核心价值观之一。个人主义强调个人自由、独立与自主，尊重个体的权利和自由，认为个人应当根据自己的兴趣和意愿进行选择和决策。同时，人们视竞争为驱动社会进步的重要力量，认为有竞争就有动力，就能更好地激发个人潜能。而在中国文化中，集体主义观念占据主导地位，强调个人与集体的和谐统一，以及团队协作、互助共赢。这两种价值观都有其存在的合理性，尊重和理解不同的社会价值观有助于学生更好地适应不同的社会环境。

（2）人生价值观。人生价值观是人们对生活目标和生活意义的理解和认识。在英美文化中，人们强调追求个人的幸福和满足，以及成就和名誉，重视物质财富的积累。而在中国文化中，人们更看重精神富足，注重和谐、平衡之道。这两种不同的人生价值观体现了中西文化在对待生活的态度和理解上的差异。

（3）人类与自然。在英美文化中，人们倾向挑战和征服自然，将自然视为人类利用的对象，通过科技手段改造自然，满足人类的需求。而在中国文化中，人们倾向与自然和谐共处，强调"天人合一"的观念，主张人类要顺应自然、尊重自然，与自然和谐共生。这两种观念反映了人类对待自然的不同态度和理念，有助于人们反思人类与自然的关系，寻找人与自然和谐相处的路径。

（4）伦理道德观念。在伦理道德观念上，英美文化强调公平正义，认为个体的权益应当得到尊重，任何人都应该按照同样的规则和标准来对待。中国文化则更强调仁爱和道义，强调人与人之间的互助和情感联结，认为在特定情境下，应当根据实际情况灵活对待，注重义和人情味。尽管这两种伦理道德观念在某些方面存在差异，但都对维护社会和谐、促进人类社会进步起到了重要作用。

## （三）跨文化交际

### 1. 经济全球化带来的文化环境

20世纪90年代以来，随着改革开放进程的日益加快，我国的传统文化思想与文化观念受到外来思想文化的很大影响。与此同时，人们也能深刻地感受到生活观念、经济观念和文化思想观念正在发生重大变化。20 世纪 90 年代也是流行文化盛行的时期，一些学者通过研究流行文化的发展，表达了自己独特的文化思想，这些文化思想冲击着人们原有的认知，对人们的生活产生了重要影响。这些文化行为和文化现象的产生标志着我国已经融入了经济全球化带来的文化环境。

2. 文化与交际

文化差异对跨文化交际有着重要影响。如果来自不同文化背景的交际双方在交际过程中没有事先了解对方的文化，一般会产生跨文化交际的障碍。跨文化交际障碍是指不同文化背景的人们在开展交际活动的过程中，会下意识地认为对方与自己没有很大差别，而一旦发现对方的某些言语行为与自己的期望严重不符时，就会产生困惑、怀疑、失望等情绪，进而造成交际失败。这一现象的产生主要是刻板印象在起作用。刻板印象形成的原因大都是个人没有足够的时间去了解和接受某一文化。刻板印象一旦形成，就很难纠正、改变。刻板印象主要包括语言障碍、心理障碍、文化定式、文化偏见、民族中心主义等。

跨文化交际是指一种语言的使用者与另外一种语言的使用者之间的交际，也指任何在语言和文化背景方面存在差异的人们之间的交际。例如，当两位交际者交际时使用的语言相同而文化背景不同时，他们的交际过程也称为跨文化交际。在跨文化交际的过程中，能与交际对方进行无障碍交流是交际者的最大心愿，在现实中，这种想法很难实现，因为绝大多数人的交际有效性和适宜性受到多种因素的影响。

3. 文化多元化

世界上有 2000 多个大大小小的民族，分布在 200 多个国家和地区。由于各个国家和地区在自然条件、地理环境、历史背景、气候状况、生活方式等方面的差异，这些民族孕育出了不同的民族个性，催生出了不同的文化传统，使世界上的文化呈现出多元化与多样性。在经济全球化趋势发展之前，各种文化处于相对独立发展的状态，受外来文化影响较小；伴随着经济全球化进程的加快，多元文化之间的交流越来越频繁。多元文化促进了文化之间的交融，而外来文化与本地原有文化的激荡与碰撞肯定会冲击原有的主流文化。

在这种环境下，高校英语教师必须帮助学生树立正确的文化观，既要坚守本民族的优秀传统文化，又要尊重和理解其他民族文化。与此同时，高校英语教师还应对照社会主义核心价值观和中国文化价值观，努力挖掘高校英语教材中体现社会主义核心价值观的素材、元素，适时地对高校学生进行价值引领，要使高校学生意识到学习英语的目的不仅仅是了解西方文化、参与国际交流，更重要的是深谙中国文化和中国国情，并且向世界讲述中国故事，在世界舞台上展示中国形象，做中国文化的传承者和传播者。

## 三、策略类教学内容

此处的策略类教学内容是指引导学生开展有效学习的学习策略，也就是引导学生有效地学习英语和发展英语能力的各种方法、步骤和技巧，教给学生正确的学习策略有助于学生树立英语学习的信心，提高英语学习的效率，从而为终身学习奠定基础。经实践证明有效的英语学习策略包括认知策略、调控策略、资源策略、交流策略、语境策略等。

### （一）认知策略

认知策略是关于如何处理、记忆和理解英语学习材料的策略。这些策略包括联想、归纳、演绎、分析、构建等方法，可以帮助学生更好地理解和记忆所学内容。运用认知策略能够提高学生的学习效果，使他们更容易掌握英语知识。

（二）调控策略

调控策略是关于学生在学习过程中如何管理自己的学习行为和情绪的策略。调控策略包括目标设定、时间管理、自我评价和情绪调节等方法，有助于学生保持学习动力和积极心态。调控策略能够提高学生的学习效率，使他们在英语学习过程中取得更好的成绩。

（三）资源策略

资源策略是关于如何有效利用各种学习资源的方法。这些策略包括选择合适的教材、课外阅读材料，以及利用网络、多媒体等资源进行学习。资源策略能够为学生提供更多的学习机会，拓宽他们的知识视野。

（四）交流策略

交流策略是关于如何与他人进行有效沟通的技巧。这些策略包括倾听、提问、表达观点、合作学习等，能够帮助学生提高英语听、说、读、写各方面的能力。通过运用交流策略，学生可以更好地与他人互动，从而提高英语实际运用能力。

（五）语境策略

语境策略是关于学生如何将所学英语知识运用到实际生活场景中的策略。这些策略包括参加语言实践活动、模拟真实场景练习等。通过运用语境策略，学生能够在真实环境中锻炼英语能力，提高英语应用水平。

## 四、态度类教学内容

态度类教学内容主要是指情感态度教学。情感态度是指影响学生学习过程和学习效果的信心、兴趣、动机、意志力等相关因素，以及在学习过程中形成的民族意识、政治素质、爱国情感和国际化视野。具体来讲，在英语教学活动中，教师应采用各种方式方法培养学生学习英语的兴趣，激发学生学习英语的动机，帮助学生树立学好英语的自信心、体验学习的痛苦与快乐、认识自身的优势和不足，鼓励学生多与同学用英语交流练习，培养学生的爱国情感和爱学习的态度。

除此之外，英语教师还可以搜集一些以英语为目的语的文化和新闻类教学素材作为教学内容，以此来激发学生学习英语的兴趣，同时培养学生的民族意识、政治素质和爱国情感。

### （一）中国文化典籍英译版本

中国文化典籍是中国文化的精粹，包含了丰富的思想观念和人生哲理。《论语》《道德经》等典籍已有精良的英文译本，可以作为英语教学的补充素材。首先，通过学习这些典籍的英文译本，学生不仅可以了解和学习中国传统文化的精髓，还可以提高英语阅读理解能力，尤其理解抽象和深层次的语言表达。其次，通过比较英文译本和中文原文，学生可以理解跨文化交流中的语言和思想转换问题，从而提高跨文化交际能力。最后，通过对中国传统文化的学习，学生可以更深入地理解中华民族的精神面貌和价值追求，培养出强烈的民族自豪感和文化自信。总之，中国文化典籍英译版本既可以作为英语教学的素材，也是弘扬中国传统文化、培养学生民族意识的重要资源。

### （二）中国英文媒体报道

中国英文媒体报道，如新华通讯社（*Xinhua News Agency*）、《中国日报》（*China Daily*）、《上海日报》（*Shanghai Daily*）、《北京周报》（*Beijing Review*）、《人民日报》（*People's Daily*）、《今日中国》（*China Today*）、《求是》（*Qiushi*）、中国国际广播电台（China Radio International，CRI）、中国环球电视网（China Global Television Network，CGTN）、中国网（China News）、《环球时报》（*Global Times*）等媒体的报道有很多可以在网上找

到电子版的内容，由于其具有语言专业、时事性强的特点，因而也可以作为学生课内外阅读的素材。阅读这些材料既能提高学生的英语语言表达能力，又能提高学生的道德修养和政治素质。

这些素材让中国历史文化、中国时政穿上英语的外衣，融英语语言教学和思政教育于一体，使高校英语语言教学与思政教学无缝对接，增强了高校英语教学的思想性和问题意识，使学生在学习英语的同时，站稳思政立场，增强中国文化自信和文化责任感，树立正确的价值观，自觉把个人的理想追求融入国家和民族的事业中。

# 第三节 高校英语教学的教学设计

## 一、教学设计的产生与发展

教学设计是一门新兴的学科，诞生于 20 世纪 50 年代中期。从学科领域分析，它既是教育技术学的主要研究领域，也是教育科学的一部分。美国教育家、哲学家杜威（Dewey）提出的"桥梁科学"学术理论是教学设计学科的最初构想。杜威曾尝试把学习理论和教学实践结合在一起来建立一套系统的、可以指导教学活动的知识体系。建立这一知识体系的目的主要是优化教学的过程，提高教学的效率，最终达到较好的教学效果。

根据教育心理学的研究，学习理论可以作为教学设计理论的基础理论。随后在著名心理学家斯金纳、加涅（Gagne）和奥苏贝尔的倡导和努力下，教学设计这一学科逐渐发展壮大，针对教学设计的研究日益增多。20 世纪 70 年代中期到 90 年代初期，教学设计的发展势头伴随着认知理论的产生愈演愈烈。20 世纪 90 年代中期之后，建构主义学习理论和信息加工理论的应用发展促进了教学设计新范式的出现。[1] 我国针对教学设计的研究与实践应用开始得相对较晚，直到 20 世纪 90 年代初期，教育

---

① 吴雨宁.英语教学与评价 [M].北京：九州出版社，2018：1-5.

界才出现有关教学设计的论述。随后，教育理论界开始着手翻译和出版国外有关教学设计的理论著作，初步引进了国外一些教学设计方面的理论学说、设计模式与设计方法，并结合中国的教学情况，提出了符合中国教育特点的教学设计理论和实践方法。例如，何克抗等人提出的"主导——主体"教学设计模式在我国教学设计研究史上占有重要地位。

教育课程和教学本身的规定性决定了教学活动的开展离不开教学设计，教学设计融入英语教学是英语学科教育发展的必然结果，英语学科教学设计的发展与英语教学的发展与改进是一个事物的两个方面，是一个相互影响、相互依存的过程。英语教学设计会随着英语教学的发展而进步，英语教学质量则会由于教学设计的发展而提高，二者是可以相互影响的关系。

## 二、教学设计的内涵与层次

### （一）教学设计的内涵

关于教学设计的内涵，从不同的角度分析可以产生不同的界定。

美国教育心理学家加涅认为，教学的系统设计是计划教学系统的系统规划过程，而教学系统又可以看作对促进学生学习的资源和步骤的安排。

美国教学设计专家梅瑞尔（Merrill）则认为，教学是一门科学，而教学设计是建立在教学科学这一基础上的技术，因而教学设计也可以被看作科学型的技术。开展教学活动的目的是使学生掌握一定的知识和技能，而进行教学设计的目的则是营造和开发能促进学生掌握知识、技能的学习环境。

通过研究和梳理国外众多教育学界的学者对教学设计的定义和解析，可以认为，教学设计实质上是对教师课堂教学行为活动的事先谋划，是对学生能完成学习目标、实现学业进步的方法和情境做出的精心安排。具体来说，教学设计具有以下八个显著特征：

其一，进行教学设计的必要前提是有明确的教学目标。

其二，教学设计的研究方法是基于系统科学理论的方法。

其三，教学设计的理论依据包括教学理论、学习理论、系统科学理论和教育传播学理论。

其四，教学设计以学生特征为出发点。

其五，教学设计的研究对象是教学系统，即教学过程与教学活动，教学设计是对教学系统的预先分析与设置。

其六，教学设计是教学方案的规划过程，这个过程主要包括计划、实施和评价三个方面，这三个方面都是实施教学不可缺少的依据。

其七，教学设计看重对教学效果的评价。

其八，教学设计的最终目的是达到最佳的教学效果，促进学生的全面发展。

根据以上特征，可以发现，教学设计的开展需要以一定的教学理论为指导，教学理论是改进教学工作的原理和原则。只有理解了教学的本质、功能以及规律，才可以进行教学设计，它们都是开展教学设计工作的前提与基础。只有进行了周密而详尽的教学设计，才能得出指导教学活动的教学方法和教学技术。与此同时，教学理论对教学的指导必须结合实际的教学情况进行，只有理论与实践相结合，才能保证最终的教学效果，而二者结合的过程就是教学设计的过程。由此可见，教学设计既源于教学理论和教学实践，又服务教学实践，并完善了教学理论。

## （二）教学设计的层次

教学设计一般可分为四个层次。

1. 教学系统设计

教学系统设计是对某专业学科或培训项目进行系统设计。

2. 课程教学设计

课程教学设计是围绕一门课程的实施展开设计。

3.课堂教学设计

课堂教学设计是以某课程一堂课的处理为中心展开设计。

4.课堂教学媒体设计

课堂教学媒体设计是以一堂课教学媒体的使用为中心展开设计。

在这四个层次中，课堂教学设计是教学设计系统中的关键层面。接下来，本书就结合英语这一专业，分析课堂教学设计的主要内容和设计模式。

### 三、英语课堂教学设计概述

英语课堂教学设计是英语教师根据一定的教学理念、教学理论以及教学经验，对师生课堂教学行为活动的一种策划，是为了帮助学生完成英语学习目标、实现学业进步而创造的学习条件和学习情境。从本质上讲，英语课堂教学设计是一种关于帮助学生实现学习目标的策划，是一种引导学生将当前英语水平过渡到目标英语水平的方案。

英语课堂教学设计建立在科学理论的基础上。英语课堂教学设计的科学性主要体现在以下三方面：

其一，英语教师要以先进的教育思想、教学理念以及科学的教学理论指导英语课堂教学设计，把教育和教学原理融入英语教学设计之中。

其二，英语教师要正确地理解和认知英语课程和英语教材，要理解英语课程和英语教材体现的教学任务和教学目标，把握教材的知识、技能和主题篇章对教学活动开展的要求，把教材的要求、教材体现的教育思想以及教师对教材的理解融入英语课堂教学设计之中。

其三，英语教师对教学主体的认识应该是科学的、正确的。事实上，学生是教学活动的主体，教师只是教学活动的主导者。英语作为一门专业学科类教育，其操作是在教师和学生的交流与互动中进行的；英语作为一门交际语言，其交际是在师生间、生生间的英语对话中实现的。如果英语教师缺乏对教学对象的理解，那么就很可能迷失教学的方向，更难以实现既定的教学目标，这意味着了解学生的学习动机、学习经验和英语基础应是教师开展课堂教学设计时需要首先考虑的问题。

## 四、英语课堂教学设计模式

高校英语课堂教学设计模式主要有两种：客观理性主义教学设计模式和建构阐释主义教学设计模式。①

### （一）客观理性主义教学设计模式

客观理性主义教学设计模式是基于客观理性主义理论创设的。客观理性主义提出，教学过程就是教师向学生传递客观知识的过程，这一过程具有客观性和规律性，且最终的教学效果是可预测、可重复的。由于客观、复杂的教学知识可以被分解为更简单的知识，因而可以据此进行更细致、更缜密的教学程序设计。在实施教学程序的过程中，教师是知识的象征，是整个程序的最终掌控者；学生是教师要塑造的对象，需要按照教师的要求忠实地接收客观知识。

在客观理性主义理论的指导下诞生了很多相关教学设计模式，这些模式为教学过程设计了更详细的基本操作步骤。安德鲁斯（Andrews）和古德森（Goodson）通过对比分析60余个以客观理性主义为指导的教学设计模式，总结出了典型的教学设计的基本步骤。②

1. 确定教学目标

确定期望学习者掌握哪方面的知识和技能、学习者在接受完教育后能做什么。

2. 评估学习者的学习条件

分析学习者的身心特征和已掌握的知识与技能，明确学习者是否已准备好接受教育并从中得益。

---

① 赵晓峰．信息技术环境下的英语教学研究 [M]．天津：天津科学技术出版社，2019：15．
② 赵晓峰．信息技术环境下的英语教学研究 [M]．天津：天津科学技术出版社，2019：16．

3.确定教学内容

明确要传授给学习者哪些知识和技能。

4.确定教学策略

确定使用什么样的方法来讲授知识和技能，以让学生正确而快速地掌握。

5.开发教学

准备学习者指南、教学材料、组织训练内容、测验内容等。

6.测验、评价和修改

通过测验等方式确定学习者是否已经完成预期的学习目标，并对不完善的地方予以改进。

中国学者何克抗在总结分析国外学者教学设计程序研究成果的基础上，结合中国的教学实践细化了教学步骤，如下所示：

1.确定教学目标

明确教学者希望通过教学使学习者有哪方面的改变和进步、最终达到什么样的结果。

2.分析学习者特征

分析学习者是否具有接受当前教育的条件，以及具有哪些个性特征和认知特点。

3.确定教学内容和教学顺序

根据教学目标确定教学内容和教学顺序，其中教学内容具体是为完成教学目标所需要讲授的知识单元，教学顺序具体是讲授各知识单元的科学顺序。

4.分析教学起点

根据教学内容和学习者的学习基础，分析、确定教学起点。

5.制定教学策略

明确采用什么样的教学方法开展教学、如何设计教学活动的进程等策略。

6. 确定教学媒体

根据教学目标和教学内容选择和设计教学媒体，如教单词时可使用单词卡片、教发音时可使用音频。

7. 进行教学评价

进行教学评价的目的是明确学生实现学习目标的程度，评价所得的反馈信息用于调整以上环节中需要改进的部分。

客观理性主义教学设计模式具有完整、严密的理论体系作为指导，且具有较强的操作性。在这种模式中，教师占主导地位，教师可以按照教学目标和教学内容迅速地组织教学活动，在较短的时间内讲授大量系统的知识，这有利于基础教育阶段学生的知识积累。但这也体现出该设计的局限性，那就是只适用于简单知识的快速学习，教师完全掌控课堂，忽视了学生的学习需求和主观能动性的发挥。

## （二）建构阐释主义教学设计模式

建构阐释主义教学设计模式以建构主义学习理论为指导，强调学生是教学活动的中心，学习环境的创设离不开意义建构、情境设置、师生协作和情景会话四大要素。因为该模式中，学生是教学活动的中心，所以教师的一切教学行为都是为促进学生的成长和进步服务的。

在该模式中，教师是引导者、组织者、协助者和管理者，教师要充分利用意义建构、情境设置、师生协作等学习环境组成因素引导学生积极参与学习活动，充分发挥学生的主观能动性和创新精神、合作精神，帮助学生实现意义建构、掌握知识的学习目标。也就是说，教师不再是知识的灌输者，而是学习的引导者；教材上的知识内容不再是学生需要被动接受的内容，而是学生可以选择主动建构意义的对象；教学媒体也不再是教师传授知识和技能的方法手段，而是学生发现式学习、合作式学习的认知辅助工具。

以建构主义理论为指导的教学设计模式的核心是问题、是项目、是案例，围绕这些核心，教师需要确定学生学习的"定向点"，然后围绕该"定向点"，精心设计学习情境，准备学习资源，设计学习方法和学习工具，管理学习活动，为学生提供指导和帮助，共同服务学习目标、学习内容、学习者确定的问题核心。另外，教学结束后的评价部分也是设计活动的重要环节，因为这一环节是对之前环节活动的成果认证，是促进教学设计更加完善的调控环节。

与此同时，建构阐释主义教学设计模式还提出了一系列促进学生自主学习的教学策略，如抛锚式教学策略、认知学徒教学策略、支架式教学策略等，强调了学生自主学习、自发式学习的重要性，这有利于学生主动探索、主动发现，从而培养学生的创新精神和研究精神。这一教学模式的缺点也比较明显，就是容易忽略教师的主导作用，师生之间的情感交流也会受到一定影响。

# 第四节　高校英语教学的教学环境

## 一、环境和教学环境的概念

### （一）环境

环境作为一个宽泛的概念，涵盖了人们所研究的主体周围的各种情况和条件。人们生活在环境中，各种外部条件相互作用，共同塑造了人们的生活环境。环境的内涵丰富多样，包括自然环境和人文环境两个方面。

自然环境主要包括气候、地形、土壤、水资源、植被、动物等生态因素。这些因素相互关联、共同作用，构成了地球上的各种生态系统。自然环境是人类赖以生存的基础，为人类提供了生活资源，也对人类的生活产生影响。气候条件、地形地貌、水资源等自然因素无时无刻不在影响着人类的生产活动和生活方式，也塑造了人类的居住分布和文化特征。

人文环境是指人类社会中的政治、经济、文化、科技、宗教、教育等社会现象和活动。人类环境的形成离不开自然环境。人文环境与自然环境相互交织，共同构成了环境的全貌。人类社会的发展对自然环境产生影响，也反过来受到自然环境的制约。政治制度、经济发展、科技进步等人文因素与自然环境相互作用，共同影响着社会的可持续发展和人类的福祉。

### （二）教学环境

教学环境作为一种特殊的环境，是为了满足学生身心发展特殊需求而构建的育人环境。它涵盖了学校教学活动所必需的各种主观条件和客观条件，为教育者和学习者提供了教学和学习的环境。教学环境由多个方面组成。

1. 物质环境

物质环境在教学活动中扮演着重要角色，包括但不限于教室、实验室、图书馆、体育场馆和教育设备等硬件设施。这些设施构成了教学活动的基础条件，为学生的学习与实践活动提供了必要的物质支持。例如，宽敞明亮的教室能够提供良好的视觉环境，有利于提高学生的注意力；安全的实验设备能够保证学生进行实验操作，培养他们的实践能力；而图书馆则是知识的海洋，为学生自主学习提供了丰富的资源；在信息化时代，多媒体教学设备的运用更是提高教学效果的关键因素。物质环境的优化不仅有利于提高教学效率，还有利于营造舒适的学习氛围，提高学生学习的积极性。

2. 人文环境

人文环境主要涉及教师队伍的素质、学生群体的特征和需求、学校文化等方面。首先，教师队伍的素质直接影响教育质量。教师的专业水平、教育理念、教学方法都会对学生产生深远影响。其次，学生群体的特征和需求是教育工作的核心关注对象。通过有效地关注和满足学生的需求，教师能够提高教学效果，更好地培养学生的人际交往能力、思维能力和创新能力。最后，学校文化是学校精神的具体体现，良好的学校文化能够为学生的成长提供道德、情感和审美的引导，促进学生全面发展。

3. 社会环境

社会环境是指社会背景、地域文化、家庭教育等方面的环境。学校和学生不是孤立的，而是社会的一部分，同时深受社会影响。比如，地域文化可以影响学校的教育理念和方法，家庭教育则是学生性格、习惯、观念形成的重要因素。一个积极的社会环境能够为学校教育提供有力的支持，帮助学生形成正确的社会价值观，并培养他们的社会责任感和公民意识。

4. 信息环境

信息环境是指教育信息化程度、信息技术应用、网络资源等方面的环境。在数字化的世界里，信息环境的重要性日益凸显。优质的信息环境可以为学生提供丰富的学习资源和便利的信息交流渠道，从而有助于提高教学效果和学生的学习效率。例如，互联网可以提供大量的学习资源，帮助学生开展自主学习；在线教育平台可以实现异地教学，为学生和教师提供更多学习和交流的机会；新型的教学方式，如反转课堂、混合式学习等，更是让学生能够充分利用信息环境，提升学习的主动性和深度。

5. 心理环境

心理环境主要包括师生之间的情感交流、教学氛围、学习动力等方面。一个和谐、轻松的心理环境能够激发学生的学习兴趣和积极性，有助于提高学生的学习成绩。例如，教师应该在教学过程中关注学生的情感需求，尽量避免给予学生过多压力。同时，教师应鼓励学生表达自己的观点和感受，提升自我价值感。此外，良好的教学氛围可以激发学生的学习动力，使他们愿意投入学习。在此基础上，合理的激励机制和评价体系有助于进一步提高学生的学习动力和成绩。

## 二、英语教学环境的功能和主要建设方法

### （一）英语教学环境的功能

英语教学环境是指学生进行英语学习所依赖的环境条件。良好的英语教学环境主要具有以下两个方面的功能：

1.英语教学方面的功能

（1）为教师提供评估和应用教学理论和方法的平台。对教师来说，英语教学环境是一个了解环境对学生的学习影响、评价并应用英语教学理论和方法的平台。在教学过程中，教师需要不断观察和分析学生在特定环境下的学习行为和反应，以帮助教师客观地评估和理解各种教学理论和方法的适用性。在这个过程中，教师可以根据本土的教育背景和实际需求，对这些理论和方法进行适当的调整和应用，以提高教学效果。

（2）促进教师的专业发展。关注和优化英语教学环境对教师的专业发展也具有重要意义。在关注和优化课堂环境的过程中，教师不仅可以学习和实践各种教学策略，提高自身的教学能力和素质，而且可以通过反思和总结经验，提升自己对教学活动的认识和理解。这种持续的专业发展将有助于教师在教育实践中不断成长，提高教学质量，进而促进学生的英语水平得到提升。

2.学生学习方面的功能

皮亚杰认为："人的发展与智力的发展是通过人与周围环境之间的相互作用而慢慢建立起来的。"英语是一门综合性、社会性、实践性较强的学科，教学环境对学生的学习活动有非常重要的影响，主要表现为以下几点：

（1）丰富学生的英语学习资源和视野。在经济全球化的今天，英语已成为国际交流的主要工具。良好的英语教学环境能够为学生提供丰富的学习资源，帮助学生更好地了解世界，拓宽他们的视野。这些学习资源既可能是传统的教科书和参考书，也可能是最新的网络资源和数字化教育平台。在这样的环境下，学生可以接触更多历史、文化、社会等各个方面的内容，这将大大增加他们的知识，有助于他们形成全面、开阔的世界观。同时，这些丰富的学习资源还能提供多元化的学习方式，满足学生个性化的学习需求，有助于他们更好地掌握英语知识和技能。

（2）整合英语知识与实际生活。在一个良好的英语教学环境中，教师可以设计各种情景模拟活动，让学生在真实的语境中运用英语，体验学习的乐趣。例如，教师可以让学生通过角色扮演活动来模拟商务谈判、旅游咨询等实际情景，这样既可以提高学生的口语表达能力，也可以加深他们对英语语境的理解。此外，教师还可以通过项目学习等方式，让学生在实际的任务中使用英语，解决实际问题。这样的学习方式不仅能将英语知识与实际生活相结合，提高学生的语言运用能力，还能让他们理解学习英语的实用价值，增强他们的学习动力。

（3）维护学生的心理健康。对于许多学生来说，学习英语是一项挑战，可能会带来压力和困扰。在一个良好的英语教学环境中，教师和同伴的鼓励和支持可以帮助学生克服困难，维持积极健康的学习心态。例如，教师可以通过正面的反馈和表扬，增强学生的学习信心；同学们可以通过合作学习和互助学习，共同面对学习难题，减轻学习压力。在这样的环境中，学生能更好地享受学习的过程，积极参与各种学习活动，提高学习效率，从而取得更好的学习效果。

（4）培养学生良好的学习习惯和意识。良好的英语教学环境还可以通过合理的课程设计和教学活动，培养学生的学习习惯和意识。比如，通过规律的课程设置，学生可以养成定时复习和预习的习惯，这有助于他们长期稳定地开展学习。此外，教师还可以通过引导学生进行自我评价和反思，培养他们的自我监控意识，使他们能够主动地调整学习策略，改进学习方法。在这样的环境中，学生的学习能力将得到有效提升，他们的学习动力和自主性也会得到激发，从而为未来的英语学习和使用奠定坚实基础。

### （二）英语教学环境的主要建设方法

1. 物质环境

物质环境主要是指教室、教学设备和设施等硬件条件。一个良好的英语教学物理环境能够为师生提供舒适、安全、有序的学习空间。对于英语教学来说，特别需要关注声学效果和视听设备。高质量的音响和投影设备能够保证学生的视听效果，从而使他们更好地吸收语言知识。此外，舒适的座椅、合理的布局和足够的互动空间也有助于激发学生的学习兴趣，提高学习效果。因此，优化英语教学物质环境对于提高英语教学质量至关重要。

2. 心理环境

心理环境是指影响学生情感、态度和心理活动的教学氛围。在英语教学中，积极的心理环境能够激发学生的学习兴趣，降低学习焦虑，提高自信心。教师应该关注学生的情感需求，尊重学生，给予学生充分的鼓励和支持。同时，教师应创设多种学习情境，使学生在轻松愉快的氛围中，自然地运用英语进行交流。此外，注重合作学习，培养学生之间的互助精神，有助于形成良好的班级氛围，提高英语教学效果。

3. 社会环境

社会环境是指英语教学中涉及的背景知识、文化传统和价值观等因素。在英语教学中，教师应关注社会文化因素的融入，引导学生了解目标语言国家的风俗习惯、历史背景、文化特色等，培养学生跨文化交际能力。同时，教师应尊重学生的文化背景，鼓励学生从多文化视角去审视和思考英语世界，激发学生的多元文化意识。通过深入挖掘社会文化环境的内涵，教师可以为学生提供丰富多样的学习素材，拓宽学生的视野，提高学生的英语综合运用能力。

4.人文环境

人文环境主要是指教师、学生、教育管理者等人际关系及其相互影响的情境。在英语教学中，人文环境至关重要，因为教学是一个涉及情感、价值观、信仰等人文因素的过程。首先，教师应具备良好的职业道德和人格魅力，关心学生，关注学生的个性差异，尊重学生的发展需求。其次，学生应该具备积极的学习态度，敢于挑战自我，乐于与他人合作和交流。最后，教育管理者也应关注英语教学环境的建设，为师生提供支持与资源，努力营造和谐、民主、开放的人文氛围。优化人文环境有利于激发学生的学习兴趣，培养学生的学习习惯，提高英语教学质量。

5.信息环境

信息环境是指英语教学中涉及的各类信息资源及其传播与应用方式。随着科技的发展，信息技术在英语教学中发挥着越来越重要的作用。教师应善于利用现代信息技术，如多媒体、网络、移动设备等，为学生提供丰富多样的学习资源，拓宽学生的知识来源。此外，教师应关注信息素养教育，引导学生合理筛选、评价和利用信息，培养学生的信息素养和自主学习能力。同时，教师应加强与同行、家长、社会的信息交流，积累教育教学经验，提升自身的教育教学水平。优化信息环境有利于激活英语教学的活力，促进学生全面发展，提高英语教学效果。

## 三、优化英语教学环境的其他方法

教学环境由多种要素构成，是一个极其复杂的整体。教学环境会对学生在学习过程中的情感、认知、行为产生潜在影响，对教学活动的进程和效果也会产生一定影响。为了最大限度地发挥教学环境对英语教学的积极作用，避免消极影响，实现教学环境的优化很有必要，具体可以从以下几点着手：

**（一）整体协调**

整体协调是优化英语教学环境的关键。教师应具备全局观念，系统地对教学环境进行规划和调整。通过有计划地协调英语教学中各种环境因素的关系，教师可以为学生营造积极、和谐的学习氛围。为了实现整体协调，教师需要关注学生学习需求、教学目标、课程设置和教学方法等多方面，以确保教学环境有益于学生的身心健康，同时提高教学质量。在实践中，教师可通过多种渠道搜集反馈，定期检查教学环境的有效性，并不断调整和改进，以满足学生不断变化的需求。

**（二）增强特性**

在优化英语教学环境的过程中，教师应有意识地增强或突出环境的某些特性，以形成特定的环境条件，从而对教学活动和学生行为产生特殊影响。例如，教师可以在校园内设置中英双语告示牌或标语牌、成立英语广播站、展示学生学习英语的成果。此外，组织英语角等活动也有助于提高学生的英语学习兴趣和实践能力。通过这些举措，教师能够使英语教学环境更具特色和吸引力，激发学生的学习热情和参与度。

**（三）利用优势**

教师在优化英语教学环境时，应充分利用家庭、学校、社会等各方面的有利条件，为学生提供广泛的学习空间。例如，教师可以组织学生参加与英语学习相关的夏令营、聚会等活动，让学生在轻松愉快的氛围中提高英语水平。此外，教师应充分利用先进的教学设备，如多媒体技术，发挥现有资源的优势，开展英语交互活动，巩固英语教学。通过这些方式，教师能够创造出丰富多样的教学环境，满足学生的学习需求，提高教学质量。

### （四）筛选转换

在优化英语教学环境时，教师应关注对各种信息的筛选和转换，从而实现信息的优化。为了实现这一目标，教师可以利用多种信息来源，如书籍、电视、广播和互联网，获取丰富的英语学习资源。在筛选过程中，教师需要对这些资源进行审慎评估，挑选出最符合教学需求和学生水平的内容。同时，教师可以设计多样化的教学活动，将筛选出的优质资源融入课堂，从而提高教学效果。这种方法不仅有助于打造自然、真实、合理的英语教学环境，而且可以拓展学生的学习渠道。

### （五）自控自理

在优化英语教学环境的过程中，教师应重视学生的主体作用，培养他们自主调控教学环境的能力。为了实现这一目标，教师可以鼓励学生参与各种英语活动，如布置英语角、装饰教室、建立良好的班级氛围等。在这个过程中，学生可以锻炼自我管理能力和团队协作能力，从而更好地适应英语学习的要求。教师还应关注学生的个性差异，鼓励他们根据自身需求调整学习策略和方法，以实现自主、高效地学习。这些方法有助于营造和谐、愉悦的英语教学环境，使教学环境在学生的共同努力下得到良性发展。

虽然我国英语教学在教材、教学方法、课堂设置等方面逐步进行改革并取得了一定成绩，但总体而言，英语教学仍未完全摆脱传统教学模式的束缚。面对经济全球化和国内外交流的日益频繁，以及社会对英语人才需求的不断增长，我国英语教学面临着机遇与挑战。教师应理性看待这些机遇与挑战，更新教育观念，转变教育思想，找出制约英语教学实施的条件，并探求适应社会发展的教育机制。通过从筛选转换和自控自理等方面优化英语教学环境，教师可以更好地应对这些挑战，提高英语教学的质量，满足社会对英语人才的需求。

# 第四章 高校英语教学创新发展——教学媒体创新

## 第一节 教学媒体的定义与内涵

### 一、教学媒体的定义

#### （一）什么是媒体

一词来源于拉丁语"Medium"，意为"两者之间"，是指在信息传播过程中充当中介角色的载体和物质工具。简单地说，媒体是用于存储、传递和分享信息的各种形式和手段。媒体在人类社会中发挥着至关重要的作用，因为它能够跨越时间和空间传播信息，促进知识的积累和传承，影响人们的思维方式和生活习惯。

从广义上讲，媒体的范畴包括了各种形式的信息传播载体，从传统的书本、报纸、杂志、图片和模型到电影、电视、广播等现代媒体形式，再到数字化时代的计算机、智能手机、平板电脑及其相关软件。这些媒体形式既为人类提供了丰富多样的信息来源，也满足了人们获取知识、娱乐和沟通交流的需求。

### （二）什么是教学媒体

教学媒体是一种特殊的信息传递工具，它以教育和学习为目标，为教师和学生提供了实现知识传授和技能培训的手段。在教育和教学活动中，教学媒体作为信息传递的桥梁，将教师的教育理念、教学方法和学习资源有效地传达给学生，从而帮助学生更好地理解和掌握知识。同时，教学媒体为教师提供了丰富多样的教育资源，促进了教学方法的创新和教育质量的提高。

## 二、教学媒体的内涵

### （一）教学媒体的本质

20 世纪 60 年代以前，人们把媒体仅仅看作一种可替代的工具或手段。教师使用媒体不是为了追求效果，而是为了自我劳动的解脱。从 20 世纪 60 年代开始，随着电子技术的飞速发展，引发了媒体研究的热潮。

1.麦克卢汉的观点

赫伯特·马歇尔·麦克卢汉（Herbert Marshall McLuhan）是 20 世纪著名的传播学家和文化理论家，提出了许多关于传播媒介的独特观点和理论。以下是麦克卢汉关于传播媒介的主要观点：

（1）媒介即讯息。这是麦克卢汉最著名的观点之一。他认为媒介本身就是一种信息，媒介的形式和特性会对信息的传播产生重大影响。在传播过程中，媒介的选择和使用方式会塑造人们的认知、感知和价值观，甚至比实际传递的内容更具有意义。

（2）媒介延伸论。麦克卢汉提出，各种媒介都是人类感官、思维和行为的延伸。媒介不仅扩展了人类与外部世界的交流渠道，还改变了人类的生活方式和社会结构。因此，媒介的发展和变革会对社会和文化产生深远影响。

（3）媒介热度理论。麦克卢汉将媒介分为热媒介和冷媒介。热媒介是高定义、高参与度的媒体，如电影、电视和广播，它们以高强度、丰富的信息吸引受众，但互动性较低。冷媒介则是低定义、低参与度的媒体，如电话和漫画，它们需要受众主动参与和填补信息空白，具有较高的互动性。

（4）电子时代和全球村。麦克卢汉认为，随着电子媒介的兴起，传播速度和范围得到了前所未有的扩展。信息的快速流通使地球变成了一个紧密相连的"全球村"，各种文化、意识形态和价值观得以交融和碰撞，从而进一步影响人类社会的发展。

2. 亚瑟·克拉克的观点

亚瑟·克拉克（Arthur Clarke）是一位英国科幻作家、科普作家及未来学家。他的观点主要集中在科技对未来教育的影响上。虽然他不是教育学领域的专家，但他的一些看法对教学媒体的发展产生了一定的启示作用。以下是克拉克关于教学媒体的主要观点：

（1）技术革新推动教育改革。克拉克认为，随着科技的快速发展，教学媒体和教育手段将发生重大变革。他预见到计算机、网络和通信技术将极大地改善教育资源的获取和传播，使教育变得更加便捷、个性化和高效。

（2）遥感教育的发展。克拉克在其科幻作品中描述了遥感教育的设想，即通过卫星、网络等远程传输手段，将优质的教育资源传播到世界各地。这种教学模式有助于缩小地域差距，让更多人享受到高质量的教育。

（3）人工智能在教育中的应用。克拉克认为，人工智能将在教育领域发挥越来越重要的作用。他设想，未来的教学媒体将结合智能技术，为学生提供个性化、智能化的学习体验，从而提高教育的质量和效果。

（4）教育与娱乐相结合。克拉克强调，教育过程应当富有趣味性，使学习变得更加愉悦。他认为，教学媒体可以通过结合多媒体、游戏等娱乐手段，激发学生的学习兴趣和创造力，提高学习效果。

3. 托尼·贝茨的观点

托尼·贝茨（Tony Bates）是一位知名的在线和远程教育专家，具有丰富的教育和教学经验。他的研究和观点主要集中在教学媒体、教育技术和在线学习方面。以下是贝茨关于教学媒体的主要观点：

（1）教学媒体与教学方法的紧密关联。贝茨认为，教学媒体的选择和应用应当与教学方法相适应。教学方法的选择与教学目标和学习内容有关。教育者应根据具体情况，选择合适的教学媒体，以实现教育目标，提高教学质量。

（2）教学媒体的多样性和个性化。贝茨强调，现代教学媒体应该具有多样性和个性化特点，以满足不同学生的学习需求。他主张采用混合式学习模式，将传统的面授教学与在线教育相结合，为学生提供更丰富、更灵活的学习体验。

（3）教育技术的发展与在线学习。贝茨关注教育技术的发展对教学媒体的影响。他认为，网络和移动技术的普及使在线学习成为现代教育的重要组成部分。教育者应该充分利用这些技术，创新教学手段，提高教育质量。

（4）教学设计与媒体应用。贝茨强调，在教学过程中，教学设计与教学媒体的应用密切相关。教育者需要根据学习目标、学生特点和教学资源，有针对性地设计教学活动，合理选择和应用教学媒体。

（5）教师在教学媒体中的角色。贝茨认为，教师在教学媒体应用中起着关键作用。教师需要具备教育技术的运用能力，引导和支持学生使用教学媒体，促进学生的主动学习和交流互动。

综合分析学者的观点，可得到如下结论：

（1）没有万能的教学媒体。教学媒体的多样性为教育提供了更多可能性。然而，没有一种教学媒体可以解决所有教学问题。例如，传统的书籍在传授知识和培养阅读习惯方面有着无可替代的作用，但在培养学生实际操作技能和情感交流能力方面显得不足；多媒体教学可以丰富教学手段，为学生提供直观的视听体验，但难以在一对一的互动中传递情感，满足学生的个性化需求；虚拟现实技术在提高学生沉浸感和实践能力方面具有优势，但难以在品格塑造和情感沟通等方面发挥同样的作用。

因此，不能期待有一种万能的教学媒体来解决所有问题。教育的本质在于因材施教，关注学生的全面发展，而非寄希望于某种神奇的教学媒体。万能的教学媒体以前没有，现在没有，将来也不会有。

（2）教学媒体必须具有一定的物质形式。这是因为教学媒体需要作为一个载体，将知识、技能和经验传递给学习者。教学媒体的物质形式多种多样，包括实物、图像、文字、声音等。这些不同形式的教学媒体可以帮助教师根据教学内容和学习者需求展开教学，以便更好地传递信息和促进学习。具体来说，教学媒体的物质形式具有以下几个方面的作用：

首先，教学媒体的物质形式可以帮助学习者形成更为直观的感知。例如，使用实物模型或者图像可以让学习者更容易地理解抽象概念，而声音和文字则可以帮助学习者将知识和信息进行内化，从而加深理解。其次，教学媒体的物质形式可以促进个性化和兴趣教学。教学媒体的物质形式可以提高学习者的参与度和兴趣，激发他们的好奇心，从而提高学习效果；同时，教师可以根据学习者的不同特点，选择不同物质形式的教学媒体，满足学习者的需求和兴趣，使教学更为个性化。最后，教学媒体的物质形式有助于提高教学的效率和效果。教学媒体的物质形式可以将复杂的信息进行简化和压缩，使学习者能够更快地获取知识和技能；同时，教学媒体的物质形式还能帮助学习者进行复习和巩固，提高学习效果。

（3）教学媒体本身不是经验或信息本身。教学媒体本身仅为经验或信息的传递提供一种能作用于学习主体的经验的物质模式或能量模式，从而刺激主体的反应系统的活动。经验或信息本身则是主体的反应系统的能动反映的主观产物。因此，既要看到教学媒体与其传递的经验或信息之间的联系，又要看到其间微妙的区别。这是经验或信息的传递不同于物的传递的根本所在，引进教学媒体的概念，明确教学媒体的这一工具性特点，对清除教学上的形式主义方法或形式主义教学的影响是必要的。

### （二）教学媒体的特性

#### 1.固定性

教学媒体的固定性体现在其内容和形式上。通过教学媒体，教师可以将知识和信息以一种相对稳定的方式传递给学生。例如，教材、课件的电子版和教学视频等，它们的内容在一段时间内保持不变，有利于学生多次观看、学习和回顾。同时，固定性也有助于保证教学内容的统一性和标准化，使教育质量更加可控。

#### 2.扩散性

教学媒体的扩散性体现在它们可以广泛传播知识，使更多人受益。借助网络技术，教学媒体可以实现知识的快速传播，使教育资源不受地域限制。例如，慕课（大规模开放在线课程）和网络直播课堂等可以让远离教育资源的学生有机会接触优质的教育内容。

#### 3.重复性

教学媒体的重复性表现在其可以反复使用，从而促进教学效果的提高。学生可以通过重复观看和学习教学媒体中的内容来巩固记忆和加深理解。此外，教师在课堂教学中也可多次使用教学媒体，这可以节省时间和精力，提高教学效果。

#### 4.组合性

教学媒体的组合性体现在不同类型的教学媒体可以相互结合，实现优势互补。例如，教师可以将图片、视频、动画和互动游戏等多种媒体融入课堂教学中，丰富教学手段，激发学生的学习兴趣，提高教学质量。

5. 工具性

教学媒体的工具性表现在教学媒体与人相比处于从属地位，是人们获取信息、传递信息的工具。通过使用教学媒体工具，教师可以更直观地展示知识点，帮助学生理解抽象概念。同时，教学媒体也可以作为评价学生学习成果的工具，如在线测试和作业系统等。

6. 能动性

教学媒体的能动性体现在它们可以激发学生的主动学习和探索精神。一些互动性强的教学媒体，如在线讨论、模拟实验等，可以激发学生主动参与学习的热情，培养他们的创新思维和解决问题的能力。此外，教学媒体还可以根据学生的个性化需求，为其提供不同的学习路径和资源，使学生能够根据自己的兴趣和需求进行自主学习，提高能动性。

7. 可控性

在教学媒体中，可控性是指使用者对媒体操纵控制的难易程度。可控性是一个重要特性，直接影响着教学过程的效果和学生的学习体验。

（1）教学媒体的可控性体现为操纵控制的难易程度。例如，计算机多媒体较易操纵控制，因此适合个别化学习。易于操纵控制的媒体可以让教师和学生更好地控制学习进度和内容，以满足个人的学习需求。

（2）不同类型的教学媒体可控性差异较大。例如，广播、电视这类媒体通常具有较低的可控性，因为它们的播放时间和内容是由电台或电视台统一安排的。相比之下，学习者在使用这些媒体时的自主性不强，且不易操纵控制。

（3）教学媒体的可控性对教学质量有重要影响。高可控性的媒体可以为教师和学生提供更多的选择和灵活性，使教学过程更加个性化和有效；相反，低可控性的媒体可能限制学生的主动性和参与度，从而影响教学效果。

### （三）教学媒体的分类

媒体的产生和发展与人类社会的产生和发展密切相关，随着人类社会的不断进步，媒体经历了不同的发展阶段。根据历史发展的先后顺序，教学媒体可以分为传统教学媒体和现代教学媒体两种类型。

1.传统教学媒体

现如今，在教学中，虽然数字技术和互联网的应用日益普遍，但传统教学媒体在基础教育和部分特殊领域仍具有一定的应用价值和优势。传统教学媒体的优势主要体现在以下几方面：

（1）简单易用。传统教学媒体如黑板、教科书和实物模型等，其操作简单，易于掌握，无须太多的专业技能。这一优点使教师和学生都可以迅速理解并掌握其使用方法，节省了学习和使用新媒体所需的时间和精力。例如，黑板的使用仅需粉笔和黑板擦，就能在课堂上呈现丰富的教学内容。此外，传统媒体还具有易于维护和修复的特性。例如，黑板、粉笔、黑板擦的损坏和替换成本相对较低，易于维持长期的使用。

（2）基础常规。传统教学媒体在教育行业中的应用已经有了长久的历史，逐渐形成了一种基础和常规的教学方式。传统教学媒体的使用场所，不仅包括各级各类学校，还包括各种非正式教育场所，如家庭、社区等。这种深入人心的广泛应用，使传统教学媒体在教学过程中的角色得以巩固，成为支撑教学活动的重要工具。例如，教科书作为传统教学媒体的一种，包含了丰富的信息，为教学活动提供了坚实的支撑。

（3）直观生动。传统教学媒体，如图像和视听教学媒体，能够通过图像、声音和影像等形式，帮助学生更直观地了解和掌握知识。这种生动的表现形式能够提升学生的学习兴趣，提高他们对知识的理解和记忆。例如，通过实物模型和图片，学生可以直观地看到实物的形状、结构等特性，从而更好地理解和记住这些知识点。

（4）互动性强。口头教学媒体和互动问答形式可以提高教学的互动性，激发学生的学习兴趣和积极性。在教学过程中，教师可以通过提问和答疑，引导学生积极思考，参与教学活动中来。这种互动形式有助于增加学生的学习深度，提高他们的学习效果。例如，教师和学生的对话可以帮助学生在思考和答疑的过程中，更深入地理解和掌握知识。

（5）适合各年龄层次。传统教学媒体的应用对象包括各个年龄层次的学生。无论是幼儿园的小朋友，还是高校的大学生，都能在传统教学媒体的辅助下，更好地进行学习。例如，通过看图说话或者实物观察，小朋友可以增加对世界的认知；大学生则可以通过研读教科书，理解并掌握专业知识。对于教师而言，他们也可以根据学生的特点和需求，灵活运用各种传统教学媒体，提高教学效果。

传统教学媒体主要包括口头、图像和视听三种媒体。这些媒体都是比较基础的，不需要过多的科技支持，广泛应用于教育领域。其中，口头教学媒体主要依靠教师的语言文字能力，通过讲授、演示、互动问答等形式传授知识；图像教学媒体主要包括教学画板、图片、幻灯片等，可以展示各种形式的图像，帮助学生更好地理解教学内容；视听教学媒体主要包括录音机、录像机、电视机等，可以播放录音、录像、电视节目等，让学生通过视觉和听觉获得知识。

2.现代教学媒体

现代教学媒体是指以电子技术为特征的教学媒体。它主要基于计算机和网络技术，具有高度的互动性和多媒体性。它不仅可以提高教学的效率，还能使教学内容更加生动有趣。

现代教学媒体包括幻灯片、投影仪、录音录像设备等。这些教学媒体可以帮助教师更好地展示教学内容，并且可以更加直观地向学生展示各种概念、原理和技巧。例如，幻灯片可以帮助教师更好地组织课程，投影仪可以帮助教师更好地展示图像和图表，录音录像设备可以帮助教师录制课堂教学过程，以便学生可以在课后回顾。

当然，现代教学媒体的作用不止于此。还有很多其他教学媒体可以帮助教师更好地展示教学内容，从而提高学生的学习效果。例如，互动白板是一种现代教学媒体，可以帮助教师在课堂上直接画图、写字，并且可以随时修改、保存课堂内容。这样，教师可以更好地向学生展示各种概念、结构、重点、难点，并帮助学生更好地理解课堂内容。

虚拟现实技术也是一种非常热门的现代教学媒体。虚拟现实技术的作用在于可以帮助学生体验各种虚拟环境，从而更好地理解课程内容。当前，虚拟现实技术已经应用于各种专业教育领域。具体分析如下：

（1）在医学教育中的应用。在传统的医学教育中，学生通过解剖真实的尸体来学习人体的解剖结构，通过模拟手术来提高自己的临床技能。然而，这种方式存在一定局限性。例如，学校无法提供足够的练习机会，且存在一定的安全风险。在虚拟现实技术的辅助下，医学教育得到了显著改善。学生可以在虚拟环境中无限次地进行解剖和手术操作练习，这样一来，既能避免实际操作过程中可能出现的问题，又能在模拟真实环境中增强技能。此外，虚拟现实技术可以提供各种病例模型，让学生模拟面对各种病情，从而提高他们的临床决策能力。

（2）在历史教育中的应用。虚拟现实技术在历史教育中的应用为学生提供了一种全新的学习历史的方式。通过虚拟现实技术，学生可以身临其境地体验历史事件，这不仅能让学生更深入地理解历史，还能使他们对历史有更直观的感受。此外，学生还可以在虚拟环境中探索文化遗迹，如古代埃及的金字塔，身临其境般的体验可以让学生更好地理解古代文化，激发他们对历史的兴趣。通过这种方式，虚拟现实技术打破了传统教学的空间限制，为学生提供了更广阔的学习平台。

（3）在地理教育中的应用。虚拟现实技术在地理教育中的应用可以让学生更直观地理解地理知识。传统的地理教育主要依赖地图和教科书，而虚拟现实技术可以让学生在虚拟环境中探索世界各地，体验不同地理环境的特点，如沙漠、热带雨林和冰川等。通过这种方式，学生不仅可以更深入地理解地理知识，还可以提高自己的空间感和地理位置感。例如，他们可以亲自体验热带雨林的湿热和多样性，从而更好地理解热带雨林生态系统的特点和价值；他们可以在虚拟环境中登上珠穆朗玛峰，感受高海拔地区的寒冷和稀薄的空气，从而更好地理解高山地貌和气候的特性。由此可见，虚拟现实技术为地理教育提供了一种全新的、互动性强的学习方式，极大地提高了地理教学的效果和学生的学习兴趣。

（4）在科学实验教育中的应用。科学实验是科学教育的重要组成部分。传统的实验教学往往需要大量的实验器材和实验材料，而且存在一定的安全风险。虚拟现实技术的出现改变了这一现状。在虚拟环境中，学生可以进行各种科学实验，如化学反应实验、物理现象观察等，既避免了因操作不当导致的安全问题，又节约了实验资源。同时，虚拟现实技术可以模拟实验结果，让学生直观地观察和理解科学现象，从而提高他们的科学素养和实验技能。因此可以说，虚拟现实技术能够为科学实验教育提供安全、经济、高效的实验平台，从而提高科学教学的效果。

（5）在艺术教育中的应用。在传统的艺术教育中，学生往往受限于材料和环境。然而，虚拟现实技术的出现打破了这一限制。在虚拟环境中，学生可以随心所欲地进行创作，如绘画、雕塑等，无须担心材料浪费和环境限制。他们既可以在虚拟画布上挥洒色彩，也可以在虚拟空间中塑造立体作品，这样既能发挥他们的创新能力，又能提高他们的艺术技巧。此外，虚拟现实技术可以让学生在虚拟世界中参观博物馆和艺术画廊，欣赏艺术名作，提升艺术修养。例如，他们可以在家中参观法国卢浮宫，欣赏蒙娜丽莎的微笑，或者参观纽约现代艺术博物馆，了解现代艺术的发展和变化。这种沉浸式的学习体验不仅能够丰富学生的艺术知识，还能够激发他们对艺术的兴趣和热情。

（6）在外语教育中的应用。在外语教育中，虚拟现实技术同样发挥着重要作用。传统的语言学习方式往往局限于课堂讲授和教材学习，但语言本身是与文化紧密相关的生动的沟通工具，这种方式往往无法充分体验到语言的生动性和丰富性。虚拟现实技术的出现为外语学习提供了全新的可能。在虚拟环境中，学生可以置身目标语言的实际应用场景中，如逛街购物、餐厅点餐、在机场办理登机手续等，这样不仅能让学生在模拟环境中锻炼听说能力，提高他们的语言实际应用技能，而且能够增加语言学习的趣味性，激发学生的学习兴趣。此外，虚拟现实技术能带领学生进行虚拟的国际旅行，让他们有机会在家中游览世界各地的名胜古迹，了解不同的文化背景，这对于提升他们的跨文化交际能力和世界观有着重要影响。同时，学生也可以在虚拟环境中，与外国人进行互动和对话，从而提高他们的实际口语水平。例如，学生可以在家中参与英国伦敦的街头对话，这能让他们在真实的场景中锻炼听说能力，提高语言实际运用水平。

# 第二节　教学媒体的选择与应用

## 一、教学媒体的选择

### （一）教学媒体选择的基本原则

**1.发展性原则**

发展性原则主要包括两个方面的内容：一方面，教师在选择教学媒体时应考虑到教育技术的发展趋势和未来需求。随着科技的进步，教育技术也在不断发展，教师应与时俱进，关注新型教学媒体和技术的出现，使教学更加符合现代化需求。另一方面，教学媒体的选择要注重培养学生的创新能力、合作能力和自主学习能力，充分利用现代化教育技术手段，培养学生面向未来的综合素质，促进学生各方面的发展。

**2.综合性原则**

综合性原则是指教师在选择教学媒体时，应考虑到多种媒体资源的综合运用，即考虑到媒体的多样化和互补性。多种教学媒体的综合运用有助于提高学生的学习兴趣，调动学生的积极性，激发学生的潜能。同时，不同教学媒体的互补性可以弥补单一媒体的不足，充分展示教学内容的多样性，有助于提高教学效果。

3.经济性原则

在保证教学质量的前提下，教学媒体的选择应尽量降低成本，考虑资源的可获得性和可持续性。教师应根据实际条件，合理评估各种教学媒体的投入产出比，选择性价比高的媒体。此外，教师应关注媒体资源的共享和循环利用，降低浪费，提高资源利用率。

4.最优化原则

教学媒体选择要追求最优的教学效果。在实际教学中，教师应根据教学目标、教学内容、学生特点等多方面因素，科学评估各种教学媒体的优劣，灵活选择和组合，以达到最优的教学效果。同时，教师应不断反思和总结教学经验，调整教学策略，优化教学媒体的运用，以提高教学质量。

## （二）教学媒体选择的主要方法

1.根据教学媒体的特性和功能进行选择

根据教学媒体的特性和功能选择教学媒体具有重要意义，因为不同的媒体具有独特的优势，相对而言，能够在特定教学环境中发挥更大作用。各种媒体在色彩、立体感、表现运动、表达声音、可控性、反馈机制等方面是不相同的，因而每一种教学媒体呈现教学信息的功能和能力也不尽相同。例如，对于需要展示动态过程的科学实验或者物理现象，动画或者视频这类能够表现运动的媒体更加合适；而对于需要强调视觉效果的艺术或设计课程，高清图片或者立体模型等具有较强视觉表现力的媒体更为恰当。

2.根据教学情境的不同进行选择

根据教学情境选择教学媒体的方法至关重要，因为不同的教学环境和教学目标需要使用不同的媒体工具来提高学习效果。教师根据教学情境选择教学媒体时，应考虑以下几方面的情况：

（1）针对集体授课的情况，教师应选择能够展示大量教学信息的媒体。例如，使用音响系统、幻灯片、投影仪、多媒体投影和电视录像等手段，以便在大型教室里传达信息。这些媒体可以帮助学生更清晰地看到和听到教师讲解的内容，从而提高学习效果。

（2）对于小组学习环境，教师选择的媒体应适应小组人数和教学场所的大小。这种情况下，可以考虑使用便携式投影仪、平板电脑或其他移动设备等适合小范围使用的媒体。这样可以确保小组成员都能充分参与讨论，同时不会干扰其他小组的学习。

（3）在远程教学中，教师需要选择适用于远程传输的媒体，如无线电广播、电视广播和网络平台。这些媒体可以让学生在家中或其他远离教室的地点接收教学内容，方便学生参与在线课程或者进行自主学习。

（4）对于自学系统，便于携带、操作简便且耐用的媒体如收音机、复读机和微型幻灯片等较为适用。这些媒体可以让学生在任何时间、任何地点进行自主学习，满足不同学习者的需求。

（5）在技能训练教学中，教师应选择表现力强且具有特殊时空特性的媒体。例如，可以利用电视录像和电影媒体的慢放、快放功能来展示特定技能动作，帮助学生更好地理解和模仿。这样的媒体有助于学生更加直观地掌握实际操作技能，从而提高学习成果。

3.根据学习任务的类型进行选择

在教学设计中，为了实现有效的学习目标，根据学习任务类型选择适当的教学媒体至关重要。针对不同的学习任务，教师应当灵活运用多种教学媒体，以提高教学质量和学习者的参与度。

对于认知类学习任务，教师可以采用动画、图片、模型和幻灯片等教学媒体。这些媒体有助于呈现概念、原理和过程，从而帮助学生形成清晰的认知结构，更好地理解和掌握知识点。在情感类学习任务中，教学媒体的选择应注重艺术性、感染力和表现手法的多样性，因此教师可以选择电视录像、电影、多媒体课件、VCD、DVD 以及数字音响等。这些媒体可以有效激发学生的兴趣，使学生产生强烈的情感共鸣，从而促进学习任务的完成。对于技能训练类教学任务，教师应选择具有丰富表现手法和时空突破功能的教学媒体，如电视录像和电影等。这些媒体可以通过模拟现实场景，让学生在多样的情境中进行模拟操作，从而锻炼和提高实际操作技能。

## 二、教学媒体的应用

### （一）找准最佳作用点

教学媒体的最佳作用点是指在实现教学目标的过程中，最适合发挥教学媒体优势的地方。最佳作用点找准了，教学媒体的作用就会事半功倍，否则可能事倍功半，难以完成教学目标规定的学习任务。课堂教学的最佳作用点主要有以下几方面：

1.突出教学重点

教学重点是当期知识体系中最重要的学习内容，应予以突出和强化。教学媒体应用应以突出教学重点为核心，针对教学内容中的关键知识点和核心概念，选用合适的媒体工具加以强调。例如，对于重点理论知识的讲解，教师可使用幻灯片或视频演示等形式，将抽象的概念用形象化的图像、文字或动画表现出来，便于学生理解和记忆。

2.解决教学难点

教学难点是指在学习过程中难以被理解的知识点，是由于知识的深度、学习者的经验以及认识的模糊性造成的。针对教学过程中的难点问题，教师可以创新性地应用教学媒体来帮助学生理解和消化难点知识。例如，运用案例分析法，选取生活中的实际例子，借助图片、视频等媒体形式，将难以理解的知识点与实际问题联系起来，使学生能够从具体情境中理解抽象知识。

### 3.创设教学情境

教学活动是在知识、情感两条主线相互作用下完成的。教师在教学过程中，需要时刻注意课堂的学习气氛，创设愉快的教学情境，消除学生学习的焦虑感和紧张感，这样才能达到较好的教学效果。教学媒体应用在创设教学情境方面具有独特优势。运用多媒体技术，如音频、视频、动画等形式，可以模拟真实场景，将学生置于具体的教学情境中。例如，教师可以在语言教学中运用音频和视频资料，使学生在模拟的日常交流环境中进行听说训练。

### 4.设置问题，引发思辨

教师可以运用教学媒体设置问题，引导学生通过观察和思考来发现和提出问题，从而培养他们的观察和思考能力。以"宝塔顶上长着树和草"为例，教师可以利用图片、视频或虚拟现实技术展示宝塔顶上的景象，让学生亲自观察现象。在观察过程中，教师可以设计一系列问题引导学生思考，例如，宝塔顶上长着树和草的原因是什么、这些植物如何在宝塔顶上生长、宝塔顶上的植物生态环境对周围环境有何影响，等等。通过这样的教学方式，学生将更加深入地理解现象背后的原理，并学会分析和解决问题。这种方法不仅能够激发学生的好奇心和探索欲望，还有助于培养他们的批判性思维能力。

### （二）看准最佳作用时机

#### 1.有意注意与无意注意的转换

在教学媒体应用中，教师应善于调动学生的有意注意和无意注意。有意注意是学生主动、自觉地关注教学内容，而无意注意则是在轻松愉快的氛围中，激发学生的好奇心和兴趣。教师可以通过多样化的教学手段，如动画、游戏、实验等，将学生的注意力从紧张的有意注意过渡到轻松的无意注意，从而降低疲劳感，提高学习效果。同时，变换教学方式可以有效调动学生的积极性，激发他们的学习欲望。

2.抑制状态向兴奋状态的转化

处于抑制状态下的学生不可能很好地进行学习活动。教师要运用教学媒体，将这种抑制状态转化为兴奋状态。教学媒体的运用可以帮助学生从抑制状态转化为兴奋状态。教师可以利用音乐、图片、视频等多媒体形式，创造丰富多彩的学习环境，激发学生的兴趣和好奇心。通过与学生的互动，教师可以及时了解学生的情感状态，从而采取相应措施调整教学节奏和方法，激发学生的热情，促使他们充满活力地参与学习。

3.平静状态向活跃状态的转化

一些学生由于对教师的教法摸得很透，所以知道某一教师要讲课时的状态，心里就会想："总是那一套，没有什么新鲜的。"然后就处于平静地在教室里等待这样一种学习状态。教师只有采取学生意想不到的方法，才能打破这种学习状态，使学生活跃起来。

为了打破学生的平静状态，教师需要运用创新的教学方法和媒体，让学生感受到新鲜和有趣。例如，教师可以利用网络资源，引入实际生活中的案例，将抽象的知识与现实问题结合起来，让学生更容易理解和接受。此外，教师可以组织小组讨论、角色扮演、模拟实验等形式的活动，让学生主动参与，从而提高他们的思考能力和实践能力。通过这些富有创意的教学方法，教师可以有效地将学生从平静状态带入活跃状态，提高他们的学习效果。

4.兴奋状态向理性的升华

教师在利用教学媒体调动学生兴奋状态的同时，还应注意引导学生逐步向理性层面转变。首先，教师可以通过设计有趣、创新的教学内容和活动，激发学生的好奇心和求知欲。其次，教师可以运用多种教学媒体，如视频、音频、图片等，将学生的兴奋状态逐渐引导至对学术观点、知识结构等理性认知的思考和探讨。最后，教师可以组织小组讨论、辩论赛等形式，让学生在研究问题、表达观点的过程中，提高逻辑思维能力和理性分析水平，从而实现兴奋状态向理性的升华。

5.克服畏难心理，增强自信心

教师在运用教学媒体的过程中，应关注学生的心理变化，帮助他们克服畏难心理，增强自信心。教师应设置难度适宜的任务，让学生在完成任务的过程中，逐步挑战自我，增强自信心。同时，教师可以利用教学媒体，为学生提供及时、有效的反馈，让学生明确自己的进步和成长，从而进一步激发学生的学习动力。在课堂上，教师可以利用多媒体手段展示学生的优秀作品，让学生在获得成就感的同时，产生对知识的渴求和对学习的热爱。

6.满足合理的表现欲望

教学媒体的应用可以很好地满足学生的表现欲望。教师可以设计多样化的评价方式，如让学生制作幻灯片、拍摄微电影等，让他们在展示自己的学习成果的同时，能充分发挥创意和想象力。此外，教师可以借助网络平台，如课程论坛、在线作业系统等，让学生在更广阔的空间里展示自己的才华和能力。通过这些方式，学生不仅能增加体验，还能在与同学互动交流的过程中，拓宽视野，提升综合素质。

# 第三节　多媒体教学资源的开发运用

## 一、什么是多媒体教学

多媒体教学是指教师在开展教学活动的过程中，根据教学内容和教学对象的特点进行教学设计，在使用传统教学手段的基础上，合理选择和运用现代教学媒体，以多种媒体信息作用于学生的一种教学模式。多媒体教学既是一种教学模式，也是一种教学手段。在开展多媒体教学的过程中，声音、图像、视频、文字等媒体可以相互结合，共同作用，使教学有了多种多样的形式。

总而言之，使用多媒体教学模式可以弥补传统教学模式直观性、整体性欠佳和动态感不足的问题，从而为教师和学生带来传统教学模式无法带来的教学体验和学习体验，取得更好的教学成果。这种教学模式既继承了传统教学模式的优点，又加强了师生之间的沟通与交流，发挥了教师的主导作用和学生的主体作用，是教学理论与教学实践的有机结合，也是因材施教原则的充分体现。

## 二、什么是多媒体教学资源

多媒体教学资源是现代教学资源的重要组成部分。广义上的多媒体教学资源以计算机技术为主导，包括多种媒体教学方式：一方面，教学主体，即学生，可以借助多媒体和网络教学资源获得学习资源；另一方面，教师也会在教学活动中发挥和融合如幻灯片、电子白板、网络视频等在内的多种媒体的特点和优势，构建一个真正意义上的立体化教学资源体系。

就英语教学活动来说，2011年版《义务教育英语课程标准》曾明确指出："合理利用和积极开发课程资源是英语课程实施的重要保证。英语课程资源包括英语教材以及有利于发展学生综合语言运用能力的其他教学材料、支持系统和教学环境等，如录音录像资料、直观教具和实物、多媒体光盘资料、广播影视节目、各种形式的网络资源、报纸杂志以及班级、学校教学设施和教学环境等等。""教师要因地制宜，创造性地利用和开发现实生活中鲜活的英语学习资源，积极利用音像、广播、电视、书报杂志、网络信息为学生拓展学习和运用英语的渠道。"可见，《义务教育英语课程标准》不仅强调了教师要充分利用多媒体教学资源辅助教学活动，提高教学质量，还提出了教师要通过这些宝贵的资源渠道发现并拓展学生学习英语的方法和途径。

2017年版《义务教育英语课程标准》再次强调，教师要在发挥传统教学手段和教学资源作用的同时，根据教学目标、教学内容、教学条件和学习者的实际情况，积极学习并在课堂上合理利用现代教育技术和教学资源，科学合理地为提高学生的英语学习效果服务。具体而言，就是要积极利用音像、多媒体及网络等现代教学资源丰富教学内容和教学形式，为学生提供利于观察和模仿的真实的语言环境，提高学生的英语运用能力和交际能力。

2022 年版《义务教育英语课程标准》指出："教师要充分认识到现代信息技术不仅为英语教学提供了多模态的手段、平台和空间，还提供了丰富的资源与跨时空的语言学习和使用机会，对创设良好学习情境、促进教育理念更新和教学方式变革具有重要支撑作用。""英语课程资源包括教材及有利于学生学习和教师教学的其他教学材料、支持系统和教学环境，如音像资料、直观教具和实物、多媒体软件、广播影视节目、数字学习资源、报刊，以及图书馆、学校教学设施和教学环境；还包括人的资源，如学生、教师和家长的生活经历、情感体验和知识结构等。"

高校英语教学同样注重信息技术和多媒体的应用。2007 年，教育部高教司印发了《大学英语课程教学要求》，在教学模式一栏中提出了"各高等学校应充分利用现代信息技术，采用基于计算机和课堂的英语教学模式，改进以教师讲授为主的单一教学模式。新的教学模式应以现代信息技术，特别是网络技术为支撑，使英语的教与学可以在一定程度上不受时间和地点的限制，朝着个性化和自主学习的方向发展。新的教学模式应体现英语教学的实用性、知识性和趣味性相结合的原则，有利于调动教师和学生两个方面的积极性，尤其要体现学生在教学过程中的主体地位和教师在教学过程中的主导作用。在充分利用现代信息技术的同时，要合理继承传统教学模式中的优秀部分，发挥传统课堂教学的优势"。同时，该版的教学要求指出，"各高等学校应选优秀的教学软件，鼓励教师有效地使用网络、多媒体及其他教学资源"。

2020 年版《大学英语教学指南》明确指出："各高校应充分利用信息技术，积极创建多元的教学与学习环境。鼓励教师建设和使用微课、慕课，利用网上优质教育资源改造和拓展教学内容，实施基于课堂和在线网上课程的翻转课堂等混合式教学模式，使学生朝着主动学习、自主学习和个性化学习方向发展。通过建立网上交互学习平台，为师生提供涵盖教学设计、课堂互动、教师辅导、学生练习、作业反馈、学习评估等环节的完整教学体系。教学系统应具有人机交互、人人交互功能，体现其易操作性、可移动性和可监控性等特性，允许学生随时随地选择适合自己水平和需求的材料进行学习，能记录和监测学生的学习过程，并及时提供反馈信息。"

　　总体而言，多媒体教学资源就是一个资源库，这个资源库的不同之处在于使用现代教育技术作为一种先进的获取资源的手段。多媒体教学资源集文字、声音、图像、视频等多种媒体为一体，体现了多媒体教学直观、形象、多样、新颖、有趣的特点。多媒体教学资源能够为教师开展教学创设声像同步的教学情景、接近真实的教学环境、轻松愉快的教学气氛，使学生能较快地进入学习状态，提高学习的积极性和效率，同时有利于开拓学生的大脑思维，提高学生的观察能力、想象能力和创造能力。

### 三、多媒体教学资源开发运用的挑战

　　高校英语教学中多媒体教学资源的开发和运用已经取得了一些成就，但也存在一些需要继续加强或改进的地方。例如，英语教师开发运用多媒体教学资源的意识能力需要培养、高校对英语多媒体教学资源的支持和管理力度需要加强、高校英语教师运用多媒体教学资源的能力需要提高。

#### （一）英语教师开发运用多媒体教学资源的意识能力需要培养

　　从高校英语教师的年龄分布来看，青年教师和中年教师所占的比重相当，老年教师比重较小。其中，青年教师大都接受过多媒体授课的教育，因而对多媒体比较熟悉，计算机操作能力普遍较高，具有开发和利

用多媒体教学资源的能力；中老年教师大部分没有系统地学习过多媒体授课的方式，因而对多媒体的操作不太熟悉，或者使用多媒体资源的能力较低。然而就算是青年教师，他们开发运用多媒体教学资源的意识也比较淡薄，对多媒体教学资源的概念认知并不深刻。

部分教师没有认识到开发运用多媒体教学资源的重要性，且狭义地把多媒体教学资源理解为多媒体课件，大大缩小了多媒体教学资源的可利用范围。还有部分教师持等待、观望态度，忽视了自身学习、开发和运用多媒体教学资源的潜力和能力，导致资源的浪费。也有部分教师在开展教学实践的过程中，只是根据教学大纲的要求制作课件，讲解课件，完成教学目标。更多的教师对多媒体教学资源的理解局限于教材、配套光盘和网络上，达不到通过开发课程资源深化教材甚至超越教材的程度。

### （二）高校对英语多媒体教学资源的支持和管理力度需要加强

部分高校对本校英语专业的建设发展不够重视，对非英语专业学科的学生的英语水平要求更是不高，这与学校领导没有意识到英语学习的重要性而比较关注其他专业学科的发展有关。自然地，这些学校也没有认识到开发英语多媒体教学资源库的重要性。大部分高校建有多媒体教学资源库，但一般情况下，只会把有限的教育资金投入学校热门学科专业的资源库建设，对语文、英语、数学等基础学科资源库的投入较少甚至没有。有些高校设有英语多媒体教学资源库，但资源库的管理、运用和更新情况不太理想。例如，多媒体硬件设施存在老化、需要维修、更新的问题，还有些多媒体网络教育资源需要购买等。

### （三）高校英语教师运用多媒体教学资源的能力需要提高

由于多媒体教学模式在我国的高校教育中出现的时间不是很长，而大部分英语教师接受的是传统的板书模式教育，尤其上了年纪的英语教师，板书模式和传统语法教学法是他们坚持了10年、20年甚至更久的事情，要想让他们熟练掌握和应用多媒体教学模式是有难度的。青年教师在大学或者研究生期间接受过现代多媒体教育，因此比较易于接受多媒体教学模式，很多计算机应用技术学习起来掌握得也比较快，同时，传统教学方法对他们的影响也是很大的。

部分教师在教学中会把大量的词汇、语法知识和练习复制粘贴到多媒体课件上，然后在课堂上依次播放给学生观看。这种做法的缺点是容易使学生分不清学习的重点，还容易造成视觉疲劳，影响学习的状态和效率。这样做不仅对学生没有好处，而且对教师的工作积极性有影响。试想教师做多媒体课件花费了很多时间和精力，但最终的教学效果并不好，这肯定会打击教师使用多媒体教学的积极性。除此之外，这也是对多媒体教学资源的一种耗费。学校支持教师使用多媒体教学需要投资大量的资金，而多媒体教学资源的折旧周期短，硬件设施的维修、更新更是价格不菲。

高校英语教师运用多媒体教学资源的能力有限还体现为教师对多媒体硬件设施的熟练操作能力有限，开发、整合和利用多媒体教学资源的能力有限。例如，将相同的教学内容做成多媒体课件，对技术掌握熟练的教师和不熟练的教师所需要花费的时间是不同的，课件的风格、美感、深度自然也是有差异的。

## 四、多媒体教学资源在高校英语教学中的开发运用

### （一）高校要为多媒体教学资源开发提供保障

在高校英语多媒体教学资源开发运用的过程中，学校一定要提供相应保障。此处的保障包括两个方面的内容：一方面是资金上的支持和保障；另一方面是积极与英语教师进行沟通和交流，听取英语教师的意见和建议。学校要做好财政预算，为多媒体教学资源的开发准备好充足的资金，同时重视英语教师的教学资源需求。

英语教师在英语多媒体教学资源的开发与利用过程中扮演着重要角色，不仅是资源的开发者和利用者，也是资源开发的组织者与评价者。英语教师能够较为方便地了解学生对多媒体资源的态度以及使用多媒体资源对学生的英语学习产生的影响。如果学校在开发运用英语多媒体教学资源的过程中不注意听取英语教师的专业意见，就不能及时了解英语教学实践中的困难与问题，这样不仅不利于英语多媒体教学资源的有效开发和利用，还会打击英语教师对开展日常工作的积极性。长此以往，学校可能失去英语教师对这项工作的支持。

### （二）高校英语教师要加强开发多媒体教学资源的意识

高校英语教师应树立起全面的多媒体教学资源意识。多媒体教学资源是一个全方位、多层次的概念，不仅包括多媒体课件、配套光盘、音频，还包括英文歌曲、英文影视资源、英文新闻杂志、英文综艺节目等多媒体教学资源。

加强英语教师开发多媒体教学资源意识的有效途径就是提高他们的电脑操作技术和应用技术。高校英语教师多媒体教学资源开发利用的意识受他们掌握的信息技术、电脑操作技术、专业技能的影响较大。对此，高校应制订相关培训计划，对高校英语教师开发运用多媒体教学资源的能力展开统一培训。具体来讲，首先，要对英语教师进行教学媒体数字化处理方面的培训，这是他们需要掌握的最基础的多媒体知识技能。在开展培训的过程中，要考虑不同年龄阶段、不同层次水平教师的差异，最好分批次培训。其次，要对英语教师的媒体素材和课件开发技术以及课件制作软件的使用技术进行培训。一般通过以上两种培训就能有效提高英语教师检索、编辑、处理、融合各种多媒体教学资源的能力，以及开发和利用课件制作软件的能力，进而加强他们开发和利用多媒体教学资源的意识。

### （三）高校英语教师要提高开发多媒体教学资源的水平

英语教师在开发和利用多媒体教学资源的过程中会遇到资料丰富多样、难以割舍的问题，此时英语教师需要做的就是根据教学目标删繁就简，筛选出合适、有教学价值的材料，其他这次用不上而质量较高的材料可以先保存起来，留作备用。英语多媒体教学资源的开发和利用最终是为英语教学工作的开展和提高学生的英语水平服务的。高校英语多媒体教学资源的开发要注意以下四个方面的问题：

1. 增强资源开发的针对性

高校英语教师在开发多媒体教学资源的过程中要注意仔细筛选材料，选取合适的材料，增强资源开发的针对性。在确定教学目标和教学方案后，教师就可以搜集、整理和选择资料了。教师搜集和整理的资料一般分为两类：第一类是常见的，是从外界直接获取的图片、歌曲、视频片段等，这一类资料一般不需要教师进行加工，可以直接使用；第二类则是由教师自行设计和开发的资源，如英文动画、视频或情景剧等，这部分资源需要教师根据教学内容设计脚本，组织人员进行拍摄和剪辑。

2. 增强资源开发的实用性和趣味性

高校学生的年龄大部分在 20 周岁左右，对西方文化中的英文歌曲、动画、影视剧等内容还是比较感兴趣的。英语教师要根据高校学生的身心特点、兴趣爱好以及关注点去开发和利用多媒体资源。在这一过程中，英语教师一定要注意资源开发的实用性和趣味性，枯燥的专业知识资源往往不能激发学生学习的主动性，甚至可能引发学生的反感情绪，使学生对英语学习敬而远之。只有增强资源开发的实用性和趣味性，才能调动学生学习英语的积极性和主动性，真正帮助学生通过多媒体资源掌握英语知识和技能。

3. 增强资源开发的多样性

在开发多媒体教学资源的过程中，高校英语教师要注意资源呈现形式的多样性，应包括文本、动画、视频、音频、文献资料、课件素材等多种形式，以满足教学多样化的需求。学校的英语多媒体教学资源库的开发更需要注意资源开发的多样性。学校在开发多媒体教学资源，建立教学资源库时，可以设计"情境导入""课前预习""语法练习""阅读练习""课后延伸"等模块供教师参考和使用；还可以针对每一课配置相应的"资料包"，其中包括与这节课内容相关的图片、视频、音频、文字、教案设计、教法设计等教学资料。

4.提高资源开发的实效性

多媒体教学资源的开发最终是为了提高课堂教学的质量，完成既定的教学目标，因此英语教师在完成教案设计、资料整理后，要将教案的内容和开发、整理的资料运用到教学实践活动中。英语教师用设计好的教案进行试教，然后根据实际教学效果调整资源的选择和设计。通过反复的试教与修改，资源库的内容设置会逐渐优化，教学资源开发的实效性会得以提高。与此同时，当学生对某次多媒体授课的效果不满意时，英语教师需要主动与学生沟通，询问学生的意见和建议，根据学生的学习水平以及学习需求，开发切合实际的多媒体教学资源，提高资源开发的实效性。

# 第四节　多媒体教学课件的设计与制作

## 一、多媒体教学课件设计的基本步骤

高校英语多媒体教学课件设计的基本步骤包括设计课件结构、搜集多媒体素材、多媒体课件整合、课件测试与发布。

### （一）设计课件结构

由于高校英语教学课件包含了多种媒体的交互使用、集成使用，所以英语教师在制作课件时，应根据教学目标确定课件内容，设计整个课件的结构，也就是说，教学目标是设计课件的根本依据。教学目标不同，教师可选择的教学方法不同，使用的教学手段不同，设计课件时选用的媒体也不同。

教师设计课件时所依据的教学目标可分为三类，即教学宗旨、培养目标和教学目标。其中，教学宗旨是对教育目标的宽泛定义，通常由专门的教学指导委员会制定，涉及广义上的教学理念、教学哲学、学校的教育任务、学生的学习任务等。培养目标指的是从教师视角出发的培养目标，即经过一段时期的教育与培养，学生在某学科上能达到的最终水平。而教学目标指的是在课堂教学中教师需要完成的个体教学目标。也就是说，这三个层次的目标分别是培养方案目标、课程目标和教学目标。当然，某堂课的教学目标要比某一单元阶段的教学目标更加具体，并且教师要详细计划这堂课需要采用的教学手段和教学方法，确定教学内容，预估教学效果。

一般情况下，高校英语教学课件设计可以采用以下四种结构：线性结构、分支结构、网状结构和混合结构。这四种结构无论选用哪种，都要注意设计好课件的"导航"。这有两个层次的含义：首先，教师能根据"导航"非常熟练地使用课件。其次，教师能够按照设计好的课件结构，轻易地找到想要展示的部分。

## （二）搜集多媒体素材

高校英语多媒体教学课件所采用的多媒体素材通常包括图片、文字、动画、音频、视频等，无论哪种素材，都需要教师精心搜集和筛选，并给予一定设置安排，只有这样，才能提高教学课件的整体水平。通常情况下，不同的素材是单独使用的，但有时也会出现两种或两种以上素材结合使用的情况。需要注意的是，在制作课件的过程中，无论使用单一媒体还是组合媒体，都是为了达到最佳的教学效果。教师在选择和设置教学媒体时，应考虑以下几个方面的问题：

（1）教学媒体的选择和确定应该具有较高的功能效果，教师要尤其注意多媒体组合应用的价值。教师必须学会判断哪些教学内容需要用多媒体形式来展现、哪些教学内容不需要用多媒体形式就能很好地展现，以保证多媒体教学的高效率和最优化。

（2）教师要了解媒体教学的功能特征，分清不同类型媒体之间的差异。总而言之，教师最终选择的媒体手段应该适合表现相应的教学知识和技能，应有助于英语教学的深化发展。

（3）教师应尽量选择高效能、低损耗的媒体模式。教师使用教学媒体的目标应该十分明确，最终的使用结果应该有助于学生的学习。

### （三）多媒体课件整合

高校英语教师应根据课件制作和教学目标的要求，将之前精心搜集和筛选出来的多媒体素材按照一定的标准和规律进行整合。整合的过程需要用到一些课件制作工具，常见的有 PowerPoint、Authorware 等。教师对多媒体素材的整合过程就是课件生成的过程，因此教师要注意整合的实用性和艺术性。

多媒体课件不是将原本可以板书的内容通过计算机投影展示出来，更不是对教案的复制粘贴，因此教师在整合多媒体课件的过程中，必须考虑到信息输入的多媒体化和学生的学习习惯、接受能力，从而更好地发挥多媒体课件的作用。除此之外，多媒体课件的整合还需注意以下几个方面的内容：

（1）根据教学目标和教学内容，突出教学重点。在多媒体教学课件的整合过程中，突出教学重点是十分有必要的，同时这也不是一件容易的事。例如，教师将每一部分知识都制作得十分精美、仔细，学生就找不到学习的重点，也不知道该如何做笔记。

（2）根据实际的教学需要，为学生提供适量的多媒体学习资料和网络资源。这样做的目的主要是方便学生的课后自学以及自我提升。

（3）创设接近真实的对话情境或故事情境，增加师生间的交流与互动，活跃课堂气氛，调动学生参与课堂活动的积极性，激发学生学习英语的动机。

（4）提供教学示范，供学生模仿学习，启发学生开动脑筋进行思考，培养学生的思维能力和综合语言应用能力。

### （四）课件测试与发布

教师在制作完成多媒体教学课件后，一定要从头完整地检查一遍，也就是说，在课件正式发布之前，一定要对课件进行全面的测试。这主要是因为课件中存在大量的多媒体整合素材，尤其视听方面的素材，这些素材很可能出现媒体链接问题或播放问题，因此需要教师对每一个结构分支进行运行测试，以观察和寻找其中存在的问题并及时纠正。一般在办公室或其他场所的计算机上制作的课件在任课教室的计算机上使用之前需要提前拷贝出来，在除本机之外的第二台计算机上做测试，这样就可以基本确定课件在教学过程中能否正常运行。

由不同多媒体教学课件制作工具制作出的课件，其存储方式或发布方式是有差别的。课件制作完成后，教师需要将课件以及课件中包含的媒体素材及辅助播放软件打包放在一个文件夹中，并对其中的链接做相应调整，然后将整个文件夹保存到固定存储器中，或上传到网络云盘，或将其发布后刻录成光盘。

## 二、多媒体教学课件设计的界面配色

对一个多媒体教学课件来说，界面的色彩搭配是十分重要的。不同的色彩搭配会产生不同的视觉效果，从而给学生带来不同的视觉感受和学习体验。

### （一）色彩的对比与调和

要了解课件设计过程中的界面配色，首先要了解有关色彩对比和色彩调和的概念。两种以上的色彩以空间或时间关系进行比较，从而得出其明显的差别与相互关系，称为色彩的对比；色彩的调和是指通过两种或两种以上色彩的合理搭配产生的和谐统一的效果。在色彩的构成世界中，色彩的对比与色彩的调和可以说是相互矛盾而又对立统一的关系。因为二者追求的色彩效果和期望产生的作用是不同的。色彩的对比强调的是颜色之间的差别，给人以强烈的视觉冲击；而色彩的调和是通过寻找色彩之间的相同之处或内在联系来减弱二者之间的差异，使画面给人一种和谐、统一、含蓄的感觉。图4-1为课件设计中常见的色彩对比形式。

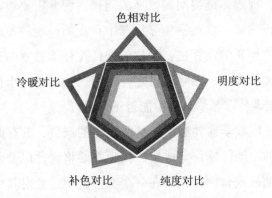

图4-1　课件设计中常见的色彩对比形式

1.色相对比

色相对比是指以色相差异为主要形式的对比。色相对比在色彩对比中占有重要地位，无论是纯度高的颜色，还是纯度低的颜色，都可以进行色相对比。具体来说，色相对比又可分为同类色对比、冷暖色对比、邻近色对比等多种对比形式。

2.明度对比

明度对比是指色彩因为在明度之间的差别形成的对比。明度对比是色彩对比体系的重要组成部分。不同色彩之间的层次、质感和空间关系都要依靠明度对比得以实现。每一种颜色都有不同的明度，在多种颜色中，亮黄色明度较高，橙色和绿色属于中等明度，而蓝紫色的明度则偏低。

3. 纯度对比

美术学中的色彩三要素包括色相、纯度（饱和度）和明度。其中，纯度对比就是以色彩中的纯度差异为对比关系而呈现出来的色彩效果。纯度对比会将色彩划分为低纯度、中纯度和高纯度三种色调。以低纯度为主的色调会给人一种温馨、典雅、柔和的感觉，如浅米色、深棕色和藏青色；以高纯度为主的色调则营造出一种色感强烈且丰富多彩的氛围，如鲜红色、亮黄色、正蓝色等，这些颜色对比鲜明，使人联想到欢快的节日气氛。

4. 补色对比

补色对比是指色相环上间隔 180° 的颜色搭配而形成的色彩对比，这类对比最饱满、最强烈，它使色彩之间的对比达到了最大的鲜明程度，还提高了色彩间的相互作用，如红色和绿色、黄色和紫色、橙色和蓝色、黄绿色和红紫色。

5. 冷暖对比

由于色彩感觉的冷暖差别而形成的色彩对比，称为冷暖对比。冷暖对比形成冷暖色调。一般红色、橙色和黄色属于暖色调，蓝色、绿色、蓝紫色属于冷色调。冷暖即色性，是心理因素对色彩产生的感觉。例如，人们看到暖色调就会联想到阳光、火焰、霞光、橙柚等事物，进而产生温暖、欢快、热烈、开朗、兴奋、华丽的心理反应；看到冷色调就会联想到天空、海洋、冰雪、青山、草原、碧水等景物，进而产生宁静、深远、悲伤、寒冷等心理反应。

## （二）配色的基本方法

配色即色彩的搭配，多媒体教学课件的色彩搭配要以大众的审美习惯为标准，同时要兼顾课件的特点。在进行色彩搭配时，教师要遵循三个基本原则：第一，要注意色彩搭配的合理性，选择颜色对比鲜明的色彩一般比较吸引人的注意力；第二，要注意色彩搭配的独特性，除了常见的搭配，还要有别出心裁的搭配；第三，要注意色彩搭配的艺术性，色彩搭配要适应课件的主题。具体来说，教师在设计课件的过程中可以采用以下三种配色方法：

### 1.同类色配色法

同类色配色法只选用一个色相，非常容易调和，且同一色相配色是统一性很高的调和配色。同一色相的色彩搭配具有简洁、清爽、和谐的美感，但过于类似可能显得十分单调，因此有必要在明度和亮度上进行调整、变化。

### 2.邻近色配色法

邻近色是指色相环上相邻的两种颜色。这种配色方法一般是先选用一种颜色作为主色调，然后以其相邻的颜色作为补充、点缀，如以蓝色为主、绿色为辅，或者以黄色为主、橙色为辅。邻近色的搭配也是比较和谐的，一般不会使界面看上去有视觉冲突。

### 3.对比色配色法

前文曾介绍过对比色是指处于色相环相对立位置上的两种颜色，由于这种配色法涉及颜色的色相对比十分明显，会给人一种欢快、活泼甚至刺激的效果。相对而言，对比色配色法的操作难度比前两种配色法要高，如果操作不当，就容易让人产生烦躁不安、情绪不稳的感觉。对比色配色法比较稳妥的使用方法就是以一种颜色为主色调，另一种颜色为辅色调，主色调占据绝大多数空间，辅色调发挥点缀、丰富整个界面的作用。

以上多媒体课件的配色原则在理论上对英语教学课件的设计具有一定的指导意义，但教师需要特别注意的是，也许根据这些原则和方法设计出来的教学课件在教师的计算机屏幕上可以展现出完美的效果，但是在课堂投影条件下播放的课件又是另外一种效果，如相邻的色调对比度太小，使文本的辨识度降低，很可能导致学生看不清楚。因此，教师在上课之前，最好将课件用投影仪打开测试，如果发现主要文本的色调偏暗或不容易辨认，就要立刻调整或修改，以免影响正常的教学活动。

## 三、多媒体教学课件制作的原则

在英语多媒体教学课件的制作过程中，要遵循以下原则，如图 4-2 所示。

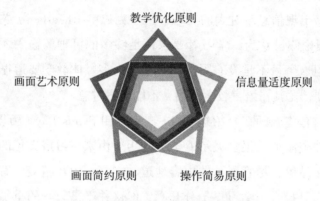

图 4-2　多媒体教学课件制作的原则

### （一）教学优化原则

在开展高校英语教学的活动中使用多媒体课件辅助教学的最终目的是改善教学效果，实现教学的最优化。在高校英语课堂教学中，并不是每一堂课都需要使用多媒体教学课件。是否使用多媒体教学课件的决定因素在于其是否能较好地展示教学内容、实现教学目标。因此，英语教师在制作多媒体教学课件之前，必须先确定本节课的教学目标，即本节课要讲授哪方面的语言知识、解决哪些困扰学生的语言问题、培训学生哪方面的交际技巧、引导学生掌握哪方面的文化背景知识，等等。然后根据教学目标和教学内容决定是否要制作和使用多媒体教学课件。教师在决定制作教学课件之后，要注意选取传统教学法不易展示或不能展示的知识内容作为多媒体课件的素材，充分利用多媒体图文并茂、声色俱佳的优势展示教学内容、优化教学结构，以实现学生对语言知识的理解和掌握，更新学生的语言认知。

### （二）信息量适度原则

英语多媒体教学课件的制作需要遵循信息量适度的原则，避免可见的信息量过大或者过小。事实上，英语教师在制作多媒体教学课件的过程中很容易出现信息量过大的问题。虽然克拉申（Krashen）关于二语习得的 i+1 理论假设认为，学习者要保证足够多的可理解输入才能习得第二语言，但这个量不是没有限度的，相反，多媒体教学要遵循循序渐进的教学原则，尤其在语言教学方面，不能操之过急。①

例如，有些教师在介绍短语 the eve of All Saints'Day（万圣节之夜）时，在课件中添加了很多展示万圣节的历史由来、习俗文化的图片、歌曲、影视作品等，尽管展示的内容地道、丰富，图片精美、有趣，学生也欣赏得十分投入、学习得十分开心，但这并不是教学的重点内容，学生需要掌握的重点内容可能被淹没在众多新信息的介绍中，学生的注意力也被这些新鲜的文化知识所吸引，从而无法专心学习其他知识技能。实际上，教师只需要在简短的时间内用几张图片介绍一下这个词组的含义即可。但如果这是英美文化课程需要学习的重点内容，那么大量的信息呈现就显得很有必要了。总而言之，英语教师在制作多媒体英语课件的过程中，要时刻谨记教学目标和教学重点，教学媒体和教学课件都是服务教学的方式和手段，课件中信息量的大小应该以能否完成教学目标为主要设置依据，做到适量但不过量。

### （三）操作简易原则

当前高校一堂英语课的时间只有 45 分钟，在这 45 分钟内，教师既

---

① 许智坚.计算机辅助英语教学[M].厦门：厦门大学出版社，2015：86-88.

要复习上节课的内容，又要讲授新知识，还要带领学生做练习，因此，英语教师制作的多媒体教学课件应遵循操作简易性原则。评判一个多媒体课件是否符合操作简易性原则可以从以下几个角度出发：

（1）课件的安装或运行快捷，也就是说，课件可以相对自由、不受限制地快速安装到任课教室的多媒体设备上，安装后能快速解析、运行。有些课件中的音频或视频素材对播放器，有特殊要求，如果任课教室的多媒体设备上没有安装相关播放器就不能正常播放，因此教师要提前确定好播放器的安装与正常运行，或者在设置音频、视频文件格式时将其设置为通用格式。

（2）课件操作简单、灵活、可靠，链接保证能正常打开、播放。课件设有目录、菜单，目录与内容之间的链接可靠，教师能轻松找到想要的内容。

（3）兼容性强。此处的兼容性强主要是指课件内容运行需要的工具、插件兼容性强，课件中使用的字体也应该是最常用的、可以正常显示的，课件能够与多媒体设备中的硬件系统和软件系统兼容，以防止运行过程中出现死机现象。

### （四）画面简约原则

在制作英语多媒体教学课件的过程中，教师要遵循课件画面简约原则。多媒体教学课件画面要保持简约的主要目的在于使课件在吸引学生注意力的同时，不会出现过多干扰学生注意力集中的、与教学内容无关的信息。教师在制作多媒体课件的过程中要使课件画面保持简约，可以从以下几方面进行：

（1）画面布局突出重点。多媒体课件的画面布局需要突出教学重点，使学生的注意力集中在教学重点内容上。要突出画面上的重点，教师需要做到：放在同一画面上的教学内容（不管是文字还是图片）不能太多，要少用一些装饰性的图片，尽量不使用动态效果的标题或图案，注意插入的音乐随时可以关闭，等等。

（2）画面文字数量控制在合理范围内。使多媒体课件保持画面简约的另外一个重要方面就是控制画面上的文字数量。因为过多的文字不仅会使学生产生视觉疲劳，对他们在短时间内的理解和消化吸收来讲也是一个挑战，并且不利于他们静下心来感知语言学习的过程。因此，除阅读性的材料外，有关知识讲解的内容每页最多12行；在字号设置上，建议汉字不小于24号、英文不小于28号。

（3）在切换不同页面的时候选择的动画效果也应以简约为主，避免过于烦琐，占用放映的时间；同一页面上文字图片的显示、跳转最好"浅入浅出"，不要过于花哨；文字、图片显示和页面切换时要控制好背景音效，避免声音出现得很突兀。

## （五）画面艺术原则

英语多媒体教学课件不仅应该体现出简约的特点，还应同时兼顾艺术的表达，做到简约性与艺术性的和谐统一。具有较强艺术表现力的多媒体教学课件不仅能取得较好的教学效果，还能给学生以美的享受，使学生在接受知识教育的过程中保持良好的情绪和心态。这就要求英语教师在制作课件的过程中，应注意课件画面的色彩搭配要合理、要和谐，课件的结构设置要生动且匀称，课件的声音效果和动作展示要流畅。也就是说，最终制作出来的课件以简约为主要特征，同时兼顾艺术性。

综上所述，教师制作和使用多媒体教学课件的最终目的在于实现教学的最优化，每一个教学课件都是为课堂教学服务的，都是以教学目标为指导、以教学内容为依据的。所以教师在制作课件时要认真考虑教学主题，处理好课件内容和课件表现形式的关系，保证形式为内容服务，内容为教学服务，不能片面追求表现形式的复杂和华丽，分散学生的注意力，弱化教学效果。此外，教师要处理好教师、学生与课件在课件教学中的关系。教师是课堂教学的主导者和课件的演示者、讲解者；学生是课堂教学的主体，是教学活动的参与者和知识的接受者；课件是教师用来辅助教学活动开展的手段和工具，课堂教学的优化和高质量的教学效果是教师追求的教学目标。

## 四、多媒体教学课件的使用与评价

### （一）多媒体教学课件的使用

在开展高校英语教学活动的过程中，教师应注意课件的展示以教学目标为依据，与教学方法密切配合，这样才能更好地呈现教学知识和技能，充分发挥多媒体技术在英语教学中的作用。与此同时，教师在课件的使用过程中需要做到以下几点：

（1）处理好教师、学生和课件在教学活动中的关系，充分发挥教师的组织、引导作用，学生的主体作用，以及课件的辅助作用。

（2）控制好课件展示的时机，注意页面的切换速度和切换效果，保证学生有足够的时间思考和消化所学知识，培养学生的多项思维能力。

（3）注意师生之间的互动与交流，适当使用板书，防止学生产生视觉疲劳，保证学生的注意力一直在学习上。

（4）注意使学生在有意注意和无意注意之间相互转换，使其抑制状态向兴奋、活跃状态转化，激发其学习的积极性和主动性，适当满足其自尊心和表现欲，使其保持长久的学习动力。

在使用多媒体教学课件上完课之后，英语教师有必要进行课后反思，就是对课件的使用效果、课件使用过程中存在的问题等进行回忆和思考，得出可以继续保持或适当调整的结论。这种结论能为教师下一次使用该课件提供反馈信息。根据反馈信息，教师能意识到自己在使用多媒体课件开展教学活动过程中的优势和不足之处，进而加以调整和改进，实现最终的教学目标。

### （二）多媒体教学课件的评价

高校英语多媒体教学课件的评价既包括对教学内容的评价，也包括对多媒体教学课件本身的评价，而想要科学地评价英语多媒体教学课件，应先创建一个科学的评价指标体系。评价指标应是对多媒体教学课件教育价值的进一步细化，指标内容应完整地反映课件在教与学各个阶段、各个层面的教育价值。结合国内外各个机构对多媒体教学课件的评价方式和评价要点、教育部组织的历届全国多媒体课件大赛的评分标准，以及多媒体教学课件制作的原则，英语多媒体教学课件的评价指标可以设定为以下五个方面：教育性、科学性、艺术性、技术性和实用性。

1. 教育性

英语多媒体教学课件的教育性评价包括两方面的内容，即教学内容评价和教学效果评价。

对多媒体课件教学内容的评价指标包括课件教学内容应符合《英语课程标准》所规定的总体培养目标，符合不同阶段学习者的语言发展能力和认知水平；课件教学内容中的知识结构体系应该清晰明了，难易结合，突出重点；课件教学内容中选取的素材应该符合教学内容的要求和学生的身心特点，能全面提高学生的英语听、说、读、写能力。

对多媒体课件教学效果的评价指标包括通过参与课件教学活动，提高了学生的语言应用能力和语言交际能力；通过参与课件教学活动，培养了学生学习英语的兴趣，提高了学生的自信心；教师通过开展课件教学活动，解决了传统教学模式难以解决的教学难题，优化了教学过程。

2. 科学性

英语多媒体教学课件的科学性评价也包括两方面的内容，即课件内容的语言规范性和教学媒体使用的科学性。其中，语言的规范性关乎教师的专业素养，体现在教师对教学内容的科学辨认和选择上。教师要仔细研究教材规定的教学内容，确保其正确性，同时可以根据教学需要，适当添加一些课外补充知识。教学媒体的使用也要符合科学性。

### 3. 艺术性

英语多媒体教学课件的艺术性评价主要从课件的界面设计水平和整体设计水平两个方面着手。其中，界面设计水平的评判标准如下：界面布局合理、样式美观；文字、图片和背景页面的颜色搭配得体；图片或动画清晰稳定；其他色彩搭配和谐，整体视觉效果佳；音乐、动画播放流畅、没有卡顿。整体设计水平的较高水准则体现如下：文字、声音和色彩相互搭配合理或新颖，有创意，表现力强，符合英语教学目标的要求和学生的认知水平；页面播放流畅、层次分明、节奏紧凑，图形图像与相应的解释说明搭配到位、和谐统一。

### 4. 技术性

英语多媒体教学课件的技术性评价主要包括课件制作的水平和课件中涉及软件的运行效果。其中，软件的运行性能可以体现出课件制作的水平，这指的是软件运行稳定、性能良好，具有很强的兼容性和容错力，能够在各类计算机多媒体设备上正常运行，同时软件具有较强的操作性、可控性，操作者可以轻松找到自己想要的内容。此外，除了可以从运行是否稳定角度评价软件的运行效果之外，还可以从软件的程序设计、技术手段、画面解说等角度入手评价。

### 5. 实用性

英语多媒体教学课件的实用性评价是指教学课件的内容、设计都应符合英语教学的教学目标和教学要求，具有科学性和实用性，有一定的推广价值，能给其他教学工作者带来教学的灵感和启发。具体来说，英语多媒体教学课件的实用性主要体现在以下几方面：

（1）课件选题科学合理，多是使用传统教学模式无法解决或不便解决的问题，因而有用多媒体课件展示的必要性。

（2）课件内容选择恰当，不过于简单，也不会太难，应在学生的认知能力范围内，并能启发学生的英语学习思维。

（3）使用语言解释难以理解的知识点，借用多媒体手段能生动形象地表达出来，从而促进学生的理解和掌握。

（4）能活跃课堂气氛，激发学生学习英语的主动性与自信心，从而提升教学效果，寓教于乐。

（5）课件制作起来不需要特别高的技术手段，但使用起来操作方便，效果好，值得其他教师学习和借鉴。

根据以上分析，本书将英语多媒体教学课件的综合评价指标设计为英语多媒体教学课件评价表，见表4-1。

表4-1 英语多媒体教学课件评价表

| 一级指标 | 二级指标 | 三级指标 | 指标说明 |
|---|---|---|---|
| 教育性<br>（25分） | 教学<br>内容 | 目的<br>明确 | 教学内容符合学习者的语言发展水平和认知能力；教学目的与课程的目标和重点一致（0—5分） |
| | | 结构<br>合理 | 听、说、读、写技能培养和语音、语法、词汇等知识结构符合教学目标，展示内容重点突出、难点明晰，促进学习者掌握语言知识、发展语言能力（0—5分） |
| | 教学<br>效果 | 针对<br>性强 | 教学和媒体素材选取适当，有针对性，能对学生的听、说、读、写能力进行训练（0—5分） |
| | | 互动<br>交际 | 教学活动具有一定交互性，能够激发学生学习的兴趣，培养学生的语言交际能力（0—5分） |
| | | 特色<br>鲜明 | 教学方法有特色，教学效果好，能解决传统教学模式难以解决的问题（0—5分） |
| 科学性<br>（20分） | 语言<br>规范 | 选材<br>科学 | 演示的内容具有典型性和思想性，语言富有逻辑和条理，显示内容提纲挈领（0—5分） |
| | | 文字<br>规范 | 文字表述正确，无拼写和语法错误，大小写、标点符号书写规范（0—5分） |

（续 表）

| 一级指标 | 二级指标 | 三级指标 | 指标说明 |
|---|---|---|---|
| 科学性（20分） | 科学规范 | 合理搭配 | 文字、图表、音频、视频素材布局合理，采用的媒体与教学内容一致，搭配合理（0—5分） |
| | | 媒体控制 | 动画模拟效果逼真，能反映教学内容；录制语音标准，音量可控，影片素材中的对话与字幕可单独呈现（0—5分） |
| 技术性（20分） | 技术水平 | 运行稳定 | 运行稳定，性能平稳，兼容性好，容错力强，在不同配置的计算机上运行无障碍（0—5分） |
| | | 操作灵活 | 界面新颖，使用灵活，可控性好，有导航设置，前后内容随意链接切换，音视频文件操控方便，可随意播放、暂停和停止（0—5分） |
| | 运行效果 | 技术先进 | 技术手段先进，程序设计合理；课件解说清楚明了，声画同步（0—5分） |
| | | 资源共享 | 课件运行稳定，可以在网络上运行，实现资源共享（0—5分） |
| 艺术性（20分） | 界面设计 | 界面美观 | 布局合理、新颖、有创意，文字、图片和背景颜色搭配得体、美观；重点内容突出（0—5分） |
| | | 布局搭配 | 色彩搭配协调，视觉效果好；图像清晰、稳定；音乐、动画流畅；搭配合理（0—5分） |
| | 整体效果 | 视觉效果 | 文字、声音、色彩搭配和谐，表现力强，符合教学目标的需要和学生视觉心理的需求（0—5分） |
| | | 展示效果 | 画面流畅、层次分明、节奏紧凑、过渡自然；图形图像和相关解释说明文字一致（0—5分） |
| 实用性（15分） | 科学实用 | 科学合理 | 选择的教学工具符合教学内容的需要，课件内容有使用多媒体工具进行展示的必要（0—5分） |
| | | 实用效果 | 具有创造性和新颖性，能生动形象地表达教学意图，提高教学效率，寓教于乐（0—5分） |
| | 创新价值 | 应用推广 | 课件科学实用、操作方便，具有一定的推广价值（0—5分） |

# 第五章 高校英语教学创新发展——教学模式创新

## 第一节 慕课教学模式的设计与应用

### 一、慕课教学模式的定义

伴随着信息技术的发展，教育领域也在不断地进行创新和变革。在线课程教学方式作为一种新兴的教学模式，已经引起了广大学者和学习者的高度重视。其中，慕课作为这个领域的代表性形式，以开放、大规模和在线的特点赢得了众多学习者的喜爱。

慕课，或者称为大规模开放在线课程，其初衷在于强化知识的传播，提供一种新的学习平台和方式，旨在打破时间和空间的限制，为全球学习者提供更多灵活、免费、优质的学习机会。自出现以来，慕课独特的教学理念、多元化的教学资源、优秀的教学团队和多样的在线学习活动让无数学习者受益匪浅。

慕课起源于国外，自从被引入我国以后，其在我国的教育界和学习者之间迅速获得了广泛的认同和欢迎。更重要的是，研究的进一步发展，慕课在我国逐渐成为一种重要的开放在线课程形式，大量的高等教育机构和教育科研机构开始投入资源和精力，开发和推广各类慕课。

然而，尽管慕课在在线课程中的地位十分重要，但慕课并不能等同于所有在线课程。事实上，慕课只是众多在线课程中的一种，而且不同类型的开放在线课程在教学目标、课程内容、教学方法等方面有所不同。比如，LOOK（区域开放在线课程）更注重服务特定区域的学习者，满足他们特定的学习需求；SOOC（小型开放在线课程）则主要面向一小群有特殊学习需求的学习者；而 BOOC（大型开放在线课程）则旨在提供更大规模的在线学习平台，满足更多学习者的需求。这些不同类型的开放在线课程都是在尽可能满足更多学习者的学习需求的同时，推动在线教育的发展和创新。

慕课的英文全称是 Massive Open Online Course，缩写为 MOOC，每一个字母都代表着独特的含义。

首字母 M 代表 Massive（大规模）。这个"大规模"主要体现在两个方面：首先，课程的参与者众多，有可能来自全球各地，人数可能达到数万甚至数十万。这一特点反映了慕课的包容性和普惠性。其次，课程内容的规模相当大，涵盖了各个学科领域，包括自然科学、社会科学、人文艺术等。

第二个字母 O 代表 Open（开放）。这一点体现在慕课的学习方式、学习资源和学习平台等方面的开放性。慕课鼓励自主学习，学习者可以根据自己的兴趣和需要选择课程，而且学习的时间和地点都是自由的。此外，慕课平台上的课程资源也是开放的，学习者可以自由获取和使用。

第三个字母 O 代表 Online（在线）。这也是慕课的重要特点。慕课的所有学习活动都在网上进行，包括课程的学习、测验、讨论和互动等。这种在线性让慕课突破了地理空间的限制，使人们无论身处何地，只要有网络，就可以随时随地参与学习。

最后一个字母 C 代表 Course（课程）。这表明慕课是以课程为单位进行开设和运营的，每一门课程都有自己完整的教学目标、教学内容和教学计划。慕课课程的种类繁多，不仅包括科技、工程、数学等自然科学领域的课程，还有社会科学和人文艺术的课程，能够满足不同学习者的学习需求。

不同类型的开放在线课程具有不同的针对性和教学特色，但最终目的都是为学习者提供更多、更合适的学习机会，也给教师提供展现自己教学能力和风格魅力的平台。对于高校英语教学工作的改革与创新来说，采用慕课教学模式开展教学活动具有特殊意义。

## 二、慕课教学模式的意义和特点

### （一）慕课教学模式的意义

采用慕课教学模式的意义主要体现在以下四方面，如图 5-1 所示。

图 5-1　慕课教学模式的意义

1. 符合高校教学工作开展的需要

2020 年版《大学英语教学指南》提出：在信息化与智能化时代，多媒体技术以及大数据、虚拟现实、人工智能技术等现代信息技术已成为外语教育教学的重要手段。倡导高校充分利用信息技术，积极创建多元的教学与学习环境，建设或使用在线开放课程、线下课程、线上线下混合课程、虚拟仿真个性化课程等精品课程，实施混合式教学模式，使学生朝着主动学习、自主学习和个性化学习的方向发展。

慕课通过在线开放课程、线下课程、线上线下混合课程、虚拟仿真个性化课程等形式，丰富了课程资源，使教学方式更为多元化。这种混合式教学模式不仅能够满足不同类型学生的学习需求，而且可以有效提高教学质量，增强课程的吸引力，有利于提升学生的学习动力。同时，慕课可以结合多媒体技术以及大数据、虚拟现实、人工智能技术，为学生提供更丰富、更生动的学习体验，从而更有效地激发学生的学习兴趣，提高学生学习的积极性。

2. 利于教师教学能力的提升

大学教师的基础性教学能力分为三种：学科知识运用能力、教学设计能力以及教学实施能力。其中，教学设计能力是体现教师的教学思维和教学想法的一项重要能力。经过教师认真思考并操作实践后呈现出的慕课教学设计是慕课教学模式在课程开发与建设中的重要体现。因为慕课的制作并不是直接将传统课堂教学内容搬到线上那么简单，而是基于多媒体和信息技术的精细化设计。尽管教学资源种类丰富，很多资源呈现出碎片化、零散化特征，但主线不散，课程的主题就会很集中。除此之外，慕课平台能记录教学过程和教学内容的功能也会影响课程内容的设计。

慕课教学模式通过其独特的课程制作和教学方式，不仅给学生带来了全新的学习体验，而且极大地推动了教师教学能力的提升。以下三点将详细阐述这一主题：

（1）通过微视频教学，教师需要精炼课程内容并进行有深度的授课。微视频的紧凑形式要求教师必须在有限的时间内，清晰地表述教学内容。这一过程实际上是对教师知识掌握和表达能力的双重考验。比如，对于一门关于英语语法的课程，教师需要以最简洁的语言、最清楚的逻辑，讲解出复杂的语法规则。这要求教师不仅对语法有深入的理解，而且熟练掌握将抽象语法规则具体化、图像化的技巧。经过反复的尝试、修改，教师的教学设计能力和教学实施能力都能得到提升。

（2）由于慕课主要以微视频的形式开展教学活动，这就需要教师根据网络教学的特点，对教材内容进行重新组织和梳理。这一过程实际上是对教师学科知识运用能力的提升。例如，对于商务英语课程，传统教学可能会按照教材的章节进行教学，但在慕课中，教师可能需要重新安排教学内容，比如按照不同的商务场景或者不同的商务技巧进行组织，这就要求教师具有整合和运用学科知识的能力。

（3）通过设计在线练习和测试，教师能够提升教学评估的能力。在慕课中，教师需要设计与课程内容相匹配的练习和测试，这要求教师不仅理解和掌握课程内容，而且了解学生的学习情况，以便设计出适合学生的练习和测试。这一过程实际上增强了教师在课程设计、教学方法、评估手段等多方面的教学能力。例如，对于听力课程，教师需要设计各种不同难度、不同类型的听力题目，从而对学生的听力技巧进行全面的考核和提升。在这个过程中，教师不仅提高了自己的教学设计能力，还能更深入地理解和掌握听力技巧的教学方法。

3. 促进专业教学团队的建设

慕课教学模式不仅改变了传统的教学方式，还在很大程度上推动了教学团队建设的发展。这种模式通过协同工作，鼓励协作者开展更加深入的交流、分享和学习，从而提升教学水平和团队协作能力。

（1）慕课教学模式为团队合作提供了新的平台和方式。在创建一门慕课的过程中，教师需要共同开展大量工作，如课程设计、微视频制作、在线练习和测试设计等。这些活动需要教师跨越专业领域，集中知识和技能，齐心协力完成。因此，这种模式鼓励团队协作和交流，从而加强团队凝聚力。例如，当一个教师负责制作视频时，他可能需要另一个教师在语言准确性上提供帮助。这样的互相合作可以增强团队成员之间的关系，提高整个团队的效率和效果。

（2）慕课教学模式推动了教学资源的共享和利用。在创建和运行慕课课程的过程中，所有教学资源，包括视频、测试题、教学设计等都可以在线共享。这为团队内的教师提供了一个宝贵的资源库——他们可以从这些资源中获取灵感，改进自己的教学。更重要的是，这使团队内的教师能够在共享和利用这些资源的过程中，形成一种积极的合作和互助的氛围。

（3）慕课教学模式为教师团队的持续专业发展提供了新的途径。由于慕课的在线性质，教师团队可以通过数据分析了解学生的学习行为，从而对教学策略进行调整。这种数据驱动的反馈循环使教师团队能够根据实际情况持续改进自己的教学，使其保持最佳状态。同时，教师团队也可以通过观察和学习其他成功的慕课项目，从而提升自己的教学实践。

4.促进学生英语水平的提升

慕课教学模式在我国高校英语教学中的兴起对学生英语水平的提升具有重要意义，这主要体现在以下四方面：

（1）慕课教学模式可以在全球范围内连接学生，从而为学生提供真实且丰富的语言环境。在慕课教学模式下，学生可以通过互动论坛、实时讨论甚至一对一的视频通话，与来自世界各地的学生和教师进行交流。举例来说，学生可以选择参加国际团队的项目工作，这样就需要其在实际环境中使用英语进行沟通和协作。这种语言环境不仅模仿了真实的英语使用情境，还鼓励学生进行主动的语言实践。因此，慕课为提升学生的英语语言能力提供了非常有利的环境。

（2）慕课教学模式的内容丰富性和易获取性可以帮助学生扩大他们的英语知识库。与传统的课堂教学相比，慕课教学模式能够提供更广阔的学习资源，包括各种主题的阅读材料、音频和视频，以及各种语言练习。例如，学生可以通过慕课在线阅读各种英文书籍和文章，或者观看英文电影和电视剧，这些都可以帮助他们增强英语阅读和听力能力。此外，这种教学模式也可以帮助学生提高自主学习和研究的能力，这对于他们的英语学习和其他学科的学习都是非常有益的。

（3）慕课教学模式为学生提供了一个与专业知识和技能相结合的英语学习平台。它强调实践和应用，鼓励学生把所学的英语知识用于解决实际问题。例如，一门商务英语的慕课可能会让学生进行角色扮演练习，模拟真实的商业场景，如商业谈判或者产品推介。通过这种方式，学生不仅可以提高英语语言能力，还可以在实践中学习和理解专业知识。这样，慕课教学模式就可以帮助学生提高他们的综合能力。

（4）由于慕课教学模式的灵活性和个性化，它可以更好地适应不同学生的学习需要。慕课教学模式可以为每个学生提供适合他们水平和需要的学习资源和活动。例如，学生可以选择自己的学习进度，根据自己的学习需求选择学习的内容和活动，甚至可以根据自己的时间和地点选择学习的时间和地点。这就意味着无论学生的英语水平如何，他们都可以从慕课中获得他们需要的学习资源和支持，从而有效提高自身的英语水平。

## （二）慕课教学模式的特点

慕课教学模式的特点主要体现在以下三方面，如图 5-2 所示。

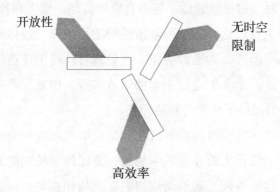

开放性　　　　无时空限制

高效率

图 5-2　慕课教学模式的普遍特点

### 1. 开放性

在慕课教学模式中，其开放性的特点可以进一步展开为内容的高质量、开放性的教学与学习形式以及透明度带来的良性竞争。

（1）慕课教学模式的开放性在于其注重内容的高质量。这是因为教师需要在全社会和同行业中接受审查和监督，以进一步推动教师提高教学质量。比如美国杜克大学的布莱德（Blade）教授，他在为慕课制作教学视频的过程中力求精准和严谨，甚至认为这个过程让他的教学水平达到了巅峰状态。另外，学生可以根据他们的需要和偏好自由选择课程，给出对课程质量的评估，从而进一步提升教师对课程质量的重视。

（2）开放性的教学与学习形式也是慕课教学模式的特点之一。慕课教学模式鼓励学生主动学习和深度学习，通过短视频、回顾测试、深度互动等方式，使学习变得更加活跃和生动。此外，家庭作业、作业批改、问答平台等元素也为学生提供了充分的学习资源和互动机会，增强了学习的深度和广度。

（3）开放性的教学模式增强了教育的透明度，从而产生了良性的竞争效应。由于所有学习活动都在网络平台上公开进行，教师和学生的表现都可以被公众看到，这不仅可以鼓励教师提高教学质量，还可以激励学生更加努力地学习。此外，全球范围内的学习者之间的互动讨论可以极大地促进学生的学习和思考，从而进一步提高学习效果。在这种环境下，教师和学生都面临来自全球的挑战和竞争，从而激发了他们的积极性和创新性。

2.无时空限制

传统的教育模式受到时间和空间的限制，学生必须在规定时间内到达指定地点，才能参与教学活动中。而慕课教学模式完全打破了这种限制。无论学生身处何地，无论是白天还是黑夜，只要有网络，学生就能够访问在线课程，学习他们感兴趣的内容。这种无时空限制的特性为学生提供了极大的学习灵活性，让学习可以在任何时间、任何地点进行，这对于忙碌的成年人或是身处偏远地区的学生来说，无疑是很好的学习机会。

3. 高效率

慕课教学模式的另一个显著特点是高效率。传统的教学模式往往需要教师一对一或一对多地进行教学，这在某种程度上限制了教学的效率。然而，慕课教学模式利用了网络技术和数字媒体的优势，使同一门课程可以同时服务数以千计甚至数以百万计的学生。此外，通过慕课平台，学生可以自主选择学习的节奏和进度，反复学习难以理解的部分，直到完全掌握。这种方式不仅可以提高教学的效率，而且可以极大地提升学生的学习效果。

在线课程教育的兴起促进了我国慕课平台的搭建。2013 年，我国成立了东西部高效课程共享联盟，并将这一年称作"中国慕课元年"。2014 年 5 月，中国大学 MOOC 平台由网易与高教社"爱课程网"合作推出，它联合北京大学、复旦大学、浙江大学、新加坡国立大学、微软亚洲研究院等 211 所知名高校和机构推出上千门精品大学课程，截至 2023 年 9 月，已有 800 余所院校机构加入了这一平台的建设。中国大学 MOOC 平台创建的目标是让每一个有提升愿望的学习者都能在该平台学习到中国最好的大学课程，并获得认证证书。

在我国，学习英语也有专门的慕课平台，那就是中国高校外语慕课平台 UMOOCs。UMOOCs 是中国高校外语慕课联盟的慕课平台，是高校专属的外语在线课程平台。UMOOCs 汇聚国内外各高校优质课程，各高校可引入联盟优质资源建设本校精品课程，实现跨校课程共享和学分互认。

无论是中国大学 MOOC 平台，还是中国高校外语慕课平台 UMOOCs，都体现出以下三方面的特点：

（1）集约性。平台汇集了全国各地的优秀教育资源，由一线的教学团队进行精心打造，使平台具备极高的教学质量和学习效率。在教师层面，通过设计慕课教学、布置课后作业、评定学生成绩等环节，教师能够受到启发，提高使用信息技术的能力，寻找和实施最适合学生发展的教学模式；在学生层面，无论是来自重点大学还是普通院校的学生，都能通过这个平台获得优质的学习资源，有效提升学习效果。

（2）交互性。平台的另一个重要特点是交互性。慕课作为一种在线课堂，其交互性显得尤为重要。尽管教学环境是虚拟的，但教师和学生仍然可以实现有效互动。例如，通过设计进阶作业，慕课能够为学生的学习提供动力。学生只有完成一定的进阶任务，才能继续观看教师的在线讲授。这种设计不仅设定了具体的学习任务，而且使教师可以在教学过程中获得及时的反馈，从而及时调整教学策略，提高教学效果。

（3）广谱性。互联网时代现代信息技术的发展带动着世界各国、各地区的教育进入"在线课程"阶段。在慕课教学模式下，教师授课可以不受时间、地点、学生人数等因素的限制，有时一些著名教师开设的慕课可以吸引几千人甚至几万人同时在线观看。我国当前的高校学生人数十分庞大，但英语教师的数量相对有限，如果一名英语教师用传统的课堂教学模式开展学生人数过多的教学活动，其教学效果就难以得到保证。而慕课本身所具有的广谱性就能够很好地解决这一问题。慕课作为一种新型的教学模式对全体学生开放，不管学生身在何处，只要有网络和智能设备，就能随时开展学习。

## 三、慕课教学模式的设计

### （一）明确课程建设目标

在设计慕课教学模式时，明确课程建设目标是第一步。这个目标既要符合教学内容，又要符合学生需求，以提供优质的教学体验。高校英语慕课的目标应在于利用互联网信息技术，采用灵活、创新、现代化、数字化的教学方式开展教学，以激发学生的英语学习兴趣。这需要教师具备深厚的专业英语知识和技能，以及搜集和整理在线课程资料的能力。

课程建设目标并不是一成不变的，而应是动态的，应根据专家和学者的意见、学生学习特点和教育教学改革发展的要求，进行适时调整，以保证慕课目标的全面性和有效性。为此，高校英语教师需要注重维护更新课程内容，构建动态化的慕课体系，以提高课程的整体水平和质量。

### （二）丰富课程教学内容

丰富教学内容是高校英语慕课教学模式设计的重要环节。内容应当多样化，涵盖生活相关话题以引发学生兴趣，同时引入相关的多媒体资源，如动画、视频等，为学生营造良好的在线学习环境。这些资源不仅有助于学生更好地理解课程内容，而且能激发他们的学习兴趣。

在选择和使用这些多媒体资源时，教师需要注意控制视频的长度，确保其在 5～15 分钟之间。这是因为过长的视频会包含过多的信息，给学生的理解和吸收带来压力。此外，教师还需要注重添加语言文化知识，帮助学生了解和尊重不同的文化，提高他们的跨文化交际能力。

### （三）健全评价反馈体系

在高校英语慕课教学模式设计中，考核评价和反馈环节十分关键。这不仅可以检验教学目标是否达成、评价教学质量，而且能提高学生学习的积极性。慕课的在线考核方式多样，如单元测试、期末考核、视频学习效果考核、线上讨论互动表现考核等。

在实际操作中，英语教师可以通过在线平台布置作业，学生完成后上传，教师进行批改和反馈。这种方式不仅可以提高学生的学习兴趣，还可以刺激他们的创造力和想象力，提高在线教学效率。同时，通过在线平台，教师还能够了解学生的学习情况，及时向学生提供帮助和指导，实现差异化和个性化教学。

## 四、慕课教学模式的应用

### （一）加强慕课基础设施建设

高等教育中的慕课基础设施建设是提高学生学习效率、增强课程吸引力、拓宽知识获取渠道的重要途径。网络技术、多媒体技术、大数据技术等为慕课的实施提供了技术保障，让英语教学可以突破时间、地点的限制，进一步丰富和完善了教学手段。

（1）加强慕课基础设施建设，需要建设和改造网络实验室和多媒体教室，使它们具有支持高质量网络课程的硬件设备和网络环境，比如高速宽带、稳定的网络环境、高清的音频和视频设备等。这样不仅可以保证课程的高清晰度，减少卡顿现象，提高学生的学习体验，还能够为教师录制优质的网络课程提供设施支持。

（2）加强慕课基础设施建设，需要积极配置数据库服务器和网站服务器，以支持大规模的数据存储和处理，满足慕课对数据的高并发访问需求。随着互动、评测、测验等元素的加入，慕课对数据处理的需求大大增加，只有强大的服务器才能保证系统的稳定运行。

（3）慕课的教学支持系统、教务信息管理系统等既是慕课平台运行的核心，也是加强慕课基础设施建设的重要组成部分。教学支持系统能为教师提供课程制作、学生管理、作业批改等功能，使教师能够更高效地完成教学任务；教务信息管理系统则可以实时跟踪学生的学习情况，为教师提供个性化教学的参考。

（4）慕课实施阶段可能出现系统运行缓慢、崩溃等问题，需要通过实时监控、维护、定期升级等方式，确保系统的稳定运行。同时，搜集和整理教师和学生在使用过程中遇到的问题，及时回复和解决也能为教师和学生提供更好的使用体验。

### （二）加大教师培训力度和学生监督力度

在慕课的应用过程中，教师和学生的角色发生了显著变化。教师不再是传统的"授课者"，而更像是"引导者"和"设计者"；学生不再是被动接受知识的"学习者"，而更像是主动探索知识的"参与者"。因此，加大对教师的培训和对学生的监督就显得尤为重要。

教师需要通过培训，掌握新的教学理念和教学技能，如慕课的设计、制作、发布、评估等技能，以及慕课中的教学方法、学生管理等知识。此外，教师还需要理解和掌握网络教学的规律，如学生在线学习的习惯、学习动机、学习方式等，以便设计出更符合学生需求的课程。

在学生的监督方面，教师需要引导学生正确看待和使用慕课。首先，教师需要向学生普及慕课的优点和特点，激发学生对慕课的兴趣；其次，教师需要定期检查学生的学习情况，对学习态度不端正、学习效果不佳的学生进行个别指导；最后，教师需要鼓励学生积极参与慕课的讨论和活动，培养学生的自主学习能力和团队合作能力。

## 第二节　微课教学模式的设计与应用

### 一、微课教学模式的定义

微课教学模式以微学习的理念作为基础，通过划分和重构教学目标、内容和过程，注重教学的关键和难点，构建微型化的学习资源，为微型学习提供支持。这种模式主要通过移动教学或在线教学方式进行。尽管与常规课程在形式上有所不同，但微课也包含完整的知识结构、教学设计、教学活动和评价等环节，只是这种课程的目标更加精简，内容较少，学习时间较短，学习方式更具灵活性。微课教学模式的关键在于"微"，即微课专注更细节、更具体的学习主题。课程的主题针对性强，直接对问题的核心进行探讨，一事一课，一课一话题，让学习更为专注和精细。

在构建这种微课程的内容时，教师需要将教学内容碎片化、情境化和可视化，这样学生就可以利用智能手机、平板电脑等移动设备进行学习，不受时间、地点的限制。

对于学生而言，微课教学模式提供了一种"自选式"的学习机会，能帮助学生理解并掌握某个学科知识的核心观点和关键技能。它以主题为依托，让学生在有限的时间内，针对一个特定的主题进行系统、全面的学习，以完成该主题的所有学习任务。这种学习方式大大提升了学习的效率和质量，让学生可以在短时间内掌握更多知识。

## 二、微课教学模式的特点、类型与意义

### （一）微课教学模式的特点

微课的主要特点集中体现在以下七方面，如图 5-3 所示。

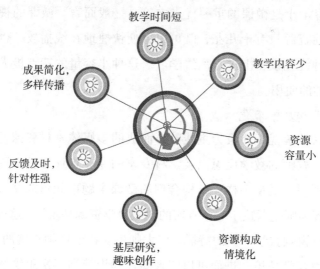

图 5-3 微课教学模式的主要特点

1.教学时间短

微课教学模式的显著特点之一是教学时间精简。每堂微课通常只

需 5 ～ 8 分钟，极大地满足了现代学生对快节奏、高效率学习方式的需求。这种精简的教学时间是基于对学生认知特性和学习规律的理解。短时间的高强度学习有利于保持学生的注意力，避免由于过长的学习时间而导致注意力分散。此外，精短的学习时间也让学习变得更加灵活和便利，使学习可以更自然地融入学生的日常生活中，满足学生灵活学习的需求。

2. 教学内容少

微课教学模式的另一重要特点是对教学内容的精选和聚焦。与传统课堂教学通常需要涵盖多个主题、多个知识点不同，每堂微课通常只包含一个或几个核心的知识点，聚焦对这些知识点的深度讲解和实践应用。这种方式使学生能够更有针对性地进行学习，更专注理解和掌握这些关键内容，而不是在海量的信息中感到迷失方向。

3. 资源容量小

资源容量小是微课的重要优点之一。一般而言，微课的视频及其包含的辅助性资源只有十几兆，既可以方便快捷地在线播放，也可以轻松下载到各种终端设备上进行离线学习。这种小容量的特点极大地方便了学生和教师的使用。

4. 资源构成情境化

微课以教学视频片段为主线整合而成的多媒体素材和课件、学生的参与评价、教师的教学反思以及学科专家的专业点评等教学资源构成了一个主题鲜明、类型多样、结构合理的微课主题单元资源文件夹。文件夹中的内容为师生营造了一个真实的"微教学资源环境"，这种资源环境使微课具有视频教学案例的特征。广大师生受益于这种真实的、典型的、案例化的教与学情境，进而可以实现隐性知识等高层次思维能力的培养和提升，并且可以沉浸式体验不同教学技能和风格的特点，从而迅速提升教师的教学水平，提高学生的专业知识水平。[①]

---

① 黄强. 微课制作与创新教育 [M]. 哈尔滨：哈尔滨出版社，2020：5-8.

**5.基层研究，趣味创作**

微课鼓励基层研究和趣味创作，这是其重要的教学模式之一。教师可以利用自己的专业知识和兴趣，创作出具有吸引力的微课。这种教学方式不仅能够提高教师的创新精神，而且能够激发学生的学习兴趣和学习动力。

**6.反馈及时，针对性强**

微课的反馈系统及时并且针对性强，使得学生能够迅速知晓自己的学习状况。微课由于内容简洁，教学时间短，学生在完成学习后可以快速获得反馈。这种及时的反馈可以帮助学生了解自己的学习状态，针对性地调整学习方法和策略，从而提高学习效率。

**7.成果简化，多样传播**

微课的学习成果简单易懂，可以通过多种方式进行传播。这种多样化的传播方式满足了不同学生的学习风格和需求，使他们能够更有效地吸收和掌握知识。另外，这也提供了一个平台，让教师和学生可以多种形式展示自己的学习成果，从而进一步激发他们的兴趣和热情。

**（二）微课教学模式的类型**

根据功能和开展方式可以将微课分为以下六种类型，如图5-4所示。

图 5-4　微课的六种类型

167

1. 讲授类

在微课教学平台和微课教学比赛中，讲授类的微课是比较常见的类型。讲授类的微课就是教师使用生活化、口语化的方法向学生传授知识与技能。就英语这一学科专业来说，教师既可以讲授英语单词、短语的含义和用法，又可以给学生介绍文章作者或重要的写作背景知识、文化知识。

2. 问答类

问答类的微课就是教师根据教学设计向学生提出问题并进行解答的课程类型，也有一些是教师自问自答类型的。当教师提问完之后，学生针对教师提出的问题进行短暂的思考，在这期间，学生需要暂停观看教学视频，学生在得出答案后继续观看。问答类的微课可以用于课前导入和课后练习，教师可以通过问答引导学生开展自主学习或巩固学生的知识掌握情况。

3. 启发类

启发类微课的设计目标在于激发学生的主动学习意愿，并帮助他们发展独立思考和解决问题的能力。教师在设计课程的过程中，需要根据学生的学习风格和水平，以及当前的教学目标和内容，创造出一种能够引导学生主动参与学习的环境。例如，教师可以设计一些启发性的问题或情境，让学生尝试自己去解决，而不是直接给出答案。这种学习方式不仅可以调动学生学习的积极性，而且有利于培养他们的创新思维和解决问题的能力。在这种模式下，教师的角色也从传统的知识传授者转变为引导者和协助者，帮助学生在学习过程中找到自己的方法。

4. 讨论类

讨论类微课的目标是培养学生的思考能力和讨论能力。教师在课程中提出一些开放性的话题或问题，然后让学生自由发表观点和意见，通过互动和交流来拓展思维和深化理解。教师还可以设置一个在线论坛，鼓励学生分享他们对课程内容的看法，或者围绕一些社会热点话题进行讨论。这种方式不仅能让学生在理解和掌握知识的过程中拓宽视野，提升表达能力，还能培养他们尊重他人观点、接受不同思想的能力。

5.演示类

演示类微课以直观展示和操作示范为主，帮助学生从感性认知入手，更好地理解和掌握知识。例如，教师可以通过视频演示实物操作过程，或者用模型来解释抽象的概念。在科学实验类的课程中，教师可以进行示范性实验，让学生通过观察实验过程和结果，对理论知识有更深入的理解和认识。此外，学生可以根据教师的演示，自己动手进行操作或实验，从实践中学习和领悟。

6.练习类

练习类微课的主要目的是帮助学生检测学习效果，巩固和提高所学知识和技能。在这种模式下，教师通常会设计一些练习题或任务，让学生在完成学习后进行尝试，以此检查他们是否真正理解和掌握了所学内容。而且，反复的练习有助于学生将知识转化为自身的技能，加深记忆，形成长久的学习效果。同时，教师可以根据学生的练习情况，提供及时的反馈和指导，帮助他们调整学习策略，进而提高学习效果。

**（三）微课教学模式的意义**

在互联网信息技术高速发展的当今时代，微课教学模式作为提升高等教育信息化水平的重要形式，在世界众多国家和地区都得以推广和普及，微课的制作与实施还为现代化高等教学模式的深化改革提供了可以参考的方法。各大高校作为培养现代化、国际化人才的基地，更应紧跟时代发展的潮流，引领教育的创新与改革。因此在高校采用微课英语教学模式具有重要的现实意义。

1.顺应时代发展的背景

在一个以互联网快速普及和移动设备不断进步为特征的时代，获取信息变得越来越方便和高效。微博、微信和视频分享应用的出现进一步加深了人们对手机的依赖。这些现代信息技术对教育和学习产生了深远影响，甚至改变了传统的学习方式、教育观念和阅读习惯。许多教师已经观察到这一趋势对学生开展学习的影响。有些学生上课甚至不带任何与课程相关的资料，但从不离开电子通信设备。显然，数字时代对学生产生了一定影响，使他们更容易接受数字化学习模式。具体来说，他们更偏向选择性强、易理解、多样化和富有趣味性的信息形式。传统的教学方法已无法满足他们的需求，教师一味坚持传统教学方法将严重阻碍学生的学习进展。微课是"微"时代的产物，它通过精简内容传递丰富的概念，以小博大，与当今学习者的学习方法和阅读习惯密切契合，也很接近当下学习者的学习心理。

2.促进高校英语教学的信息化改革

传统的高校英语教学模式主要是在课堂中进行教学活动，仅限于教学、师生互动和课后练习等。然而，这种教学模式所涉及的大量复杂信息和枯燥的教学方法容易使学生在学习过程中感到乏味和疲惫。因此，传统教学模式已经不能满足当前信息时代快速发展的需求。

随着网络技术和信息技术的迅猛发展，QQ、微信和微博等社交平台出现了。人们可以在这些平台上发布各种文章和视频，从而吸引网民的关注和转发。现在，短视频已经成为信息传播的重要方式之一。作为知识传播者，微课已经成为适应学习者需求的创新教学方法。微课教学的引入有助于高校英语教学观念的转变。

然而，改革是一个循序渐进的过程，需要一定时间，需要以能够体现时代特征的先进理念为指导。因此，如果高校英语教学的改革跟不上信息时代发展的潮流，只是对原有教学体系进行微小改变，那么无法达到预期效果。将微课引入高校英语教学有助于高校英语课程内容和课程体系的有效改革。高校英语课程改革是高校英语课程的重要组成部分，需要从课程设置、评价体系、学生学习方法、教师教学方法等多方面进行思考。微课借助现代信息技术，随教学资源的优势进行整合、提炼知识，可以有效地帮助教师丰富教学方法，有助于学生转变角色，提高学习效果。

## 三、微课教学模式的设计

### （一）设计原则

#### 1.开发高质量的学习资源

高校英语微课教学模式的设计应遵循开发高质量学习资源的原则。因为微课教学模式的设计首先是为了提高学生的学习兴趣，增强学生学习的自信心，培养学生的自主学习能力，因此微课的资源设计应该注意开发高质量的、能促进学生成长的学习资源。高质量学习资源开发的理论依据源自自我效能感理论。自我效能感是个体对自己是否有能力完成某一行为所进行的推测和判断，自我效能感强的学生会对学习产生强烈的愿望，因为他们相信自己能学会想要掌握的知识。微课的内容设计就是要增强学生的自我效能感，使学生对自己的学习能力有信心。

因此，高校英语微课教学模式的资源设计应该更注重质量的高低，而不是容量的多少；所选学习资源既不要过于简单，也不要难度太大。如果资源内容过于简单，学生就会觉得没有挑战性，因而不会有学习的兴趣；如果资源内容过于困难，学生理解起来很吃力，就容易产生挫败感，因而也不利于培养其自信心。具体来说，高校英语教师应针对学生的学习需求和认知水平，开发和设计科学、适量的资源，聚焦热点话题，突出课程主题，强调语言应用能力的培养。

#### 2.控制时间，分解内容

高校英语微课教学模式的设计应遵循控制好教学时间、适当分解教学内容的原则。也就是说，在微课教学时间的设计上，高校英语教师在保证教学效果的前提下，应尽量缩短微课教学的时间，最好控制在 15 分钟以内。在设计教学内容时，应尽可能地分解大块的知识点，将完整的知识体系划分为一个一个小的知识点。因为学生对学习失去兴趣的原因往往是学习过程中的整体学习任务过于复杂、庞大，从而让学生望而生畏、失去信心。因此，将较大较难的学习目标分解成逐个的、具体的、易于完成的简单目标，有利于引导学生在一次次成功后增强学习的自信心和积极性，从而保持持久的学习热情。

3. 体现多元格式特征

高校英语微课教学模式的设计应遵循体现多元格式特征的原则。也就是说，高校英语微课的设计要支持不同的学习形式，不仅可以课件的形式应用于课堂教学，还可以通过网络学习平台，满足学生进行移动学习的需求。也就是说，高校英语微课设计不仅要适合在学生个人计算机上进行学习，还要能使学生使用手机、平板电脑等移动设备随时随地展开学习。

## （二）设计注意事项

高校英语微课教学模式的设计不仅要遵循以上原则，还要注意以下三个方面的内容：

1. 要支持学习内容的传递

微课主要用于帮助学生自学，因此英语微课教学模式设计的教学内容要特别注意内容阐述的逻辑性、科学性和完整性。与此同时，还要注意符合学生的认知水平和语言认知规律，以及注意其实际操作功能的设置，以保证学生在没有教师指导的情况下也能自主学习。

2. 要有完整的教学环节和学习流程

当微课教学模式设计的教学内容从单一的专业知识设计扩展到与专业知识相关的其他领域的内容时，教师不仅要设计好全套的教学环节，还要结合学生学习过程的设计，按照学习习惯和学习逻辑，合理安排活动步骤，实现教师教学与学生自学的有效衔接。以肢体语言微课的设计为例，教师不仅要讲授有关肢体语言的基本理论知识，还要设计由易到难、由浅入深、环环相扣的问题来引发学生的思考。例如，什么是肢体语言、肢体语言有哪些类型、不同民族使用相同的肢体语言表达的意思一样吗、不同的肢体语言能表达相同的含义吗，教师可通过这样的方式，引导学生逐步掌握肢体语言的相关概念、文化特征，并结合微课中列举的实例，主动研究肢体语言在跨文化交际活动中的应用。

3. 要考虑如何实现学生与微课的双向互动

微课教学模式要向学生提供便于参与课程讨论、开展自主学习、提供实时反馈等方面的项目选择。英语微课教学模式的设计也不例外，教师要设计与课程内容相对应的练习活动。例如，授课内容为信函写作的微课可以设计以下活动：让学生开展在线讨论，教师针对授课内容提出问题并及时回复学生的问题、教师鼓励学生展示自己的写作成果并向大家做思路介绍、教师适当添加练习测试让学生练习写作技巧、教师抛出一个话题组织学生进行辩论，等等。

## 四、微课教学模式的应用

### （一）辅助课前预习

面对现代社会的信息化特点，微课作为一种新型的教学方式，在高校英语教学中发挥了重要作用。尤其在课前预习环节，微课可以极大地激发学生的学习热情，提高学生的学习效率。

在传统的英语教学模式下，学生往往缺乏足够的课前预习，进而在课堂上因跟不上教师的讲解步伐而使学习效率降低。微课的出现有效地改变了这一现象。教师可以在课前将重要的教学内容或需要学生预习的部分通过微课的方式整理并提供给学生，使学生在课前就对即将学习的内容有大致的了解和初步的认识，从而为课堂教学做好充分的准备。这种方式不仅能让学生更加主动地参与预习中，而且能够有效激发学生的好奇心，增强学生的学习兴趣和动力。

此外，微课在课前预习阶段的应用能够帮助学生更好地理解和掌握复杂的概念和知识点。借助微课丰富的视听资源，教师可以将抽象的概念以生动形象的方式表达出来，使学生能更直观地理解和接受知识，从而提高学生的学习效果。总的来说，微课在课前预习阶段的应用能够激发学生的学习热情，提高学生的学习效率，为课堂教学打下坚实基础。

### （一）辅助课堂教学

微课的出现为传统的课堂教学提供了新的可能。微课的形式多样，既可以用来展示讲解的内容，也可以用来让学生进行实践操作。对于课堂教学而言，微课既可以作为教师讲解的辅助工具，也可以作为学生自主学习的资源。

（1）微课可以作为教师讲解的辅助工具。在课堂讲解中，教师可以使用微课来展示复杂的概念或是难以用语言表述的内容，帮助学生更直观、更深入地理解课程内容。此外，微课的视听效果可以帮助教师提高课堂的活跃度提高课堂的活跃度，增强学生的学习兴趣。

（2）微课可以作为学生自主学习的资源。教师可以将一些扩展阅读或是课后作业整理成微课，供学生在课堂之外自主学习和研究。这样不仅可以帮助学生巩固在课堂上学到的知识，还可以激发学生的探索欲望，培养他们的自主学习能力。

### （二）辅助课后练习

在传统的教学模式中，课后作业主要以纸质的形式存在，学生在完成作业的过程中，往往因为缺乏足够的参考资料和指导而感到困扰。微课的出现为这一问题提供了有效的解决方案。

（1）微课能提供丰富的练习资源。在当前的教学环境中，微课作为一种新的教学媒介，其独特的教学形式与传统的纸质教学资料相比，具有更广阔的空间和更丰富的可能性。教师可以将课程中的重要知识点、复杂概念等内容以微课的形式进行展现，比如通过动画、图解、真实场景等方式，使抽象、复杂的知识变得形象、直观、易于理解。这种方式可以使学生在课后学习和作业过程中有更多的参考和练习资源，从而更好地理解和掌握课程内容。

（2）微课能提供及时的反馈和指导。微课不仅可以提供丰富的练习资源，而且能为学生提供及时、个性化的反馈和指导。教师可以根据微课的互动功能，对学生的学习情况进行实时监控，及时了解学生的学习进度和理解程度，对学生的问题和困惑进行解答，对学生的作业进行讲解和点评。

基于以上操作，微课能够形成一个良好的教学反馈环境。学生可以通过观看微课学习并模仿教师的解题方法，查看教师的作业批改，发现自己的错误和不足，然后及时进行改正。这样不仅可以提高学生的学习效率，而且有助于建立教师和学生之间的互动和交流，增强教学的效果。

# 第三节　混合学习教学模式的设计与应用

## 一、混合学习模式的概念

混合学习是当代教育学界所关注的一种热门学习模式，但不同的人对"混合"二字的理解不同。有些学者认为，混合学习就是多种学习理论和教学理论指导下的学习模式，如由认知主义、建构主义、行为主义理论指导设计出的学习模式；有些学者认为，混合学习综合了"以教为中心"和"以学为中心"两种教学模式；有些学者认为，混合学习应同时包含面授学习模式和在线学习模式，这种看法与将混合学习定义为多种数字媒体结合学习模式的观点类似；还有些学者认为，混合学习是面授学习、自主学习与合作学习模式的融合。

国外学者哈维·辛格（Harvi Singht）和克里斯·瑞德（Chris Reed）

对混合学习的定义如下：混合学习注重选择合适的教育技术来匹配学习者的学习风格，以便在合适的时间将合适的知识技能传递给合适的人。

中国学者何克抗认为，混合学习可做如下理解：在引导学习者开展学习活动的过程中，结合传统学习方式和网络学习方式的优势，帮助学习者掌握相关知识和技能；既要发挥教师在学习过程中的主导作用，又要体现学生作为学习主体的主动性与创造性；只有将二者的力量相结合，才能获得最好的学习效果。

结合当今时代互联网教育迅速发展的教育教学背景，本书将混合学习的概念表述如下：在学校教育、教育机构培训或社会教育培训项目中，依据教育培训的目标、学习者的学习需求、教学资源的类型和教学活动的设计，结合传统学习方式、数字化学习方式形成的综合学习方式。

就目前的实际应用情况来看，混合学习模式大多是将面授学习和在线学习两种模式结合在一起帮助学习者学习的模式，目的是使学习变得更轻松、更有效，使学习者获得更好的学习效果。在单一的在线学习模式中加入面授学习的环节，弥补了在线学习不利于监督管理等方面的缺陷，因此，融合了在线学习和面授学习两种模式的混合学习模式一经出现，就立刻引起了学习理论、教育理论、教学实践领域的广泛关注。

## 二、混合学习模式的优势

混合学习模式的具体形式不是固定的，教学活动的实施者需要根据学习对象的学习特点、学习需求和外在的教学条件灵活选择。混合学习模式不仅有利于发挥各种学习模式的综合优势，而且为参照多种模式进行教学设计、开展教学活动的教师提供了创新的机会。具体来说，混合学习模式的优势体现在五个方面，如图5-5所示。

图 5-5　混合学习模式的优势

## （一）学习方式自由

在混合学习模式下，学习者有更多的自由度去选择和组织自己的学习方式。不论是先通过面授课程获取知识，然后使用在线学习系统进行练习、复习和测试，还是先通过教学视频自学，再将所学知识带到课堂上讨论或向专业教师求教，混合学习模式这种灵活的学习方式为学习者提供了更广阔的学习空间。他们可以根据自己的学习需求和学习计划选择最适合自己的学习方式。在线视频的特性，如可以随时暂停、重播、放大等，使学习者在没有教师陪伴的情况下也能自主学习。混合学习模式最大的优势在于它能够根据每个学习者的特点，为其提供个性化的学习路径。

## （二）专家参与评论

混合学习模式可以借助互联网信息技术引入优质的外部教学资源，并且可以邀请相关领域的专家进行专业知识讲解和答疑。这些专家在自己的研究领域的知识水平大多高于任课教师，他们的参与无疑可以帮助学生得到更深入、更具体的专业知识，从而引发学习者的深思和启发。与此同时，这种方式也可以让学习者拓宽知识视野，与更多的知识领域专业人士接触，发展更成熟的专业思维。

### （三）增加沟通交流

在混合学习模式中，学习者不仅在课堂上有面对面交流的机会，而且可以在网络环境中与他人进行讨论和互动。他们可以通过网络论坛或课程聊天室等平台发表观点，进行在线讨论。这种方式比单一的在线学习和面对面教学都要优越，因为它既保留了线上学习的便捷性，又拥有线下教学的人际交流优势。对于那些在单一在线学习环境下容易感到孤独，或者在单一面对面教学中因为时间限制无法充分沟通交流的学生而言，混合学习模式无疑提供了一种有效的解决方案。

混合学习模式的发展在一定程度上使教育资源的分配更加公平，使高等教育向着全球化、国际化的方向发展，学习者通过互联网可以找到各种类型的学习资源，与来自其他国家、地区的学习者展开交流，互相分享学习经验、开展交流互动。

### （四）增加学习反思

在混合学习模式中，学习者可以通过多样化的学习活动和讨论机会，逐渐建立起对所学内容的反思意识。他们不仅可以在课堂上学习和讨论，而且可以在线上查阅相关资料，反思自己的学习方式和手段。他们可以通过互动学习、共同反思、协作学习的方式，深化对所学知识的理解，增强学习效果。

### （五）增加学习时间

混合学习模式极大地增加了学习者的学习时间和学习机会。对于那些没有时间在学校接受全日制教育的学习者来说，他们可以利用自己的空闲时间进行学习。这些学习者只需要通过网络和手机、平板电脑等移动设备，就可以在家、在路上或在任何一个方便的地方进行学习。这种方式使学习者学习的时间和空间更加灵活，使他们有更多机会去学习和提升自己。

## 三、混合学习教学模式的构建

互联网信息技术和多媒体技术在高校英语教学中的广泛应用促进了以教师为主导、以学生为主体的混合学习教学模式的搭建。混合学习教学模式下的高校英语教学对教师的教学能力、教学技术等各方面提出了新的要求。英语教师不仅要灵活运用以教为主的教学策略和以学为主的学习方式，还要搜集、整理各种可以用于混合学习教学模式的教学资源，设计混合式教学方法。本书从高校英语教学的实际情况出发，综合考虑英语教学中的语言知识、语言技能、情感态度、文化意识、学习策略五个方面的内容要求，构建了适用于高校英语教学的混合学习教学模式，该模式依托网络交互式教学平台展开，由课前、课中、课后三个教学阶段构成。

课前阶段，也称学习者的预习阶段，由观看微课视频和参与线上交流讨论两部分组成；课中阶段，也称学习者的正式学习阶段，由上机自主学习和课堂面授教学两部分组成，其中，自主学习模块又包括语音识别、人机互动、仿真场景、学习评价、交流平台五个组成部分，面授教学模块则由小组活动、成果汇报、课程总结和评价反馈四部分组成；课后阶段是学生巩固和复习所学内容阶段，包括完成作业、素质拓展和交流讨论三部分。

根据以上介绍可以看到：在基于网络交互式教学平台构建的混合学习教学模式中，教师的角色发生了转变，他们不再是传统意义上的讲述者、灌输者，而是学生学习过程中的帮助者和支持者；教师在课前的准备工作和课后的评价工作中需要付出的努力会更多，而学生在整个学习过程中的主体地位得到了保障，这与传统教学模式注重教师讲解、忽视学生学习状态的做法差别较大。

## 四、混合学习教学模式的设计与应用

在高校英语教学活动中，混合学习课程的设计与应用可以分为三个阶段，即课前阶段、课中阶段和课后阶段。

### （一）课前设计与应用

混合学习教学模式中的课前设计与应用是一项重要工作，涉及课程设计、资源整合、教学计划制订等多个方面。对于英语教师来说，他们需要利用微课设计软件为自己的课程打造一个在线教学环境，然后依据教学大纲和教学目标，提炼和梳理出重要的教学知识点，并创建相关的知识页面。这些页面的内容包括教师自主创设的教学内容、相应的教学资源等，均需要被整理并上传至教学资源库中，以便学生自主预习。

为了引导和监督学生的自主预习，教师还需要为课程制订详细的学习计划，包括学生自主预习的内容和进度，以及参与面授教学活动的时间和方式等。在课程论坛或聊天群中，教师可以发布课前讨论的题目来激发学生的学习兴趣和积极性，可以通过在线考试等形式，来检查学生的预习情况和知识掌握情况，并以此为依据对学生进行分组，设置小组任务。

在传统课堂教学中，教师往往对学生的课前预习行为缺乏干预和了解，而在混合学习教学模式中，教师可以通过平台的功能，了解学生的学习情况，对他们的学习行为进行有效的引导和监督。这不仅能够提高学生的学习效果，而且能够为教师的教学提供更有效的反馈，从而有助于教师进行教学调整和改进。

在整个课前设计与应用过程中，教师扮演着教学设计者、教学引导者、学生学习监督者等多重角色。他们需要运用教学技术和教育理论，结合自己的教学经验，为学生提供一个富有挑战性、互动性的学习环境，激发学生的学习兴趣和潜能，提高他们的学习效果。这对教师的专业素养和能力提出了更高要求，也为他们的教学实践提供了更大的发挥空间。

### （二）课中设计与应用

在混合学习教学模式下，教师在课程实施过程中的作用发生了显著变化，他们不再仅仅是知识的传授者，而是成为学生学习的引导者和辅助者。教师可以根据网络平台记录的信息，了解每个学生的学习进度和知识掌握情况，然后据此进行教学设计和调整，从而最大限度地满足学生的学习需求。

在混合学习教学模式的课堂教学活动中，小组活动的组织和开展尤为重要。教师可以利用网络交互式教学平台为学生创建分组，这样学生就可以在小组中开展合作学习、成果汇报等活动。这种方式不仅可以培养学生的团队合作精神和协作能力，而且有利于提高教师的教学管理效率。因为在小组活动中，教师可以指派小组长负责组织和管理本小组的活动，这样可以让教师有更多的时间和精力来关注每个学生的学习情况，为其提供更个性化的教学帮助。

另外，教师可以设计一些贴近学生生活或符合学生兴趣的话题和场景，利用人机互动和仿真技术帮助学生进行自主学习。例如，教师可以设计一些英语口语实践活动，让学生在仿真的生活场景中进行角色扮演，以此来提高他们的英语口语能力和跨文化交际能力。

### （三）课后设计与应用

课后的课程学习分为机房自主课后学习以及课堂面授课后练习两部分，英语教师要针对这两部分内容展开设计，这两部分的设计主要依赖现有的互联网信息技术和学校构建的在线学习系统。

教师可以利用在线学习系统的题库资源布置课后作业。这些题库资源可以涵盖各种题型，适应不同学生的学习需求。学生可以自由选择时间和地点，通过各种联网设备完成这些作业。这种方式的好处在于学生可以根据自身的学习进度和掌握情况，选择自己感兴趣或需要加强的模块进行练习。此外，考虑到网络覆盖的问题，许多在线学习系统提供了离线学习的功能，学生可以先下载需要学习的内容，然后在没有网络的情况下进行学习，等到有网络时，系统会自动记录他们的学习时长。

教师也可以利用在线学习系统布置一些自主设计的作业，比如写作和口语练习。例如，教师可以布置一项口语练习的作业，要求学生进行角色扮演，并提交音频或视频对话。这种作业形式既可以让学生实践并提高口语技能，也能发展学生的交流能力。在完成作业的过程中，教师可以通过在线平台实时监控学生的学习进度和情况。教师可以看到每个学生的学习时长、完成作业的人数、未完成作业的人数，以及表现优秀的学生的详细情况等。这种透明的学习记录不仅可以帮助教师对学生的学习情况有一个全面的了解，从而提供更有针对性的指导，而且能激励学生更积极地参与学习，提高他们的学习效果。

因为不同学生学习英语的基础水平不同，因此英语教师可以专门为此类学生设置相关学习要求，要求其达到单独设置的分数线。此外，教师可以利用微信、QQ、百度贴吧、微博等普及性较强的手机软件及时获取学生的反馈信息并与学生展开实时交流。

课程内容设计取材真实的情景式对话。教师要引导学生观察，生活中遇到同样的话题时，用中文和英文表达存在的差异，从而启发学生的思考，并鼓励学生通过社交平台等渠道进行分享，从而进一步了解英语语言文化与汉语语言文化的异同。

不只是学校的多媒体硬件设施和在线学习系统可以帮助学生在课后进行学习，社会上还有很多专业人士开发了很多有趣的英语学习 App，如"英语趣配音"是一款通过配音模仿锻炼学习者英语口语的 App。这一软件的运营方式是软件中搜集了很多英语原味的视频资源，用户首先可以看到很多地道的英语表达和精彩的故事情节，但该软件不只是将这些视频资料整合在一起，而是利用视频剪辑软件将原视频内容切割成了一句一句的英语，用户可以根据个人的学习需求和强项逐字逐句地进行模仿练习；该软件可以将用户配音和原有视频片段进行技术合成，进而形成一个完整的配音片段，用户可以将自己配音的视频片段发布到自己的微博、朋友圈等软件上进行分享。

# 第四节 大数据视域下英语课堂教学模式的创新

## 一、大数据概念的由来与含义

### （一）大数据概念的由来

尽管大数据的概念在公众视野中的出现相对较晚，但其实在 20 世纪 80 年代，未来学家阿尔文·托夫勒（Alvin Toffler）就在他的著作《第三次浪潮》中提出了"Big Data"（大数据）这一术语。然而，尽管托夫勒的预见性突出，但在当时，这个术语并未在广大读者群体中引起大的反响。大数据的观念，相较于被深入理解，更多的是在学术界的一角悄然发展。

随着时间的推移，到了 2011 年，情况发生了改变。麦肯锡全球研究院发布了一份影响深远的报告，标题为《大数据：下一个创新、竞争和生产力的前沿》。这份报告不仅强调了大数据在未来的重要性，而且明确宣布"大数据时代已经到来"。这一声明无疑对大数据的理解和应用产生了深远影响，它标志着大数据从相对边缘的领域走向了主流，这也使大数据开始受到公众的广泛关注。

对大数据概念的进一步推动来自全球知名的高德纳咨询公司，它发布的技术炒作曲线，使大数据概念的影响力得到了扩大。这条曲线不仅展示了技术发展的可能路径，还揭示了大数据所处的位置和潜力。这使人们不仅开始关注大数据，而且开始探索如何利用大数据，以及大数据如何影响人们的生活。

在此基础上，维克托·迈尔–舍恩伯格（Viktor Mayer–Schönberger）和肯尼斯·库克耶（Kenneth Cukier）合著的《大数据时代：生活、工作与思维的大变革》的出版无疑为大数据的理解和应用提供了更深的视角。这本书深入阐述了大数据的意义，分析了大数据如何改变人们的生活、工作和思维方式，并展望了大数据的未来。这些观点和理论的阐述使大数据的概念在全球范围内得到了普及和理解。

因此，大数据的发展和普及既是一种自然的科技进步的必然结果，也是一种社会意识的提高和认知方式的变革。从阿尔文·托夫勒的早期探索到麦肯锡全球研究院的报告，再到高德纳咨询公司的技术炒作曲线，最后到维克托·迈尔–舍恩伯格和肯尼斯·库克耶的深入阐述，大数据的理解和应用日益深入人心，成为改变世界的强大力量。

### （二）大数据概念的含义

在这个快速发展的时代，信息技术的进步和互联网的广泛使用使人们与网络紧密相连，无论是在生活中、工作中，还是在学习中，网络已经成为人们不可或缺的一部分。随之而来的是，网络用户的数量急剧增加，网络上的信息资源也在以惊人的速度积累。在这个背景下，大数据可以被理解为数量巨大的信息资源，而大数据时代则可以被看作互联网时代发展的一个重要阶段。

不过，大数据所指的并不仅仅是大量数据。从字面上理解，大数据就是一大堆数据，但这并不是大数据的真正含义。事实上，尽管数据的规模在一定程度上体现了大数据的特点，但并不是大数据的核心。真正的大数据更关注如何利用这些数据来服务人们的生活、如何将这些数据转化为对人们有用的信息，这是大数据真正的价值所在。

因此，大数据的概念不仅仅涉及数据的数量，更重要的是如何处理和使用这些数据。当人们讨论大数据时，关注的不只是数据的规模，更关注的是数据的实际应用，考虑的是如何从这些大数据中挖掘出对人们有用的信息，让这些数据发挥其真正的价值。这既是大数据的核心含义，也是人们理解和探索大数据的关键所在。

实际上，大数据的概念包含了许多方面：首先，大数据涉及数据的搜集，包括如何获取数据、如何存储数据以及如何管理数据等问题。其次，大数据涉及数据的处理，包括如何分析数据、如何解读数据以及如何将数据转化为有用的信息等问题。最后，大数据涉及数据的应用，包括如何将数据用于决策、如何将数据用于创新以及如何将数据用于提升生活质量等问题。这些都是人们在理解大数据时需要考虑的问题，也是大数据真正的含义所在。

## 二、大数据视域下进行英语教学模式创新的意义

随着互联网的广泛应用和大数据技术的不断发展，当前各个行业都在寻求利用大数据来优化生产和提升质量。作为知识创新和人才培养的重要场所，高等教育机构也在不断产生新的数据。如果这些数据得到妥善的处理和应用，无疑能够为提升教学质量和优化教学环境提供有力支持。

具体来说，高等教育机构的数据具有丰富性和多样性，来源于教学、科研、管理等多个领域。在这些数据中，既有教师的教学策略、教学方法，又有学生的学习习惯、学习效果，还有教育管理的各种情况，这些都是大数据的重要组成部分。通过对这些数据的深度挖掘和综合应用，不仅可以有效改进教学方法和教学策略，提高教学效果，而且可以为科研工作提供有力的数据支持，进一步推动科研成果的创新和应用。

对于英语教学来说，大数据的运用同样具有重要意义。首先，大数

据可以帮助教师更好地理解学生的学习情况和需求，从而精确地制定教学策略和教学计划。例如，通过搜集和分析学生的学习行为数据，教师可以更准确地了解学生的学习难点和兴趣点，从而对教学内容和教学方法进行有针对性的调整，提高教学效果。其次，大数据可以帮助人们更好地管理和利用教学资源，优化教学环境。例如，通过搜集和分析教学资源使用情况的数据，教师可以更有效地管理和分配教学资源，提高教学效率。最后，大数据可以帮助教师更好地评估教学效果，进一步提升教学质量。例如，通过搜集和分析学生的考试成绩、作业完成情况等数据，教师可以更全面、更客观地评价教学效果，为下一步的教学改革提供有力支持。

因此，大数据不仅可以提高英语教学的科学性和专业性，而且可以帮助教师更好地理解学生，更有效地管理教学资源，更全面地评估教学效果，从而推动英语教学的创新和发展。因此，高校教育教学工作者需要充分认识到大数据在教育教学中的重要作用，积极探索大数据在教育教学中的应用方法，从而充分发挥大数据的潜力，推动教育教学的现代化进程。

## 三、大数据视域下进行英语教学模式创新的方法

在大数据视域下进行英语教学模式创新的方法主要包括五种，如图5-6所示。

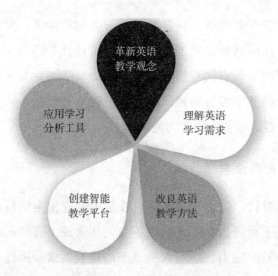

图 5-6 大数据视域下进行英语教学模式创新的方法

## （一）革新英语教学观念

随着大数据时代的到来，对英语教学观念的革新成为提高教学水平、创新教学模式的重要步骤。在当前的高校环境中，部分教育工作者对信息技术的运用缺乏足够的掌握，对信息化、数字化教学的理解并不透彻。这些都成为阻碍英语教学适应现代化社会发展需求的重要因素。为了应对这种挑战，高校需要紧随大数据时代的步伐，进行英语教学观念的革新，改革英语教学体系，实现教学活动的信息化和数字化，从而提升高校英语教学的质量和效率。

## （二）理解英语学习需求

利用大数据技术对学生的学习需求进行搜集、整理和分析，可以得到相对准确的分析结果。这些结果将为高校英语教学提供有价值的参考，有助于教育工作者制定科学的教学目标和教学计划，激发学生学习英语的兴趣，满足他们的实际需求。例如，通过统计学生在搜索引擎上的搜索行为，教育工作者能够了解学生的学习兴趣和需求，发现学生学习英语的兴趣点，从而选择合适的教学内容，设计教学活动。此外，教育工作者可以利用网络调查问卷搜集学生对英语教学的意见和想法，并结合教学目标，选择其中可行的建议进行教学改革和创新，从而达到提升学生英语水平和英语综合应用能力的目的。

### （三）改良英语教学方法

在大数据时代，信息技术在学科教学中的应用为学科教学提供了良好的条件。对于英语教学模式的改革与创新来说，选择的教学手段和方法是衡量教师教学能力、影响教学效率的重要因素。因此，高校英语教师必须积极学习现代化教学设备的功能应用以及操作方法，并结合教学内容和学生的学习特点，改良传统的教学方法，这样才能全面提升教学水平和效率。实践证明，利用多媒体、计算机设备开展教学活动的方法比传统的讲授法、提问法、练习法更受学生欢迎，学生参与教学活动的积极性和主动性也会更高。因此，教师需要关注大数据技术的发展，研究互联网技术在教学中的应用，将学生的兴趣爱好、学习需求与英语教学紧密地联系在一起，引导学生采用更科学、更现代化的方式学习和运用英语，以全面提升英语学习的质量和效率。

### （四）创建智能教学平台

当今时代，大数据在推动教育变革过程中的影响力不容小觑。新兴的网络授课方式，如慕课和微课，正是在大数据的推动下诞生并得到广泛应用的典型例子。这些新型的在线教育方式使教学内容更灵活、更个性化，同时也为学生提供了自主学习和探索的空间。

在此基础上，大数据技术的普及和发展为高校英语教学的科学性、信息化、数字化和现代化提供了强大支撑，构建了坚实基础。高校需要充分意识到大数据技术在未来英语教育教学实践中的关键作用，需要利用大数据时代带来的机遇和优势，构筑符合自身发展目标的智能化英语教学平台。

智能化英语教学平台的设立能够有效激发学生的学习兴趣。这类平台通过生动的视觉和音频效果以及互动性强的教学设计，使学生在享受学习过程的同时，能够积极参与其中，主动探寻和获取知识。同时，智能化教学平台能够提升教学效率。通过智能化教学平台，教师能够实时了解学生的学习情况，从而及时调整教学策略，更好地满足学生的学习需求。此外，智能化教学平台能够提升学生的学习效率。学生可以根据自己的节奏进行学习，通过互动性的练习和测试，更好地理解和掌握知识。

因此，构建智能化教学平台已成为大数据时代下英语教学模式改革和创新的有效手段。高校应以时代发展的特点为指引，推进英语教学模式的创新。只有这样，高校才能在满足英语教学需求的基础上，为学生的全面成长和发展提供坚实的保障。

## （五）应用学习分析工具

在大数据视域下，学习分析工具成为英语教学创新的重要手段。学习分析是一种结合大数据分析技术和教育研究方法，通过搜集、分析和报告学习者在学习环境中的行为数据，以理解并优化学习和学习环境的过程。学习分析工具可以提供学生在学习过程中的行为模式、学习成果、学习困难等各方面的信息，以帮助教师制订出更符合学生需求的教学计划。

教师可以通过学习分析工具，深入了解学生在线上学习的行为，比如，如何完成作业、甚至在哪些地方停留的时间较长。这些信息可以为教师提供关于学生的学习状况、进度和问题的反馈，帮助教师及时调整教学策略，以提高教学效果。此外，教师可以根据学生的学习行为和成果，为每一个学生提供个性化的学习建议，以提高他们的学习效果和学习满意度。

同时，大数据分析能通过挖掘隐藏在数据背后的模式，预测学生可能的学习结果和趋势以及可能出现的问题，从而提前进行干预。例如，分析结果显示一个学生在某个单元的学习上花费了过多时间，那么教师就可以针对性地提供帮助或者调整教学内容和方式，以提高学生的学习效率。另外，学习分析工具可以帮助教师发现那些可能存在学习困难的学生以及可能出现的学习问题，从而提前进行干预，防止问题的产生。

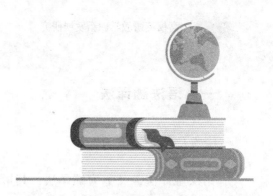

# 第六章  高校英语教学创新发展——教学方法创新

## 第一节  高校英语教学中常用的教学方法

要分析高校英语教学中常用的教学方法，首先要清楚高校英语教学法的含义。英语教学法是一种建立在系统的原则和程序基础上的语言教学的途径和做法，是有关语言教与学的最佳方式的观点应用。这些观点有关英语和英语学习的本质特征、英语教学的教学大纲、教学目标、教学任务、教师责任、教材作用等。这些观点也研究学习者的学习过程以及用英语材料进行教育的过程。从操作程序角度分析，英语教学方法是有关教学过程中教师要做什么、怎么做，学生做什么、怎么做的具体问题，也就是有关实施教学内容的决策、技巧问题。按类型进行划分，英语教学法可分为语法翻译法、情境教学法、交际教学法等多种类型。下面主要介绍高校英语教学中较为常用的几种教学方法：

## 一、语法翻译法

### (一)产生背景

语法翻译法,又称为翻译法,其形成可以追溯到 18 世纪末至 19 世纪中期。该教学方法的产生源于欧洲一些专门教授外语课程的学校。语法翻译法的特点是注重外语词汇和语法的教学,以培养学生的阅读和写作能力为主。

语法翻译法的产生背景与人们学习外语的目的有着密切联系。18 世纪和 19 世纪,人们学习外语的主要目的是希望能够阅读希腊语和拉丁语的书籍,同时,人们也需要使用这两种语言来撰写书籍。那个时期,欧洲的学术界和知识阶层普遍认为,掌握这两种古老的语言是受过良好教育的标志。也就是说,当时人们学习外语的主要目的是学习古代的知识和智慧,而不仅仅是为了应对实际的交际需求。

语法翻译法认为,在教学过程中,教师需要担任知识的传授者和教学活动的组织者、实施者。教师需要对学生进行严格的讲解和指导,强调语法规则的掌握和对句子的精确翻译。学生在这个过程中往往处于较为被动的地位,需要接受和记忆教师传授的语言知识,然后在课后通过大量练习来强化记忆和掌握。

### (二)主要特点

语法翻译法的教学特点如图 6-1 所示。

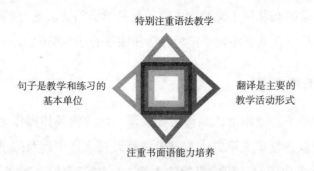

图 6-1 语法翻译法的教学特点

1.特别注重语法教学

语法翻译法最突出的特点就是重视语法教学，这一点体现在语法翻译法的各个方面。首先，在语法翻译法中，语法被当作语言的核心内容，因此也是外语教学的主要内容。其次，教材的编写也是参照语法体系的内在结构进行编排的。最后，对外语教师教学成果的评价点也集中在学生对语法的掌握程度上。

2.翻译是主要的教学活动形式

语法翻译法的另一显著特点就是翻译是主要的教学活动形式。在具体的教学实践中，教师使用学生的母语展开教学，向学生传授翻译知识。学生除了在教师的引导下识记词汇、短语、进行阅读之外，还要通过母语与外语之间的相互翻译来练习掌握的语言知识和规则。

3.注重书面语能力培养

基于语法翻译法产生时的社会发展背景和学生的学习需求，语法翻译法特别将外语教学中的口语教学与书面语教学分开进行。其中，口语教学只教学生掌握字母和单词的正确读音，只占整体教学内容的一小部分；相比之下，由于语法翻译法的首要教学目标是培养学生的阅读能力和写作能力，因而书面语教学占整体教学内容的一大部分。这种将口语与书面语分开教学的方法有助于教学活动的设计与开展。

4.句子是教学和练习的基本单位

为了减轻学习者的理解压力，适应学习者的接受能力，语法翻译法改变了传统希腊文和拉丁文教学中选用复杂难懂的语段进行教学的方法，用更容易被学习者理解的句子作为教学和练习的基本单位。

### （三）具体应用

通常情况下，使用语法翻译法开展课堂教学的具体操作是教师先用母语翻译并叙述整篇文章的大致意思，然后对文章中涉及的语法规则进行详细的分析和讲解，随后引导学生通过多次阅读加深对文章的理解。具体而言，以某一篇文章的讲授为例，语法翻译法的课堂设计可分为以下几个步骤：

（1）在课堂上，教师会先用学生的母语详细介绍这篇文章的创作背景。这个环节不仅能让学生更好地理解文章的背景和历史环境，还能帮助他们理解作者的动机，甚至作者的写作风格和特点。教师会深入讲解作者的相关信息，如生平事迹、写作成就等，使学生更好地理解作者的创作思想和动机。同时，教师会提出文章的主题和主要观点，使学生在一开始就能对文章有一个全面而深入的了解。通过这样的方式，学生在接触文章前，就已经对其有了一个基本的框架和预期，这将为后续的学习打下基础。

（2）在引出文章后，教师会带领学生一起学习和掌握文章中出现的新词汇。这是一个非常重要的环节，因为对词汇的理解和运用直接影响学生对文章的理解。教师会用各种各样的方式帮助学生学习这些新词汇。例如，通过领读和跟读的方式来帮助学生掌握正确的发音、通过解释和实例来帮助学生理解单词的含义、通过造句来让学生明白单词在实际语境中的运用。这样，当学生接触文章时，就能更好地理解和应用这些新词汇。

（3）当学生掌握了这些新词汇后，教师会开始与学生一起阅读和翻译文章。在这个过程中，教师会一句一句地对文章进行朗读和翻译，每一段都会被仔细解析。在解析的过程中，教师不仅会使用学生的母语解释短语和句子的意思，还会详细讲解句子中的语法结构。例如，教师会指出并讲解其中的时态、语态、词性等，以此来帮助学生理解并掌握语法规则。

（4）完成对文章的讲解和翻译后，教师会进行进一步教学活动。首先，教师会要求学生自己朗读并翻译文章，以检查他们对文章的理解程度。同时，教师会安排一些阅读理解的练习，包括选择题和问答题，旨在让学生更好地理解和掌握文章的中心思想。这些练习不仅可以强化学生的理解能力，还可以帮助他们提高阅读和翻译能力。最后，教师会根据本堂课的内容，给学生布置一些翻译作业，以便学生在课后进一步巩固所学的知识和技能。

### （四）优缺点

**1.优点**

语法翻译法作为历史上存在时间最长的外语教学法，在之前外语教学条件差、外语教师的工作压力大的教学情况下曾发挥过重要作用。语法翻译法的优点具体表现在以下几方面：

（1）通过对目的语词汇和语法知识的系统传授，帮助学生打好外语学习的基础。

（2）通过分析书面语的构成和表达方式，帮助学生深入理解和掌握目的语。

（3）有助于学生内化目的语结构，提高正确表达能力。

（4）有助于学生辨别自己对目的语做出的有意识或无意识的假设，对比目的语与母语的异同。

（5）不需要太多教具和其他教学条件，只要有教材就能上课。

（6）教学流程易于操作，教师的教学压力较小。

（7）教学目标清晰，便于对学生的统一管理和测试。

2.缺点

语法翻译教学法建立在人们对语言传统认知的基础上，因此在实际的教学和应用过程中，不可避免地会有一些缺陷存在。

（1）过分重视翻译教学，只通过翻译的手段传授外语知识，这样的方式会造成学生在使用外语时依赖母语表达的思维和翻译的习惯，不利于培养学生地道的外语表达习惯。

（2）过分注重语法规则的掌握和使用，忽视了语音和语调的教学，背离了语言学习用于表达和交流的初衷，阻碍了学生口语能力的发展和提升。

（3）教师在教学过程中的主导性太强，学生的主体性被忽视，不利于培养学生学习语言的积极性和主动性。

（4）教学方式以教师的讲解为主，强调死记硬背，师生互动、生生互动不足，不利于发挥学生的主观能动性、培养学生的语言表达能力。

（5）忽视了文化因素、语言实际应用在语言教学中的重要性。

## 二、情境教学法

### （一）基本定义

与语法翻译法不同的是，情境教学法的核心不是注重学生书面语能力的培养，而是注重激发学生的情感，使学生能在复杂多变的交际情境中充分发挥主观能动性，做出正确判断，灵活应对各种交际语言。在教学过程中，教师会根据教材内容，充分利用图片、实物、电子影像等教学条件，并结合学生的身心特点设计、开展教学活动。

情境教学法的基本步骤有三个：设置教学情境，学习目的语；以培养听说能力为主，反复展开练习；布置适量书面练习题，巩固语言结构认知。

因为在情境教学法中，教师主要是用英语组织教学活动，向学生讲解语言知识和布置作业，所以教师要保证自己的英语表达是标准的、正确的，这样才能给学生树立学习的榜样。如果碰到一些用英语难以解释的语言知识，教师也可以适当使用学生的母语进行讲解。教师会要求学生尽量使用英语对话、提问。

## （二）教学原则

### 1.自主性原则

此处的自主性原则主要包括两个方面的内容：一方面，情境教学法的实施需要师生之间保持良好的教与学的关系。良好的师生关系是开展情境教学的基础。因为情景教学的设定就是模仿实际的交际状态，只有教师和学生之间保持互相尊重、互相理解、互相信任，才有顺利模仿实际交际的基础。这意味着教师必须了解学生对学习外语的想法和需求，学生也要学会理解教师的教学目的，积极响应教师的引导和号召。另一方面，在情境教学中，学生在教学活动开展的过程中要保持主体地位。这是因为情境教学法的重要教学目的是培养学生的独立意识和自我评价能力。要坚持这一原则，教师在教学过程中需要做到从学生的实际需求出发，使学生在学习语言的过程中体验交际的乐趣、保持快乐的心情。

### 2.体验性原则

在使用情境教学法开展外语教学活动的过程中，教师要想办法根据教学内容设置恰当的教学情境，然后引导学生发现问题，依靠自身的能力去寻找问题的答案，并分辨、讨论其对错。体验性原则是指教师要帮助学生树立"过程"与"结果"同样重要的观念，让学生在轻松愉快的氛围中体验学习、取得进步。

## （三）情境设计

语言的产生和发展离不开特定的文化背景，人们的日常交际行为和社会发展离不开语言的使用，因此语言的学习应放在一定的社会文化情境中展开。在根据现实交际情境模拟出来的场景中学习，学生可以激活原有的认知经验，并将新的知识与之前的认知经验联系起来，从而理解新的知识，并将新知识融入原来的认知体系。因此在英语教学活动中，教师要设计出能引导学生激活旧的认知经验，并积极参与新的交际对话中的情境。教师可以从以下几方面入手：

1.范例提供

理解和解决问题的前提是对问题有所了解并且能够根据自己的经验建构解决问题的心理模型，而学生不可能对所有情境和问题都有经验，因此在情境教学法中，教师需要为学生提供相应的范例来填补学生的认知空缺，从而为问题的解决奠定基础。并且，为了培养学生灵活的认知能力和思维方式，教师提供的范例要包括解决问题的多种观点和思路，这样更有利于学生发散思维，发挥想象力和创造力。

2.任务呈现

此处任务的呈现是指教师对学生学习任务的呈现。在情境教学法中，教师向学生呈现学习任务时，首先要注意向学生介绍任务产生的社会文化背景；其次要尽可能用生动、有趣的语言呈现该任务；除此之外，教师还要在呈现过程中，为学生预留一些可操作的维度和空间。这些都是为了引导学生更快地融入情境，吸引学生积极参与回答问题。

3.教师指导

建构主义理论认为，学生是教学活动的中心，学生应主动建构学习知识的意义，加工知识信息。同时，教师是整个教学活动的组织者、引导者，对学生的知识意义建构起到促进和帮助的作用。教学活动的每一个环节都离不开教师的精心设计、有效启发和组织管理，如果失去了教师的引导和管理，学生的建构行为就成了没有秩序的盲目探索，是无法获得成功的。

4.信息资源

教师在进行情境设计的过程中，需要确定学生所需信息的具体种类和数量，以建构问题模型，提出方法假设。教师需要为学生提供必需的信息资源，以开展情境布置。这些信息资源应是学生乐于接受的、能帮助学生认识和解决问题的，具体而言，应包括各种信息和知识，如文本、图片、实物、音频、视频、动画等资源。

5. 认知工具

由于学生的知识经验有限，感官输入信息的能力也有限，因此获取认知资源的途径便受到了限制。此时学生就需要认知工具的帮助。认知工具是情境设计的重要辅助工具，具体是指支持和扩充学生思维过程的心智模式和设备。认知工具通常是可视化的智能信息处理软件，如专家系统、信息库等。

## 三、交际教学法

### （一）基本定义

交际教学法产生于 20 世纪 70 年代的欧洲国家。交际教学法的产生与当时的社会历史背景密切相关。20 世纪 60 年代，西方发达国家经济发展迅速，交通日益便利，不同国家、民族之间在经济、文化等领域的沟通与交往日益频繁。在沟通与交往的过程中，语言不通成为主要障碍。一些在本国学过外语的人到了国外却无法顺利开展交际活动，这严重影响了他们的生活和工作。在这种情况下，交际教学法应运而生。

交际教学法以社会语言学和心理语言学理论为理论基础，以交际功能为大纲，以培养学习者的交际能力为目标。此处的交际能力不仅仅指语言的沟通和对话能力，还包括不同场景下的应对能力。例如，如何运用语言及相关文化知识获取交际信息、开展人际交往等。也就是说，在使用交际教学法开展教学活动的过程中，教师的注意力应放在如何引导学生使用语言完成交际任务、达到交际目的上，而不是只关注句子的结构或表达是否完全正确。

## （二）教学原则

交际教学法有四项基本的教学原则，如图 6-2 所示。

图 6-2　交际教学法的基本教学原则

### 1.学生为主体

交际教学法强调语言在交际中的应用和学生交际能力的培养，因而把学生当作教学过程的中心和主体。在交际教学法中，课堂教学上的大部分时间是学生在思考、在实践，教师讲解的时间只占一小部分。当然，教师的职责和任务依然十分重要。教师的主要职责有两方面：一是为学生营造一个没有压力、轻松和谐的课堂氛围和接近真实情境的语言实践场所；二是教师要想办法充分调动学生参与教学活动的积极性和主动性，鼓励学生多发现问题、思考问题，以及通过实践、调研等方法自己动手解决问题。

### 2.意义为中心

在真实的交际情境中，人们最关心的永远是意义的传递和情感的表达，其中，意义的传递是最基本的，因而在交际教学法中，特别强调以意义为中心。这一点与传统的教学方法存在很大区别。如果教师比较信服传统的结构主义教学方法，那么就会把词汇、语法、句子结构作为教学的重点。事实上，这也是众多传统教学法教导下学生不愿意用英语开口交流的重要原因。因为学生学习的不是如何在交际中使用英语，而是为了证明他们对语言形式的理解和掌握，因此即使有多年的学习英语的经验，他们也不擅长用英语与他人进行沟通和交流。也就是说，学生学到的不是语言的真正运用，而是语言形式的用法。

在交际教学法中，教师不再强调语法和句型的完全准确，不再要求学生说出的每一句话都是符合语法规则的，而是会高度容忍学生所犯的语言错误。因为教师明确地知晓，任何语言的学习都是在不断犯错与改进的过程中进行的，如果学生能比较完整、顺畅地让自己的表达被他人理解，教师就可以等他们表达完以后，再引导他们发现错误并纠正错误，而不是听到一个错误就打断学生，那样不仅会打断学生表达的思路，还会打击学生的自信心。当然，重视意义的传递不是完全不顾语言的形式——语言的形式作为语言的重要组成部分也是学生应该学习和掌握的只是需要强调：要想把语言运用到实际的交际情境中，学生必须重视语言意义的传递，必须根据不同的场合灵活使用语言。只有这样，学生才能做语言的主宰者，让语言为自己服务。

3.任务为指向

在使用交际教学法设计教学活动的过程中，教师需要为学生提供一定的交际话题或分配一些交际任务，这样学生就能有目的地参与真实的交际练习活动中。事实上，完成任务和开展交际二者不仅不互相冲突，还能相互影响、相互促进。带着任务去交际相当于把语言的学习和练习与其他学科的学习结合在一起，把语言当作一个工具或媒介来学习其他学科的知识。这样一来，学生会更真切地感受到语言的生命力，学生与学生之间会有更多、更真实的交流。

4.真实性原则

真实性原则是指学生要在接近真实的交际环境中学习和使用语言，这样才有助于提升学生的交际能力。交际教学法的真实性原则突出体现在以下两方面：

（1）教学内容的真实性。要培养学生的语言运用能力和交际能力，首先应在教学内容的设计上选择一些贴近生活的语言材料。像一些文章类、诗歌类的体裁在实际生活中很少用到，因而这类内容的材料可以少一些。而以完成任务、解决问题或者完成专题为目的的语言活动会涉及大量现实生活中可能遇到的语言交际材料，因而教师应多举办此类活动来有针对性地帮助学生锻炼语言交际能力，掌握语言正确的使用方法。

（2）交际环境的真实性。在英语教学活动中，如何创造语言交际的真实环境，以帮助学习者在交际活动中掌握语言使用的正确方法是体现交际原则的重要方面。在活动中，教师和学生应共同创造真实的氛围，而不是为了某个句型进行固定的操练，这样才能促使学生在练习中说出最真实的语言。除此之外，交际教学法不仅要求学生使用真实的语言进行交际，还要求他们说出的话充满创造性和灵活性，即不能为了显示对语言的掌握而使用语言，要注意语言表达的多样性。与此同时，教师要鼓励学生积极融入自身扮演的情境角色中，以激发其对未来的想象和期待。

（三）教学应用

1. 设计交际行为

使用交际教学法开展课堂教学应设计突出语言功能特点的交际活动。设计这类交际活动的目的是鼓励学生尽可能利用已经掌握的目的语实现有效的交际，如交换信息、解决问题、传递情感。能突出语言功能特点的交际活动主要有以下三类：

（1）描述活动。描述活动是指教师让学生对具体的事物或者事件展开描述的教学活动。组织描述活动的目的在于促进学生以段落的形式运用目的语。例如，教师可以安排学生描述自己的家乡、自己的校园生活、自己身边的人、自己的兴趣爱好等。描述活动的优点之一在于它有利于锻炼学生的逻辑思维能力和语言组织能力，而这些可以帮助学生更好地参与交际活动中，更好地表达自己的想法。

（2）猜词活动。学生参与语言交际活动的前提是学生本身已经掌握了一定数量的句子和表达，此时教师可以组织猜词活动来锻炼学生英语表达的能力。猜词活动的具体操作方法如下：首先，教师从全班同学中选出两位同学，并让其中一位同学面向全班，另一位同学面向黑板；然后请面向黑板的同学在黑板上写下一个刚学习过的单词；接下来，全班同学举手示意，分别描述这个写下的单词，并请那位面向全班的同学猜这个单词是什么。在这个过程中，学生的口语得到了有效锻炼。

（3）对话活动。一个人的交际能力在很大程度上表现为一个人进行简短对话和与他人互通情感的能力，这一能力具体又可表现为对各种话题发表评论和感受的能力。例如，学生是否能针对天气、交通状况、体育赛事、日常生活等话题与他人展开无障碍的简单对话。这些简单的对话看上去意义不大，却能帮助学生创造良好的社交氛围。

2.评价交际能力

在英语教学活动中，以下三方面的评价是相互联系、缺一不可的。只有对这三方面都有所掌握，才能有效增强学生的文化得体意识，帮助学生更好地参与文化交际活动。

（1）对目的语得体性的评价。首先，学生对交际话题的选择决定了学生是否对目标语文化背景知识掌握较好。例如，在中国汉语文化中，一个人的婚姻状况、年龄等话题一般是可以讨论的，这体现了人们之间的关心和热情。但在英语文化中，这些话题因为涉及个人隐私而被禁止讨论。例如，当一个中国人问一个外国人"How old are you？"时，这个语言表达就会被认为违反了英语文化中的言语行为准则，就是使用了不得体的语言。

（2）对目的语文化背景知识的评价。教师在培养学生交际能力的过程中，要进行对目的语文化背景知识的介绍和讲授，这有助于学生掌握语言运用的得体性。因为从根本上讲，一种语言表达方式是否得体是由该语言背后的社会文化习俗决定的。

教师在考察和评价学生对目的语文化背景知识的掌握情况时，可以给学生呈现一个产生了文化误解的场景，这些文化误解很有可能导致交际障碍甚至交际冲突，因而教师可以让学生加以判断并进行纠正。如此一来，教师就可以了解和判断学生对该语言文化规则的掌握程度，并提供启发性的知识，引导学生了解和掌握目的语文化语境的交际规则和交际技巧。教师还可以引导学生对比目的语文化和母语文化的异同，进而加深学生对两种语言文化的印象，帮助学生掌握跨文化交际的技巧。

（3）对约定俗成语言掌握的评价。每一种语言都包含大量约定俗成的语言形式和用法，因此即使学生说出的语言符合语法规范，但如果不符合约定俗成的用法，那么在交际过程中也会遇到信息传递的困难。例如，在问候语方面，英语常用"How are you？"，而不用"Are you well？"又如，在英美的文化礼仪中，有一些表示特定含义的俗语，如在邀请客人先于自己进入房间时要说"After you!"

## 四、任务型教学法

### （一）主要内涵

任务型教学法是交际教学法的发展，是一种以"任务"为核心、注重"在做中学"的语言教学方法。其主要内涵可以从以下几个方面进行深入理解和论述：

（1）任务型教学法的核心理念是"在做中学"。它提倡将语言学习与具体任务融为一体，使学习从单一的课堂知识传递转变为实际语言运用的过程。这种方式强调的是培养学生在真实交际环境中运用语言的能力，而非纯粹的语法和词汇知识的传授。例如，在课堂上，教师可以设计一个让学生模拟在餐厅点餐的任务，学生在完成这个任务的过程中，既能学习相关的词汇和语法知识，也能体验实际的语言交际过程。这种教学法鼓励学生积极参与，体验并运用语言，让语言学习不再是抽象的知识积累，而是生动的、实用的、具有情境感的交际活动。

（2）任务型教学法将任务设定为教学的核心单位，每一个教学活动都围绕特定的任务进行，以任务的完成为最终目标。教师在设计任务时，需要将任务具体化、操作化，让学生能够通过各种语言活动形式如表达、沟通、交涉、解释、询问等来完成任务。例如，教师可以设计一个让学生组织一场关于环保的辩论比赛的任务，学生在完成任务的过程中，既需要学习和使用与环保相关的词汇和语句，也需要运用辩论技巧进行有效的沟通和交涉。这种方式让学生在实践中学习语言，使他们更好地理解和掌握语言。

（3）任务型教学法追求的是培养语言的综合运用能力，包括准确性、流利性和复杂度。首先，准确性是任务型教学法强调的重要目标。任务型教学法认为，如果学生长期使用不规范的语言，会形成错误的语言习惯，因此学生需要学会规范地使用语言，按照语法规则进行表达。其次，流利性是任务型教学法注重的目标。任务型教学法指出，在实际的语言交际情境中，流利的表达能提高交际效率，也更容易获得较好的交际效果。任务型教学法鼓励学生通过掌握大量的固定表达来提高语言表达的流畅度。最后，复杂度的提升是任务型教学法追求的长期目标。任务型教学法认为，学生需要在复杂的交际场景中，学会使用更精细、更完整的语言系统，有效地表达复杂的意思。

（4）任务型教学法是一个整体的教学系统，每一个任务都是教学系统中的一个有机组成部分，每一个任务都是为特定的交际和语言项目而设计的。任务并非孤立存在，它们之间有逻辑关联，相互配合，共同推动学生语言能力的提升。例如，教师可以先设计一个关于介绍家庭的任务，让学生熟悉相关的词汇和句型，然后设计一个关于描述家庭成员职业的任务，让学生更深入地掌握这个主题的语言内容。通过这种有机的任务设计，学生在完成任务的过程中，能够综合运用已学习的语言知识来提高语言应用能力。

## （二）教学原则

### 1. 真实性原则

任务型教学法的核心原则就是将学习过程与实践生活相结合，也就是真实性原则。真实性原则体现在两个主要方面。

（1）教学任务的设计应提供真实的语境，使学生在接近真实的环境中学习语言。例如，教师可以设置一个模拟面试的任务。学生被分配到不同的角色，如面试者和被面试者，并且需要准备面试相关的问题和答案。这个任务不仅可以让学生练习真实的工作面试中可能遇到的语言，而且可以帮助他们了解面试的流程和技巧。在这个过程中，学生不仅能学习词汇和语法，而且可以学习与面试相关的实际交际技能。

（2）真实性原则强调教材应与学生的实际生活紧密相连。教师等人员在选择或编写教材时，应充分考虑学生的生活经验和社区环境。例如，学生群体是居住在海滨城市的青少年，那么关于海洋、海滩和海洋生物的话题就是合适的教学内容。这种教材选择不仅能增加学生的学习动机，而且有助于他们将学校中的知识与生活经验联系起来。

### 2. 互动性原则

任务型教学法的另一个重要原则是互动性原则。这一原则认为，互动是交际的核心，语言学习的最终目的应是使学生能够使用语言进行有效的交际。也就是说，学生在参与活动和完成任务的过程中，应通过互动来掌握语言。

（1）互动性原则强调了学生在语言学习中的主动性和参与性。在任务型教学法中，教师不再是知识的传递者，而是学生学习的引导者和协调者。学生则需要主动参与任务的完成中，通过与其他学生的互动来理解和掌握语言。例如，在英语课上，教师可以设计一个团队项目，让学生一起制作一个英语广播节目。在这一过程中，学生需要共同商讨节目内容，分配任务，并一起完成节目的录制。这样的任务不仅让学生有机会使用英语进行真实的交际，而且让他们有机会学习如何在团队中协作和交流。

（2）互动性原则强调了语言学习的自动性。在互动过程中，学生可以从对单个语言项目的关注转变为对整体语言使用的关注。例如，在完成一个英语模拟商业谈判的任务时，学生可能在开始时专注使用正确的词汇和语法。但随着任务的进行，他们的关注点可能转移到如何使用语言有效地表达意思和说服对方。这样的转变可以帮助学生从对语言形式的控制转向对语言的自动使用，使他们更好地在真实的交际中使用英语。

（3）互动性原则强调学生在真实交际中的语言使用技巧。在互动过程中，学生可以学习如何在不同情境下使用不同的语言表达方式、如何适时地停顿和转换话题以及如何礼貌地打断别人的谈话。例如，教师可以设计一个用英语进行角色扮演的任务，让学生模拟一个困难的客户服务情境。在这个过程中，学生需要学习如何使用适当的语言来处理客户的抱怨、如何保持冷静以及如何礼貌地结束对话。这样的任务不仅可以提高学生的英语水平，还可以帮助他们提升在真实生活中的交际能力。

3. 过程性原则

任务型教学法的过程性原则是一种重要的教学原则，它强调教学不只要关注学生学习的结果，更要关注学生学习的过程。这一原则认为，语言学习和交际能力的提升是一个持续的过程，需要学生在实践中逐步积累经验和知识。

（1）过程性原则强调了学习过程中的认知参与和情感体验。在任务型教学法中，学生被鼓励积极参与学习过程，探索并归纳知识，而教师则是提供指导和帮助。例如，在英语阅读课上，教师可以让学生读一篇关于环保的文章，然后讨论文章中的观点和信息。在这个过程中，学生需要自己去理解和解析文章的内容。同时，教师会引导学习思考并表达自己的观点，这样不仅可以提高学生的阅读和口语能力，还能引发他们对环保主题的思考。

（2）过程性原则强调了学生在学习过程中的自我探索和规则发现。在完成任务的过程中，学生应自己去探索和发现语言规则，并在实际使用中不断修正和完善。例如，在英语写作课上，教师可以让学生写一篇关于他们最喜欢的电影的文章，然后互相交换并评价彼此的文章。在这个过程中，学生可以在他人的反馈中发现自己的错误，也可以在他人的文章中找到新的写作灵感和表达方式。这样的过程可以让学生更好地理解和掌握英语写作的技巧和规则。

4.形式与意义相结合原则

任务型教学法的形式与意义相结合原则是其重要组成部分。该原则突破了更侧重语法或交际功能的教学理念，强调在学习过程中语言形式与意义二者的紧密关系和互动。

一方面，任务型教学法强调语言形式的重要性。语言形式，即语法规则、词汇运用、句子结构等，构成了语言的基础框架。如果忽视了这些形式因素，学生可能只能使用零散的词汇和表达方式进行交际，而无法有效地使用整体的语言系统。例如，虽然学生能够在日常对话中使用简单的词汇和短语，但无法理解和使用复杂的语法结构，无法进行深入的交际。

另一方面，任务型教学法强调语言意义的重要性。语言的意义主要指的是语言在特定的社会和文化环境中所表达的内容和意图。如果学生只学习语言的形式，而忽视了语言的意义，那么他们可能无法准确地理解和使用语言。例如，虽然学生能够准确地使用语法规则，但无法理解具体语境中语言的含义，无法进行有效的交际。

因此，任务型教学法提出形式与意义相结合原则，强调学生在掌握语言形式的同时，要理解语言的意义，即语言的形式与语言的意义是相辅相成的，而非相互孤立的。教师在设计教学任务时，不仅需要考虑任务能否让学生接触和练习语言的形式，而且需要考虑任务能否让学生理解和体验语言的意义。例如，教师可以设计一些情境对话的任务，让学生在模拟真实的语境中，既能练习语法和词汇，又能理解语言的实际意义和用法。

5. 互帮互助原则

任务型教学法的互帮互助原则是核心的教学原则之一。它强调在教学过程中，教师与学生之间、学生与学生之间应该形成一种合作与支持的关系。

（1）互帮互助原则强调教师在教学过程中的角色转变。在传统的教学模式中，教师通常被视为知识的权威和传授者，而学生则是被动的接受者。然而，在任务型教学法中，教师更像是学生的伙伴和引导者，为学生在学习过程中提供帮助和支持，引导学生自主学习，激发他们的学习兴趣和主动性。例如，教师可以在课堂上设计一些任务，然后引导学生通过小组合作完成任务，在这里，教师的角色就变成了问题提出者和学习引导者。

（2）互帮互助原则强调学生之间的相互协作和支持。例如，在英语口语讨论课上，教师可以让学生分组讨论一个主题。在这个过程中，学生需要与组员分享他们的观点和理解，听取并尊重他人的想法，从而实现互相学习、共同提高。

（3）互帮互助原则涉及引导学生利用个人经验促进学习这一学习方式。学生在学习新知识的过程中，不是简单地接受和记忆，而是在其已有的知识结构和经验背景的基础上，通过新旧经验的交互，建构起对知识的理解。这种以个人经验为基础的学习方式可以使学生的学习更加深入，也更容易使知识被理解和记住。例如，学生在学习英语词汇的过程中，可以根据自己的生活经验和记忆方法，创造一些记忆词汇的小方法，以此来帮助自己更好地理解和记忆词汇。

**（三）设计应用**

1. 任务前阶段

任务型教学法在应用过程中的"任务前阶段"是至关重要的，这个阶段包含两个小阶段：任务的准备和任务的呈现。

（1）任务的准备。任务的准备主要包括学生需要获取、处理或表达的信息内容以及学生为完成这些任务所需的语言知识、技能。首先，学生需要理解任务的目标，包括要完成的信息内容，这需要教师明确指导和解释。其次，学生需要准备相关的语言知识和技能，如词汇、语法、语用等。这一阶段的主要目标是使学生对即将完成的任务有所了解，同时获得完成任务所需的必要能力。在此阶段，教师需特别关注两个问题：语言输入的真实性和任务的难度。语言输入的真实性意味着教学材料需要尽可能接近真实的口头语言和书面语言。这意味着教师应尽可能使用真实的语言环境，如新闻报道、电影剧本、真实的对话等。

任务的难度在任务型教学法中占有重要地位，对学生的学习动机、参与程度以及学习效果会产生直接影响。任务的难度主要由以下三个方面的因素决定：学习的内容、活动的类型和学生自身的因素。

学习的内容是决定任务难度的首要因素。学习内容的复杂性和深度对任务的难度起决定性作用。例如，一个任务需要学生理解并使用高级语法结构或专业词汇，那么这个任务的难度就相对较高；反之，如果学习的内容主要是基础词汇和简单的语法结构，那么任务的难度就相对较低。因此，教师在设计任务时，必须根据学生的语言水平和已掌握的知识来确定学习内容，使任务难度适中。

不同类型的活动也会对任务的难度产生影响。例如，单一的填空题或选择题类型的任务，其难度相对较低，因为它们主要侧重对特定知识点的检测。如果是辩论或项目研究等类型的任务，由于它们需要学生进行深入的研究、分析和合作，所以难度相对较高。教师在选择活动类型时，需要考虑学生的学习风格、兴趣和能力，以确保他们能够成功地参与并完成任务。

除此之外，学生的自身因素如学生的语言能力、学习风格、学习动机以及对特定话题的知识和理解都会影响任务的难度。例如，学生的语言能力较强，他可能觉得任务相对简单；相反，学生的语言能力较弱，他可能感到任务非常困难。此外，学生的学习风格也会影响其对任务难度的感知。一些学生可能善于处理抽象的概念和理论，而另一些学生可能更善于处理具体的、实际的任务。教师需要了解学生的个人差异，并在设计任务时考虑这些差异，以确保任务的难度适合每一个学生。

（2）任务的呈现。任务的呈现是指教师在教授新语言之前向学生展示需要学生利用新的语言知识来完成的任务，也就是介绍任务。此时，教师应当结合学生的生活或学习经验创设有主题的情境，以此激发学生的好奇心和学习动机。在这一阶段，教师要做的是为学生提供与话题有关的环境以及思维方向，并在所要学习的新知识与学生已有的旧知识结构之间建立某种联系，调动起学生的求知欲。使学生有想说的强烈欲望，满怀兴奋和期待地开始新知识的学习。在这一环节中，教师需要遵循先输入、后输出的原则，也就是说在激活了学生完成任务所必需的语言知识和语言技能后再导入任务，这样不仅可以促进学生学习的顺利进行，还可以为下一阶段教学的开展奠定基础。

2.任务中阶段

任务中阶段，也被称为任务实施阶段，是任务型教学法中关键的一环。在此阶段，学生开始实践和运用他们在任务准备阶段学习的知识和技能。在此阶段，教师需要注意任务的开展形式。任务的开展形式是任务中阶段的重要组成部分，包括结对子、小组合作或由教师设计的任务链等。例如，教师可以设计一个项目，该项目由一系列相关的小任务组成，每个小任务都需要学生运用他们在任务准备阶段学习的特定知识或技能。在这个过程中，教师可以提供不同层次的支持，以帮助学生完成任务。如果学生遇到困难，教师可以提供具体反馈，帮助他们理解和解决问题。同时，教师应鼓励学生进行自我反思，以加深他们的理解。

小组活动是任务中阶段的常见方式。一个很好的实践例子是角色扮演活动。例如，教师可以组织一个模拟联合国会议，参加会议的学生被分配到不同"国家"，并被分配给特定角色，如代表、谈判者和决策者。在这个环境中，学生需要研究他们的角色和立场，准备和发表演讲，并与其他国家的代表进行协商和讨论。在这个活动中，每个学生都有明确的角色和任务。他们需要研究这些角色，以理解每个角色的立场和观点。他们可能需要查阅相关的文章和报告，甚至可能需要准备一份简短的演讲。通过这个过程，他们不仅可以学习新的知识，还能锻炼自身的研究、公共演讲和协商技巧。

3. 任务后阶段

任务后阶段是任务型教学法的一个重要部分，包括任务的汇报和评估两个主要步骤。这个阶段的目标是提供反馈，促进学生的自我反思，并让他们有机会改进和提高。

（1）任务的汇报。在任务完成后，学生有机会选派代表向全班展示他们的工作成果。代表的选择既可以由教师决定，也可以由小组成员投票选出，这两种选择方式各有独特的优势。教师应该在整个报告过程中为学生提供必要的指导和帮助，以确保学生能够准确、自然地表达他们的想法和任务完成情况。任务的汇报提供了一个平台，让学生能够分享他们完成任务的过程和成果。例如，在一个新闻报告的任务中，每个小组需要做一份关于特定话题的报告。在任务结束后，每个小组都有机会在全班面前分享他们的报告。这不仅是一个检验他们理解和掌握新知识的机会，还是一个提高他们公共演讲技巧的机会。此外，通过听取其他小组的报告，学生还可以从他人的工作中学习和获取启示。

（2）任务的评估。在这个步骤中，教师和学生共同评估每个小组的表现和成果。教师可以指出每个小组的优点和不足，并提供改进建议。例如，教师可能指出某个小组的报告结构清晰，但在信息的准确性上有待改进。此外，最佳小组的评选不仅可以提高学生的积极性和参与度，还可以成为一种激励方式，让学生体验成功的喜悦。同时，评估过程可以培养学生的批判性思维和自我评价的技巧。

## 五、项目式教学法

### （一）概念与内涵

1.项目式教学法的概念

项目式教学是一种以学生为中心的教学方法，通过设置真实的语言场景，以项目为媒介，将知识学习、技能习得和素质培养融为一体。这种教学方式是一种系统的教学模式，能够帮助学生在实践中获得知识和技能，同时培养学生的综合素质和批判性思维。

在项目式教学法中，教师会设置一系列项目，且每个项目都是围绕特定的主题或问题来设计的。学生需要运用他们的知识和技能，通过合作来完成这些项目。在这个过程中，学生不仅可以在实际操作中获取知识和技能，还可以学习如何搜集和处理信息、如何进行批判性思维、如何解决问题，以及如何进行团队合作。这种教学方法可以提高学生的学习积极性，使他们更积极地参与学习中来，更有动力去探索和解决问题。

项目式教学法的核心理念是通过项目活动，让学生充分发挥自主性，将所学的知识和技能应用到实际生活中去。这种教学方法将学生的学习与真实世界的问题紧密地联系在一起，使学生在解决问题的过程中，既能运用所学的知识和技能，又能提高问题解决能力。这种教学方式不仅能够提高学生的学习效率，而且能够使他们在实践中更好地理解和掌握知识。

2.项目式教学法的理论指导

项目式教学法源自多种教育理论，其中包括建构主义学习理论、发现学习理论和多元智能理论。这些理论的应用和融合使项目式教学法在实践中更能体现出其教育价值。

（1）建构主义学习理论为项目式教学法提供了理论支持。这个理论强调知识是由学生在实际情境中主动建构的，而不是被动接受教师的传授。在项目式教学中，学生在完成项目任务的过程中，不断与已有的知识和新的经验进行互动，从而构建和发展自己的知识体系。在这个过程中，教师的角色转化为引导者、组织者和评价者，而非传统的知识传授者，即教师的教学更加重视学生的主体性和自主性。

（2）发现学习理论为项目式教学法的实施提供了指导。这个理论认为，学习过程是一个学生自我发现和领悟的过程，强调学生通过对问题的探究和研究，去发现和理解知识。项目式教学法恰好符合这个理论，它要求学生从实际问题出发，通过自我探究和实践，发现问题的本质和解决问题的方法，从而达到理解和掌握知识的目的。

（3）多元智能理论是项目式教学法的另一重要理论基础。这个理论认为，每个人都具有不同的智能强项，教学过程应该尊重并发展每个学生的多元智能。在项目式教学中，学生可以根据自己的智能优势选择和设计学习任务，通过实际操作解决问题，从而发挥和提升自己的多元智能。同时，教师可以通过合理的教学策略帮助学生发展各种智能，提高他们的综合素质。

3. 项目式教学法的主要特点

（1）以学生的兴趣为中心，选取与实际生活紧密相连的项目主题。这种方法既能够体现教育的实际性，也能够充分调动学生学习的积极性。学生的学习兴趣被激发后，将更愿意主动参与学习过程，自主寻找和解决问题。同时，将学习内容与实际生活相结合，能够帮助学生理解和掌握知识的实际意义和应用价值，培养他们运用所学知识解决实际问题的能力。

（2）要求学生进行团队合作，同时注重保持学生的独立性和自主性。在团队合作中，学生可以学习和运用协作技能，通过团队成员间的互动和协商，共同完成项目任务，提升团队合作精神和协作能力。而在保持独立性和自主性的过程中，学生可以根据自己的学习需求和兴趣，选择和设计自己的学习任务，培养自我学习和自我管理能力。

（3）注重语言的形式和其他方面的能力。在项目式教学法中，语言不仅是学习的工具，还是学习的目标。在项目学习过程中，学生需要通过语言来获取信息、交流想法、表达观点和汇报结果，这样就能在实际应用中提高自身的语言能力。同时，项目式教学法也强调学生其他能力的培养，如信息处理能力、思维能力、创新能力和评价能力等。

（4）以过程和结果为导向，兼顾综合能力的培养和项目完成后的反馈。项目式教学法强调学习的过程和结果同等重要，既关注学生是否完成了项目任务，也关注他们在完成任务过程中的学习体验和能力提升。同时，教师会根据项目的完成情况和学生的学习表现，对学生给予反馈和评价，帮助他们了解自己的优点和不足，反思和改进学习方法，提高学习效果。

**（二）重要意义**

（1）项目式教学法是新课程改革的必然趋势。新一轮课程改革强调"自主、合作、探究"的学习理念，并提出英语教学的目标是培养学生的英语综合语言运用能力，包括知识、技能、学习策略、文化意识等。这一转变需要教师打破传统的教学模式，而转向更注重学生的参与和体验，鼓励学生选择并利用最优化的学习资源，从而在实践中获得深入的理解和综合的知识。具体来说，项目式教学法为学生提供了一个真实和动态的学习环境。在这个环境中，学生不再是被动接受知识的接受者，而是转变为主动的知识寻求者和创造者。他们可以在处理实际问题的过程中，亲身体验和感受知识的运用，从而更好地理解和掌握知识。这种真实的学习环境不仅能够提高学生的学习兴趣，而且使他们更能理解知识的实际应用和价值。

与此同时，项目式教学法提供的学习内容是开放的、综合的，这意味着学生需要处理的问题不再是单一领域的问题，而是涉及多个领域的复杂问题。这样的学习内容需要学生有广阔的知识面和多元化的思维方式。在解决这些问题的过程中，学生需要集成并运用多种知识，这样能够快速提升他们的综合素质和分析问题的能力。在项目式教学法中，学生的学习方式也是多样化的，他们既可以单独学习，也可以与他人合作学习。在合作学习中，学生可以交流思想，分享资源，相互学习，这不仅能够提高他们的学习效率，而且能够培养他们的合作能力和团队精神。此外，项目式教学法利用数字化和网络化的手段，使学生可以随时随地进行学习，拓宽了他们的学习资源和学习方式，使学习变得更加灵活和自由。

（2）项目式教学法满足了培养创新思维的需求。在传统的教学模式中，学生获取知识的途径有限，简单的评价机制也可能抑制他们的创造性。而在项目式教学法的实施中，教师的角色变成了引导者和顾问，而不再是简单的知识传输者。学生既可以自主学习，也可以与同伴一起学习，甚至可以通过网络学习。在完成项目的过程中，每个学生都有机会展示自己的独特思维和解决问题的方式。这样的尊重和赞扬能够给予学生很大的成就感和荣誉感。这种成就感和荣誉感，以及对个性化成果的认可，不仅能激发学生的学习兴趣，而且能够鼓励他们持续、积极地学习。这样的过程正是培养学生创新思维和提高学生创新能力的重要途径。

### （三）设计与实施

#### 1.设计原则

（1）可行性原则。在设计英语项目时，可行性原则至关重要。这要求在设定的时间内，学生能通过自主学习和团队协作完成项目。因此，教师在选择项目的主题和内容时，应当充分考虑学生目前的英语水平、认知能力和兴趣。例如，项目要求学生编写一部英文短篇小说，那么教师需要确保学生具备足够的词汇量和语法知识来创作。另外，教师可以尝试引入学生的个人兴趣，如果学生对科幻题材感兴趣，那么项目可以设定为创作英文科幻短篇小说，这样能更有效地提升学生学习的积极性。

（2）启发性原则。在设计英语项目时，启发性原则强调项目应激发学生的兴趣和求知欲，同时含有一些需要探索和思考的问题。例如，教师可以设计一个"环游世界"的项目，要求学生研究并演讲他们选择的英语国家的文化、风俗、历史等。这个项目不仅能吸引学生去了解和学习不同的文化，而且能引导他们去思考如何有效地进行信息搜索、如何用英语将他们的发现清晰地呈现给其他人。

（3）整合性原则。整合性原则强调项目以主题为主线，将多种英语学习内容融合在一起，实现知识的整合。在进行项目学习时，学生不仅要理解和掌握语言知识，还要把知识运用到实践中去。例如，在一个有关环保主题的英语项目中，学生可能需要阅读相关英文材料来了解环保问题，然后进行小组讨论，共同用英语写一篇论文或制作一段视频。在这个过程中，阅读、写作、讨论和口语表达等多种语言技能得以实际运用和整合，这样的学习方式有利于学生的全面发展。

2.实施过程

（1）根据话题和教学目标设计项目。在实施一个项目之前，首先要根据话题以及已设定的教学目标来构建项目的各个环节。这个过程需要教师具备创新思维，并且对课程目标、学生需求以及话题本身有深入理解。

首先，项目的设计需要反映教学目标。教学目标不仅仅是知识或技能的学习，也包括情感态度和价值观的培养。例如，教学目标是提高学生的英语口语能力以及跨文化交际能力，那么项目可以设计为"在英语环境下进行文化交流"。

其次，在设计项目时，教师要考虑话题因素对项目的影响。项目中设计的话题应能激发学生的学习兴趣并与他们的生活实际相连。例如，教师可以选择"环保"这个话题，让学生探讨如何用英语表达他们对环保的观点和建议。这个话题不仅紧密相关学生的生活，而且能引发他们的思考。

最后，教师要根据教学目标和话题来设计项目的各个环节。例如，在以"环保"为话题的教学项目中，教师可以要求学生研究相关的环保问题，并组织学生通过小组讨论形成共同的观点，然后制作一份英语演讲稿，并进行口头表述。这样的教学方式既能提高学生的英语口语技能，又能提升学生的合作能力和跨文化交际能力。

（2）分工与协作。成功的项目需要有效的团队协作。学生可以根据自己的兴趣和特长自由组成学习小组，每个小组3～5人。在小组中，小组成员可以根据个人的特长和兴趣来选择角色，如项目主导者、资料收集员、表达者等。明确的分工有助于提高团队协作的效率。

在确定了项目主题后，学生需要共同讨论并制订实施项目的计划，包括确定研究的问题、策划实施步骤、预计完成项目所需的时间、预测可能遇到的问题等。在这个过程中，学生需要积极搜集信息，信息来源可以是互联网、图书、电视新闻甚至专家采访。所有的信息资料都要进行整理并有效管理，以方便团队成员共享。此外，学生还需确定问题解决的策略，并选取合适的形式呈现项目成果，可以是文档、多媒体、动画、网页或程序设计等。

（3）展示与评价。项目的最终步骤是展示和评价。项目的成果可以通过多种形式展现出来，如发布到网站上，或者在班级、学校进行展示。同时，教师应鼓励学生之间对学习成果进行交流和反思，这是对学习过程的再思考。项目式教学评价应运用多主体评价方式，包括教师评价、同伴评价、自我评价以及社会反馈。评价过程应该是开放的，给予学生参与评价的机会，这样能促进他们的自主性和批判性思维。同时，评价的结果应当能起到对学习的促进作用，帮助学生认识自己的优点和不足，引导他们进行持续的学习和改进。

# 第二节 产出导向法在高校英语教学中的应用

## 一、产出导向法的提出和发展

产出导向法是我国外语教学与研究专家文秋芳教授于 2011 年提出的一种应用语言学理论，旨在改革中国大学英语课堂教学。经过多年的研究和实践，这一理论逐渐趋于成熟和完善，得到了广泛的关注和尝试。产出导向法的核心思想在于强调学生的口笔译技能的培养，以提高其实际运用英语进行交流的能力。相较于传统的英语教学方法，产出导向法更加注重实际应用和综合能力的培养。

产出导向法的提出和发展历程可以分为两个阶段。最初阶段是"输出驱动假设"，该阶段主要关注输出在学习过程中的作用，强调通过输出来促进输入。随后发展为"输出驱动——输入促成假设"，在此阶段，产出导向法更加关注以输出为驱动力，以教师为中介来促进输入。这一发展过程充分融合了中国传统教育思想、课程论和二语习得理论的相关内容，形成了一个独特的理论体系。

产出导向法强调学生在课堂教学中的主体地位，认为教学过程既不应完全以教师为中心，也不应完全以学生为中心，而应关注学生的学习过程。激发学生产出性运用的积极性能够促进输入性学习，从而提高学习的有效性。这一过程形成了一个良性循环，使学生在实际应用中不断巩固和内化所学知识。

在产出导向法中，教学设计注重满足学生的实际需求，以提高他们的学习兴趣和动力。为实现这一目标，教师需要设计与现实生活和职业需求相关的任务，以便学生在完成任务的过程中体验学习的价值。在教学过程中，教师扮演着指导者和引导者的角色，及时为学生提供反馈和建议，帮助他们在交流与讨论中提高语言应用能力。

## 二、产出导向法的理论体系

### （一）教学理念

产出导向法的教学理念深入地融合了学习中心原则、学用一体原则和全人教育原则。这种教学理念注重学生群体有效学习的共同需求，强调输入与产出的紧密结合，以及致力于培养学生全面的人文素养。

1.学习中心原则

学习中心原则是产出导向法的基石。这一原则认为，教师在教学过程中发挥着至关重要的作用。教师不仅是学习者的促学者、咨询者和帮助者，还担任着教学过程设计者、组织者和引领者角色。为了满足学生群体有效学习的共同需求，教师应根据教学任务、目标和学习需要，采取多种有效的教学形式，并在其中扮演不同角色。通过这种方式，产出导向法能够确保学生的需求得到充分关注，从而提高教学质量。

2.学用一体原则

学用一体原则是产出导向法的核心。这一原则强调听、读等输入性学习与说、写、译等产出性活动的紧密结合，使学生在学习过程中能够边学边用，实现知识的有效吸收和运用。与传统教学过程相比，产出导向法更加关注学生语言综合运用能力的培养，有效避免了教学过程中仅关注输入而忽视产出的问题。通过实践学用一体原则，产出导向法有助于培养和提升学生扎实的语言技能和英语实际应用能力。

3.全人教育原则

全人教育原则是产出导向法的价值取向，这一原则旨在关注学生全方位的成长与发展。它主张不仅要关注学生在学术上的提高，还要关注他们在道德品质、审美情趣、创造力、批判性思维和跨文化交际能力等多方面品质和能力的培养。例如，全人教育原则强调培养学生的人文精神，即在教学过程中注重对学生的世界观、价值观、道德观的引导和塑造。产出导向法在实施全人教育原则时，会将这些人文精神渗透教学活动的设计和组织过程中，引导学生在学习过程中形成健康的世界观、人生观和价值观。

### （二）教学假设

产出导向法的教学假设主要包括产出驱动、输入促成、选择性学习和以评促学四个方面的内容。

1. 产出驱动

产出驱动是产出导向法的核心理念。通过将产出任务作为教学的逻辑起点，学生在完成任务的过程中，会不断发现自己在语言应用方面的不足。这种自我发现不仅能够激发学生的学习动力，而且能够增强他们在课堂中主动积极参与的意愿。在这一过程中，教师需引导学生将注意力集中在自身语言运用能力的提升上，从而形成良好的学习氛围。

2. 输入促成

输入促成是产出导向法教学的重要组成部分，其核心在于引导学生获取丰富、多样、有针对性的语言输入。这一过程要求教师深入挖掘教材资源，将其与学生的实际需求相结合，提供符合学生认知水平和兴趣的语言输入。此外，教师需要关注学生的个体差异，以提高他们的认知能力和批判性思维。通过这样的输入过程，学生能够在实际语言运用中拓展自身的知识体系，从而为完成产出任务打下坚实基础。

3. 选择性学习

在选择性学习方面，产出导向法强调教师针对学生的需求和任务目标，对输入材料进行筛选、整合和优化。这一过程需要教师对教学内容和方法进行审慎把握，避免在有限的课堂时间内过多涉及无关紧要的知识点。因此，教师应关注课程目标，确保所选输入材料与学生的产出任务高度契合，使学生能够在有限的时间内有效地吸收和应用所学知识。同时，选择性学习要求教师合理调整教学内容和策略，确保每个学生都能在学习过程中获得充分的关注和支持。通过实施选择性学习，教师能够提高课堂教学效果，使学生在完成产出任务的过程中更加自信和从容。

4.以评促学

以评促学是产出导向法的又一重要教学策略。在这一策略下，教师需要打破传统的学与评界限，将评价融入教学的全过程。具体来说，教师需要采用师生合作评价的方式，将教师评价、学生自评和同伴互评等多种评价手段融合在一起，使评价过程成为进一步强化和巩固学习成果的过程。这样一来，评价不仅能够全面反映学生的学习状况，还能激励他们在学习过程中不断追求卓越，提高产出质量。

（三）教学流程

产出导向法的教学流程分为三个阶段，即驱动阶段、促成阶段和评价阶段。

1.驱动阶段

在驱动阶段，产出导向法着重验证输出驱动假设。这一阶段可以分为以下三个关键环节：

首先，在开始新的教学任务之前，教师应确保学生对即将在学习过程中遇到的交流场景和话题有充分的了解。这有助于激发学生的学习兴趣，使他们更投入地参与学习。其次，教师鼓励学生尝试完成实际的输出任务，如进行一次对话或撰写一篇短文。在尝试完成任务的过程中，学生将意识到自己的知识和技能差距，从而激发他们的学习动力，让他们更有目标感和有针对性地进行学习。最后，教师精心选择输入材料，以满足单元教学目标的要求。教师应根据产出任务的需要，引导学生学习相关的单词、短语和语法知识。这将有助于学生更好地完成产出任务，提高学习效果。

通过上述三个环节，驱动阶段有助于在学生中建立起一种内在的需求，使他们更愿意主动去学习和提高自己的语言能力。

2.促成阶段

促成阶段的重点在于验证输入促成假设，这个阶段包括以下三个关键环节：

首先，教师需要将产出任务拆分为多个子任务，并为每个子任务提供有针对性的输入材料。这样做有助于降低产出任务的难度，使学生能够逐步掌握相关知识和技能。同时，通过分阶段提供输入材料，学生可以更加聚焦某一特定领域，从而提高学习效率。其次，教师应尊重学生的认知能力和学习进度，在输入材料的处理上给予学生一定选择性。这将有助于学生根据自身需求和能力，有针对性地选择和处理输入材料，进而提高学习效果。教师可为学生提供不同难度和类型的材料，以便学生能够根据自己的情况进行选择。最后，在教学过程中，教师应指导学生按照产出任务的要求进行循序渐进的练习。教师在这个过程中要对学生的学习情况进行评估，以确保学生具备完成产出任务所需的能力。这种及时的评估和反馈对学生的学习进度至关重要，有助于及时发现和解决学生在学习过程中遇到的问题。

3.评价阶段

评价阶段的核心在于检验以评促学假设，以帮助学生更好地提高学习效果。

在这个阶段，首先，教师需要根据产出任务的具体要求，制定明确的学习评价标准。这些标准将为学生完成任务提供明确的方向，有助于提高任务完成的质量。其次，在学生按要求完成产出任务后，教师要挑选出适合在课堂上进行分析讲评的典型样本。通过对典型样本的分析，教师可以发现学生在完成任务过程中的共性问题，从而为接下来的教学调整提供依据。在课堂评价分析时，教师可以提出针对典型样本的重点和难点问题，组织学生进行个人评价、小组交流和集体讨论。这些活动将有助于学生在思考过程中加深对相关知识和技能的理解。最后，教师应设计一些练习，让学生在课后针对共性问题进行巩固训练。这将有助于学生更好地掌握讨论的相关内容。此外，教师可以组织学生进行自评或互评，以便形成最终的评价意见。这些评价意见将有助于学生了解自己在学习过程中的优势和不足，从而调整学习策略，提高学习效果。

## 三、产出导向法在英语听说教学中的应用

### （一）产出导向法在英语听力教学中的应用

高校英语听力教学不仅能帮助学生提升听力水平和沟通技巧，还能帮助学生巩固学到的语言知识，并快速掌握英语的表达方式和思维习惯。但英语听力教学的现实教学效果并不理想，很多学生并没有较好的听力水平，对此，教育研究者利用产出导向法开始了教学研究和实践。下面通过实例来阐述产出导向法在英语听力教学中的应用：

1.拟定目标

实验题目：Conflicts between parents and children（父母和子女之间的矛盾）。之所以选择这个题目是因为其能够引起学生的共鸣。高校学生跟父母之间多多少少会有一些矛盾产生，这个题目能够在高校学生之间引发较多共鸣，可以把英语听力课变得更加生动有趣。首先，教师可以根据这个题目拟定一个"课本剧"，让学生通过表演的形式讲出自己的故事，表达自己的观点，并与其他学生展开辩论，进而更加深入地理解题目本身的内涵，这样既能够提升学生的英语口语和听力，又能提升他们英语的实际应用能力。为了实现这一目标，教师在常用词和重点句式的选择上应更加谨慎、认真。

2.规划重点环节

（1）视频引入。在这个环节，教师通过播放与主题相关的视频，为学生提供一个交际场景。这个视频可以反映作为子女的学生成长中的烦恼，以及父母和子女之间的一些矛盾。通过这种方式，教师可以激发学生的表达愿望，从而帮助他们更好地参与接下来的课堂活动。

（2）小组讨论。在这一环节，学生分成小组进行话题讨论。教师可以给学生分配时间，如10分钟，让他们用所学过的英语知识和文化充分讨论视频中的问题。通过参与这个环节，学生可以了解自己在英语表达方面的"缺口"，并为下一个环节的展开提供素材。

（3）记录想法。学生可以根据讨论结果，思考并用笔记录下表达不出来的想法，即说不出口的英语句式。这一环节可以帮助学生锻炼英语写作能力，同时为下一个环节的展开提供素材。

（4）小组课本剧创作。学生需要在15分钟左右的时间内，完成一部基于课本的小剧本。这个剧本需要小组合作完成，内容要在原来的基础上进行改进，既要体现主题内容，也要在语言点上有所突破。

（5）剧本表演与教师评定。学生准备好剧本后，可以进行分组表演。在表演过程中，教师可以观察学生的表现，然后进行最后的评定和指导。这一环节可以帮助学生巩固所学语言知识和文化知识，提高英语表达能力。

（6）语言推进。到了这一环节，整个教学过程已接近尾声。教师可以在这一环节引导学生进行词汇和句型的练习。题型应该多样化，包括选择题和填空题，其中选择题要求学生进行同义词替换，填空题要求学生在不完整的句子上加以填充。设置这一环节的目的是帮助学生巩固所学的词汇和语法知识。

3.注意事项

在整个教学过程中，教师应注意以下几点：

第一，教师应该清楚地知道课程的目标，熟练把握一些比较好的句式和短语。

第二，教师要确保学生明确课堂任务，比如在规定时间内完成课本剧创作和表演等。通过明确的任务要求，学生会力争在规定时间内完成既定目标，从而提高课堂效率。

第三，教师应该鼓励学生以小组为单位进行讨论、剧本创作和表演。这有助于培养学生的团队合作精神和沟通能力，同时能让他们在学习过程中互相支持和鼓励。

第四，教师要利用不同的教学资源，如视频、音频等，为学生创造真实的交际场景。这样可以让学生更好地理解和运用所学的语言知识，增强他们的语言实践能力。

### （二）产出导向法在英语口语教学中的应用

#### 1.驱动环节

产出导向法认为，教师可以通过让学生清晰地认识到自身在英语口语方面的不足，进而刺激学生学习英语口语的欲望。针对这一教学思路，教师可以适当设计一些比较有挑战性的话题，或者把教学情境设计得更加具有交际性，然后鼓励学生通过自己的努力完成教师安排的任务。

例如，教师可以"中国美食"为交际主题，设置一些练习任务。第一，假如学校举办了一次"家乡美食节"活动，在活动上，你的留学生同学对你的家乡菜很感兴趣，想知道更多关于家乡菜的信息。第二，假如你是一名外宾接待人员，这天，你带领着一名外宾去当地有名的饭店吃饭，外宾对饭店精致的菜肴很感兴趣，不断询问有关食材和烹饪方法的问题。第三，假如你作为一名国际交流生认识了一些外国同学，当中国春节到来之际，你热情地邀请他们来中国感受中国传统节日的文化和氛围，并邀请他们去你家吃饺子。你的外国同学对饺子的做法十分好奇，希望你教他们包饺子。

教师设置的这些交际任务看似十分简单，但其实需要交际者有较强的语言表达能力和交际能力，如果一些有关中国文化的表达没有提前了解过，可能无法顺畅地解释出来。学生在明确自己的交际任务之后，就能够主动去了解、学习一些文化知识，然后在已有的表达基础上进行填补和提升。在这个过程中，学生不仅能提升口语表达水平，还能了解中西方文化的差异，增强自己的跨文化交际能力，进而担负起对外文化交流的使命。

### 2.促成环节

促成环节包含以下教学步骤：

（1）教师针对产出任务进行细致的描述。学生能够成功完成产出任务的关键在于三个方面：首先是内容层面，其次是语言形式层面，最后是话语结构层面。因此，教师先要提供足够的语言材料来满足学生对话题内容的输出要求。具体来说，教师需要提供一些学生需要用到的材料，让学生在这些材料中理解任务内容，挑选出完成任务所需的一些信息。

仍以"中国美食"交际主题为例。在课程开始之前，教师可以将挑选出来的比较适合学生使用的材料发送到班级专属的学习群。材料主要包括：《家乡菜的文化传统和主要做法》（第一项任务的材料）、《中国的美食文化》《中国的饮食礼仪》（第二项任务的材料）、《中国的春节文化》（第三项任务的材料）

这些材料最好既有视频讲解，又有文字叙述，视频讲解方便学生更直观地了解讲解的程序和方法，文字叙述则能帮助学生掌握一些不常见的表达。这样双管齐下，既能提高学生的学习效率，也能激发学生的学习兴趣。

（2）学生根据教师的描述来进行学习。学生分成几个小组，每个小组根据自己分配的任务下载相关的材料，然后小组内的成员进行角色分配，认领各自的工作，通过对材料的分析利用，加上自己的资料查找和总结，完成教师交代的任务。教师在这一过程中的主要职责是时刻关注活动任务的进展情况、发现学生在学习过程中存在的问题并协助解决，以及在上课之前对学生制作的幻灯片进行检查。

（3）教师对学生的产出任务进行检查和指导。根据英语教学工作的要求，学生在开展活动、完成产出任务的过程中，英语教师不能不管不问，完全放任学生自己探索，而是要时刻关注学生的学习动作，并给予适当指导。

例如，在第一个活动任务中，学生从《家乡菜的文化传统和主要做法》中了解到了与家乡菜有关的历史故事和文化传统，但教师在检查学生制作的幻灯片时，发现很多幻灯片的内容只有文字叙述，看上去比较枯燥，没有什么吸引力，很难引起观者的注意力。此时教师可以指导学生在幻灯片内加入一些色彩丰富的图片或者动图，同时删减部分不必要的文字，要求学生记住自己想介绍的内容，而不是照着幻灯片上的文字读。在第二个活动任务中，学生可能根据材料选择一些比较有名的中国菜式进行讲解，此时教师要鼓励学生对有关食材和烹饪方式的英语表达进行重点学习和记忆，从而实现对菜肴制作的流畅介绍。针对第三个活动任务，教师可以指导学生划分一些看似复杂的流程。例如，教师可将包饺子的步骤划分为和面、调馅、擀皮、包饺子、煮饺子、吃饺子六个步骤，这样有助于降低包饺子的表达难度，使学生表达起来更从容、更自信。

3. 评价环节

教学评估可划分为两类：实时评估和延时评估。实时评估是在学习过程中进行的，教师根据学生的完成情况和学习能力给出相应评价。相对而言，延时评估要求学生根据教师设定的任务目标进行练习，完成后，教师会根据学生的练习成果提供合适的指导与修改建议。

# 第三节　文化教学法在高校英语教学中的应用

## 一、实施文化教学的必要性

每一种语言都是特定社会群体用来交际的工具，都承载着某一社会群体的文化，社会群体成员按照自己民族文化的发展模式运用和开发语言。语言不仅是特定区域内简单的语音符号和书写符号，还能反映出该语言使用群体的思维模式、生产方式和风土人情。在跨文化交际的情境中，交际双方只有对对方的社会文化具有一定的认知和正确的理解，才能保证交际活动的有效性，才能避免因文化差异导致的沟通问题和交际障碍，进而实现跨文化交际的目的。因此，在高校英语教学活动开展的过程中融入文化教学的知识和内容是非常必要的。实施文化教学的必要性主要包括五个方面的内容，如图6-3所示。

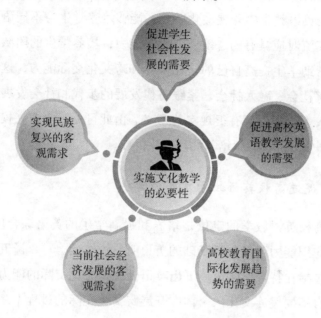

图6-3　实施文化教学的必要性

### （一）促进学生社会性发展的需要

人具有社会属性。每一个人的生存和发展都离不开社会，都要在社会中扮演一定角色，并承担该角色身上的责任。在高校教学工作中，教师有责任也有义务引导学生通过不断学习来认知和了解这个社会的真实情况，尤其对那些与学生的日常学习、生活乃至即将从事的工作息息相关的社会现象，更应引导学生进行必要的认知和理解。

只有对社会建立正确的认知，学生才能构建起正确的思想行为体系，才能规范自身行为，树立正确的世界观、人生观和价值观。对于高校学生来说，高校学习阶段是促进其社会性发展、培养其社会认知能力的关键时期。进入高校学习阶段，他们可以成年人的身份更多地参与社会活动中，与各种类型的人进行交往。由于交往方式和交往对象的多样化和复杂化，他们需要接受有关文化与交际方面的教育。

在高校英语教学中开展文化教学，能够培养学生与不同语言群体进行沟通与交流时应具有的态度、意识和能力，培养学生的团队意识和合作能力，帮助学生提高自己的文化素养和跨文化交际能力，这对于学生更好地了解社会、融入社会、紧跟时代发展的步伐和社会发展的需要以及提升个人素质来说都有很现实的意义。由此可见，实施高校英语文化教学有助于实现高校学生培养的社会化目标。

### （二）促进高校英语教学发展的需要

当前高校英语教学的定位是培养和提高学生的英语综合应用能力。英语综合应用能力不仅包括基础的英语听、说、读、写、译五个方面的能力，还包括在特定交际情境下用英语开展跨文化交际的能力。这主要是因为来自不同民族文化的个体在开展跨文化交际的过程中，经常会因为双方文化的差异而影响交际的效果，因为文化碰撞而引发的误会更是难以避免。根据对实际跨文化交际行为的研究和分析可知，在不同民族文化的交流过程中，因为文化导致的交际障碍要比因为语音、语法失误导致的交际障碍严重得多。由于交际双方语音不标准或语法不正确导致的结果最坏的就是词不达意，即对方无法理解表达者真正想要表达的思想内容，但由于交际双方文化认知和问题理解而导致的误会可能被上升到民族尊严的高度，可能会使对方误以为表达者不尊重对方的民族文化，甚至可能引发对方的敌意。

如果想要在与其他国家民族的沟通与交流过程中尽量避免出现文化信息的误解或文化冲突，减少沟通与交流过程中不同民族文化背景下交际双方之间的摩擦，那么就需要保证参与交际的人员具备一定的跨文化交际素养与跨文化交际能力，对交际对方的文化传统和文化禁忌有比较深刻的认知和理解，只有这样，才能实现跨文化交际的目的。因此，在高校英语教学过程中有效融入有关英语国家、民族文化知识内容的教学是十分必要的。将英语教学与英语国家、民族文化的教学有机地融合在一起，能够帮助学生掌握英语知识和技能、增加学生的民族文化积累、提高学生对大千世界的认知和理解、培养学生正确的民族思想观念，这种观点和做法已成为当前高校英语教学界的共识。

### （三）高校教育国际化发展趋势的需要

伴随着全球经济一体化、文化多元化发展进程的推进，世界各国高校教育的发展趋势受到了影响。当今时代，树立高等教学的国际化意识、提升高等教学的国际化水平是世界性高等院校办学的基本理念。对我国来说，在高校外语教学过程中融入文化教学是我国高校国际化办学发展的方向。外语文化教学在我国高校的实施和普及，对于创新办学理念、尽快融入世界高校办学的时代洪流当中具有积极的推动作用。我国高校开展外语文化教学有利于学习和借鉴西方先进的办学理念和教学模式，从更加客观的视角出发研究和分析我国的高校教育和外语教育，并且能够以国际化的眼光观察和分析全球范围内存在的民族问题、合作问题等综合类型的问题，从而在检验理论的过程中，结合我国教育教学的现状，找到我国本土办学、教学与世界办学、教学成功经验的结合点，以更好地把握国际主流意识的发展，在办学、教学过程中进行创新，并在改革创新的过程中保持自己的特色，从而推动我国高等教育事业的发展。

伴随着时代的发展和文化多元化的推进，高校的办学工作也呈现出新的发展态势。国内一些高校选择了同国外高校甚至世界名校合作办学的方式。在中外合作办学的过程中，无论是高校本身，还是参与办学项目的教师、学生，都面临多元化的办学背景，尤其参与办学项目的国外的教师和学生来自不同的国家和民族，他们的思维方式、社交礼仪、风俗习惯等同我国相比有很大差异。在这种办学理念和办学氛围中成长的学生肯定会受到多元文化思维影响的作用，从而树立起跨文化交际的意识，并增加对不同文化的包容和理解。由此可见，在中外合作办学这一教学模式中开展文化教学具有深远的现实意义，同时有利于高校外语文化教学的发展与进步。

### （四）当前社会经济发展的客观需求

伴随着我国各个行业领域改革开放力度的不断加大和经济的飞速发展，我国各行各业国际化的交流与合作事项逐渐增多。我国社会经济的发展需要大量掌握英语基础应用知识和跨文化交际能力的人参与国际交流与合作项目中来，以开展越来越多有价值、有发展意义的国际性合作事务，从而进一步增强我国与其他国家、民族的经济联系，满足我国社会经济发展的需要。

当然，这种国际型人才不仅需要具备出色的英语语言表达能力、理解能力和沟通能力，还需要具备国际化、现代化的文化意识和交际思维，要对其他国家、民族的文化与历史、传统与现代、日常交往礼仪和交际原则都有一定了解。跨文化交际能力是一种应用于跨文化交往过程的能力，由于交往是一种交际双方双向互动的行为，因此跨文化交际能力也应是一种双向的沟通与交流能力。这就要求高校英语教学培养出来的跨文化交际人才不仅对英语民族交际对象的语言文化有较为客观的认识与理解，而且对汉语语言文化知识和历史传统有着深入的理解和掌握，只有这样全面的掌握，才能在跨文化交际的实践过程中有效传递中华民族文化信息，才能在潜移默化中传播中华民族优秀传统文化，满足对方对中华民族文化的认知需求和双方的交际需求。

### （五）实现民族复兴的客观需求

中国要参与任何国际性的活动与事务都离不开英语这一沟通与交流

的工具。因此，我国学生在学习英语语言和文化的过程中，必须认识到西方语言文化对中国现代文化发展的巨大影响。我国学生不仅要有坚定的社会主义信仰，还要努力学习本民族的优秀历史文化，博古通今，同时对西方语言文化进行选择性的学习与吸收，充分利用英语语言知识发展我国的经济、科技、文化、教育等事业。

基于以上分析，高校英语文化教学工作任重而道远。高校英语文化教学要培养具有跨文化交际意识和能力的人才，不仅要在学科内制定科学的教学目标、选择合适的教学内容，还要与其他相关学科一起教授给学生本民族的语言文化知识，让学生在掌握母语文化知识的同时，了解两种语言文化知识的差异，进而进行辨别与分析，构建科学合理的、独具民族特色的文化知识体系，树立文化平等、文化包容的意识。因此可以说，在当前的时代背景下，在高校英语教学过程中实施文化教学是一项意义重大、影响深远的工作。

## 二、文化教学法在高校英语教学中的具体应用

通过前面的分析介绍，相信读者已经了解了在英语教学中开展文化教学的必要性。在高校英语教学工作中采用文化教学法培养学生的文化意识和跨文化交际能力，就是要在英语各类知识和技能教学中考虑文化因素的影响，分析在文化因素的影响下开展英语知识和技能教学的方法。阅读教学和写作教学作为英语教学的重要组成部分，对学生英语综合应用能力的提高具有重要作用。接下来本书以阅读教学和写作教学为例，分析文化教学法在英语教学中的具体应用。

### （一）文化教学法在英语阅读教学中的应用

1. 文化因素对英语阅读的影响

（1）词汇层面的影响。文化因素对英语阅读的影响首先反映在词汇理解的层面上。这主要是因为语言中的某些词汇承载着一个国家或

民族的文化精髓和文化特色，也就是说，这部分词汇中带有该民族特有的文化信息和文化内涵，这些信息和内涵在其他民族文化中是没有或者不对等的。如果学生在英语阅读的过程中遇到这些词汇，单看其字面意义是无法对该词汇有深入理解的，只有了解该词汇产生的文化背景知识，才能掌握其真正的含义。部分英语习语、成语、谚语是此类代表。例如：

The book must be her swan song.

错误解读：这本书一定是她的天鹅之歌。

正确解读：这本书是她的辞世之作。

在这个例子中，如果将 swan song 按照字面意思解读成"天鹅之歌"，肯定让人摸不着头脑。事实上这一表达源自西方的一个古老传说，传闻天鹅在临死的时候会发出美妙的歌声，因此加上 the book 后，正确的解读应该是"辞世之作"。又如：

My sister Jenny works at a full time job and has two young babies to take care of when she gets home in the evening. Her husband Bob tries to help out, of course, but he just isn't too handy with kids. Believe me, her life these days is no bed of roses.

错误解读：我的姐姐珍妮有一份全职工作，但她晚上下班回家还得照料两个孩子。她的丈夫鲍勃当然也试着帮她分担家务，但是鲍勃就是不太擅长带孩子，所以相信我，珍妮眼下的日子可是没有"玫瑰花床"。

正确解读：我的姐姐珍妮有一份全职工作，但她晚上下班回家还得照料两个孩子。她的丈夫鲍勃当然也试着帮她分担家务，但是鲍勃就是不太擅长带孩子，所以相信我，珍妮眼下的日子过得并不舒坦。

在这个例子中，如果不考虑 bed of roses 的文化隐喻，直接将其理解为"玫瑰花床"，那么结合前面的描述，也能大概猜出这个短语想表达的意思是珍妮现在的生活过得并不轻松。事实上，bed of roses 这一短语在英语文化中的含义就是被人们用来比喻称心如意的境遇，近年来，bed of roses 常和 not 或者 no 连用，成为否定形式。no bed of roses 用在这段话中，形象地描绘了珍妮夜以继日、十分辛苦的生活状况。

（2）句子层面的影响。在英语阅读教学中，文化因素不仅存在于常见的词汇层面，而且存在于句子层面，句子层面的文化差异会给学生造成理解句子含义的困难。例如，谚语是英语语言文化的重要组成部分，谚语是流传民间的言简意赅的话语，多为口语形式的通俗易懂的短句或韵语。丰富的谚语活跃在英语文化圈内。例如：

Try not to mind other people's business and remember curiosity killed the cat.

字面含义：不要多管别人的事，记住好奇害死猫。

深层含义：不要多管别人的事，记住知道得太多容易让自己卷入是非。

"Curiosity killed the cat." 这句谚语出自英国著名侦探小说《命运之门》。这句话常用来劝阻别人问太多问题，因为好奇心（当你十分渴望了解某些事情时）会为你带来未知的危险。

又如：

Actions speak louder than words.

字面含义：行动比言语更响亮。

深层含义：事实胜于雄辩／行动胜于言辞。

"Actions speak louder than words." 这句话出自美国诗人亨利·沃兹沃思·朗费罗（Henry Wordsworth Longfellow）的长诗《海华沙之歌》。后来人们用这句话表示如果人有理想、有目标，不能光说不干，千言万语不如开始行动，理想不可能在空谈中变成现实，只有行动才有可能帮助人们实现目标。

还有一句特别有名的谚语：

Don't put all your eggs in one basket.

字面含义：不要把所有的鸡蛋放在一个篮子里。

深层含义：不要孤注一掷。

"Don't put all your eggs in one basket." 这句话是一句民间谚语。意思是如果你把所有的鸡蛋放在一个篮子里，如果这个篮子打翻了，那么你就会损失所有的鸡蛋，因此要把鸡蛋放在不同的篮子里，这样万一其中一个篮子不幸打翻，其他篮子里的鸡蛋还是完好的。比喻人不应该把所有的财富存放在同一个地方或者不要把一切希望寄托在一件事上。

（3）语篇层面的影响。文章是以语篇的形式呈现的，所以学生在阅读英语文章时不仅要注意词汇、句子层面的文化知识背景，还要了解整个文章的语篇结构及其涉及的文化知识背景。中西方思维方式的不同会导致人们在建构文章结构时的操作不同。中国人归纳式的思维方式体现在文章结构上就是"归纳建构法"，即在论述某一话题时，采取由次要到主要、由背景到任务、从相关信息到主要话题的发展过程，通常把对某一事物的看法或对别人的意见和建议等主要内容放在最后，这是逐步达到高潮式的讲话方法。西方人演绎式的思维方式则引导他们采用"逆潮式"的演绎法来表达自己的看法。这种方法的特点就是把话题观点放在讲话的最前边，以引起听话人或读者的重视，接下来的部分就是对观点的逐步论证。这种思维模式造成的篇章结构不同容易使学生在阅读时感到不适应。

此外，如果学生缺乏对语篇所涉及的文化背景知识的了解，也会在阅读过程中感到迷茫。例如，文章的主题是介绍英国人的婚礼，婚礼上新娘准备了四种服饰，分别是 "the old one, the new one, the borrowed one and the blue one"。这个背景介绍的意思是英国人结婚时，新娘会提前准备好四种服饰：旧的服饰象征着新娘与自己原生家庭之间的感情及与过去生活之间的联系；新的服饰象征着她即将开始新的生活；借来的服饰则一般是从婚姻幸福的朋友处借来的衣服，希望他们的幸福能传递到新娘身上；而蓝色的服饰则代表新娘有一颗纯洁的、忠于爱情的心。这四种服饰有各自不同的含义，但都寄托了新娘对未来婚姻生活的展望与向往，也代表着外界的衷心祝福。如果学生不了解这四种服饰的文化含义，在阅读时就会产生困惑。

2.文化教学法在阅读教学中的具体应用

此处主要介绍两种具体教学方法：一种是"阅读圈"教学法，另一种是角色扮演教学法。

（1）"阅读圈"教学法。在多元文化背景下展开阅读教学可以使用"阅读圈"教学法。所谓"阅读圈"教学法，就是引导和组织学生通过自主阅读、自主讨论与自愿分享的方式掌握英语知识和文化的方法。在"阅读圈"内，每位学生都自愿承担其中一个角色，负责一项指定的工作，并一起进行读后反思。"阅读圈"教学法的主要目的是培养学生的阅读、思考和交流能力，"阅读圈"活动小组成员在活动开展前期是否做好了充分的准备是活动顺利进行的保障。具体来说，在多元环境背景下开展"阅读圈"教学活动的主要活动步骤可分为以下几方面：

第一，设计任务。英语教师将某项英语文化内容设为活动专题，明确活动目标和活动任务，选择并确定活动中需要用到的阅读材料并设计一些学生感兴趣的、具有教育意义的问题，帮助学生规划好解决这些问题、完成活动任务的学习模式。

第二，布置任务。在设计完活动任务之后，教师需要向学生布置具体任务。在布置任务之前，教师首先根据学生的特点，将学生分为人数基本相同的"阅读圈"，每个圈子里有六七个人。"分圈"完成后，教师再向学生介绍活动的任务和规则，并鼓励学生在"阅读圈"内担任一定的角色。"阅读圈"活动中的成员角色分配如表6-1所示。

表6-1 "阅读圈"活动中的成员角色分配表

| 角色名称 | 具体任务 |
|---|---|
| 讨论组织者 | 主持整个阅读讨论的过程，提前准备相关问题供成员讨论 |
| 词句总结者 | 挑选出阅读材料中涉及文化教学内容的重点词汇和句子，引导成员展开讨论、学习 |
| 文化研究者 | 发现阅读材料中与本民族文化相同、相似或有很大差异的文化元素，引导圈内成员进行比较、分析 |
| 语篇分析者 | 分析文章的语篇构成方式，提炼重点语篇信息，与圈内成员分享 |
| 联想评价者 | 结合阅读材料与其中涉及的文化内容，对当前的社会文化发展动态进行批判性研究与评价 |
| 总结概括者 | 总结阅读材料中的所有文化要素和文化内容，总结和评价本次活动的成果和不足之处 |

第三，准备任务。英语教师完成任务布置后，引导学生充分发挥主观能动性展开独立思考，并将需要讨论的问题以及自身思考的结果用文字记录下来。与此同时，由于"阅读圈"内的成员承担着不同的角色任务，英语教师应鼓励他们独立完成各自的任务，充分表达自己对英语文化的理解和看法。

第四，完成任务。在这一阶段，"阅读圈"内的各个成员依次汇报、分享自己的阅读成果，根据阅读材料进行信息加工和思维拓展，确定小组汇报的内容，并在课堂上展示最终成果。这一阶段是学生充分表达观点和自由讨论的阶段，有助于培养学生的多元文化意识和英语思维方式，因此英语教师需要特别关注这一阶段各位成员的表现。英语教师要掌控整个讨论过程，对讨论过程中可能出现的争论不休或偏离主题的情况及时制止，使学生的关注点一直在材料上。

第五，评价任务。在评价任务阶段，英语教师需要鼓励各个"阅读圈"进行自我评价和相互评价。在相互评价时，"阅读圈"成员可以根据该阅读圈最终的成果展示以及各成员的讨论表现进行相互打分。学生自评和互评结束后，教师再进行活动总结，点评各"阅读圈"的整体表现以及学生的个人表现。需要注意的是，教师在点评时要注意尊重学生对不同文化的看法，关注学生文化知识的掌握情况和跨文化意识的形成。

（2）角色扮演教学法。在英语阅读教学中，角色扮演教学法是一种富有创意和趣味性的教学方法，能够激发学生的学习兴趣，提高学生的学习积极性，并增强学生在真实场景中运用英语的能力。此外，角色扮演法能够通过模拟实际生活中的各种情境，让学生在真实的语言环境中练习和运用英语，从而提高他们对交际知识、文化知识的掌握能力和运用能力。接下来本书将对角色扮演法在英语阅读教学中的具体应用进行论述。

第一，英语教师可以根据英语国家的风俗习惯和社交礼仪，为学生设计各种真实的情境，如问候、问路、购物、求医、求职等。这些情境可以让学生更好地理解所学阅读材料中的文化背景和社会习俗，从而提高他们的阅读理解能力。

第二，教师可以让学生分角色扮演，根据所设情境进行对话和交流。在角色扮演活动中，学生需要根据角色特征和情境要求，用英语进行自由表达。这种实践性的教学方式能够提高学生的口语表达能力，增强他们的自信心，并加强学生之间的合作与交流。

第三，通过模拟英语国家人们的日常生活场景，角色扮演法可以在更轻松、更自然的语境中帮助学生掌握文化知识，并培养学生的跨文化交际能力。学生可以在亲身体验中了解不同文化背景下的行为举止和表达方式，从而增强他们的跨文化意识和适应能力。

第四，在角色扮演活动中，教师要引导和鼓励学生运用所学词汇、语法、句型、文化等知识来进行英语表达。这种真实场景中的应用能够让学生更加深刻地理解和掌握英语知识，提高他们的理解能力和应用能力。

第五，在角色扮演活动中，教师要鼓励学生充分发挥自己的想象力和创造力，充分享受学习的快乐、与人交流的快乐。这种愉悦的学习过程有助于培养学生对英语学习的积极情感态度，提高他们的学习动力和自主学习能力。

### （二）文化教学法在英语写作教学中的应用

1. 文化因素对英语写作的影响

在第二语言的应用过程中，学习者至少要掌握此项语言两个方面的内容：一方面是该语言的知识和结构，即语音、词汇、语法等；另一方面就是语言的应用方法，即判断语言使用是否得体的因素，比如语言的使用是否符合说话人的社会身份、是否符合交际场合的需要、是否能达到交际的真正目的等。因此我国英语学习者要学会使用英语，就必须了解英语语言中包含的文化因素以及本民族与英语国家民族之间的文化差异。接下来本书就从措辞、造句和文体三个方面出发探讨汉英文化差异对高校学生英语写作方面的影响。

（1）措辞。同一个事物或现象在一种语言中可能只有一个词汇能表达或描述，但在另一种语言中可能不止一个词语可以表达或描述。这种情况就会导致汉语和英语两种文化背景的交际者产生理解和沟通的困难。比如英语中的"Jenny's brother met Henry's sister."这句话就只能翻译成"珍妮的兄弟遇见了亨利的姐妹"，因为 brother 在英语中既可以指哥哥，也可以指弟弟，sister 在英语中既可以指姐姐，也可以指妹妹，在没有上下文语境的情况下，无法判断其具体含义，也就无法理解其确切含义。从这个例子中可以看出，对于我国英语学习者来说，要想提高自己英语写作的水平，就要多掌握一些英语词汇，尤其要掌握多义词的不同含义。可以说，用词准确是开展写作的基本功，因为词汇是语言的基本要素，是民族文化凝聚的精华，所以文化因素在词汇方面的表现最为突出。例如，人们常常认为英语中的 eat 相当于汉语中的"吃"。但英语中的吃饭除了用 eat 之外，还会用 have，而如果要表达吃药的意思，就只能用另一个单词 take 了，如 take some medicine。因此用词准确是写作的基础，用词的技巧更是提高写作水平的关键。

词汇的含义一般由字面含义和文化内涵两个部分组成。而成语、谚语、习语等词汇表达是一个民族或社会群体语言文化的重要组成部分，尤其成语，不仅含义丰富，而且使用起来需要一定技巧，如果运用不当，就可能造成误解甚至引发交际冲突。再者，尽管英语词汇与汉语词汇在分类上大致相同，但词汇的功能有很大差异。例如，在应惠兰教授主编的《新编大学英语》教材中有这样一段话：

I am sitting in a local restaurant offering takeout homestyle meals, surrounded by exhausted but happy shoppers, families out for Friday night dinner, and students taking a break from college exams.

将这段话翻译成中文：我坐在邻近的一家餐馆里，该餐馆提供具有家庭风味的外卖饭菜，并围满了人，有疲惫且快乐的购物者，有周末夜晚就餐的一家人，还有考完试休息一下以便再战的大学生。

对比这两种语言文字的表达可以发现，英语词汇和汉语词汇的一个明显差别在于英语表达常呈现出静态特征，而汉语表达呈现出动态特征。具体来说，英语中有一种少用动词而选择其他方式表示动作含义的倾向，而汉语则习惯较多使用动词展现动作的特点，汉语中对不同动作的动词分类十分细致就体现了这一点。事实上，英语中还有一些名词和形容词都能表示动作意义。如名词 look、glance、mention 等，形容词 good、aware、able、angry 等，在特定的语言环境下，这些词都可以用来表示相应的动作含义。例如，"一看见老师，学生就感到紧张"可描述为"the very sight of teacher makes student feel nervous"。所以在英语写作中，学生需要注意汉语和英语在用词方面的差异，精心挑选最合适的英语词汇，往往能有效提升整篇文章的表达水平。

（2）造句。首先，在句子主语的选择上，汉语句子的主语通常是能主动做出一定动作的、有生命的人或事物，而英语句子在选择主语时，经常选用不能主动发出动作、没有生命的事物，如汉语的"我希望……"翻译成比较地道的英语表达是"It is my hope that..."英语的这一特点在其书面语表达，尤其新闻、科技、学术文献及一些散文问题中尤为突出。也就是说，汉语注重人称（有灵）表达，英语注重物称（无灵）表达。例如：

"His only comment was, 'Tell BBC I will broadcast at nine tonight'."

把这句话翻译成汉语：他只说了一句："告诉BBC，我今晚九时发表广播讲话。"

在这一例子中，虽然可以使用物称主语翻译成"他唯一的话是……"但还是不如人称说法更加自然和直接。

再者，在建构句子结构方面，汉语和英语的句子成分和分句之间的连接方式是不同的。英语十分注重句子结构的完整和外在形式的规范，因此各分句之间的联系主要是通过词汇中介搭建起来的。例如，在英语中用and表示并列关系，用but表示转折关系，用so表示因果关系，等等。也就是说，英语中的各种连接词作为一种形态标记得到了广泛的应用。与英语不同的是，一般情况下，汉语各分句之间的联系主要是由语序和逻辑间接地呈现出来的。这并不是说汉语中没有连接词，而是说尽管汉语中存在一些连接词，但在表达中，人们经常省略对连接词的使用。英语和汉语的这种显著区别可称为形合和意合的区别。例如：

That is our policy and that is our declaration.

将这句话翻译成汉语：这就是我们的国策。这就是我们的宣言。

从以上示例中可以看出，英语句子的连接依靠连接词and，使句子显得紧凑有序；虽然汉语译文省去了对原文连接词and的翻译，但两个句子之间的关系没有消失，并且很符合汉语的表达习惯。

又如：他身材高大，长相英俊，深受女士们的欢迎。

把这句话用英语翻译出来：He is tall and handsome, so he is very popular with women.

从这个例子可以看出来，英语表达比汉语原句多了两个连接词and和so，整个句子符合英语的表达习惯，英语读者读起来也会十分通顺。

在此还有一点需要强调一下，那就是英语中的连接词除了常见的表示并列关系、因果关系等明显联系的词汇之外，还有一部分连接词是由关系代词或关系副词充当的，例如that、who、what、which、where 等。

综上所述，我国英语学生在用英语进行造句时需要注意句子主语的选择，遵循英语句子结构的建构规律，否则就会使造出来的句子充满汉语思维定式的特征。

（3）文体。汉语写作和英语写作的相同之处在于二者都需要作者对写作的主题有比较深刻的了解，然后精心挑选写作要用到的材料内容，进而运用各种方法和技巧将这些材料组织成恰当的语言，真诚地表达自己的观点，即文章的中心思想。尽管这两种语言的写作有着相同的特征，但它们之间的差异是显而易见的。例如，在进行叙述和描写时，与英语文体相比，汉语文体中会使用更多形容词。这并不是说写作时用形容词不好，相反，形容词使用得当能使文章的人物描写栩栩如生、景物描写生动形象，但如果使用不当，便容易造成表达拖沓冗长，让读者失去阅读兴趣。英语文体一般直截了当，具有直抒胸臆的特点。例如：

These are the times that try men's souls. The summer soldier and the sunshine patriot will, in this crisis, shrink from the service of their country, but he that stands it now, deserves the love and thanks of man and woman...

这是触及人们灵魂的时刻。在这次危机中，那些和平盛世的士兵和处于安逸环境的爱国者将畏缩不前，不为祖国效力；而那些经得起考验的人将赢得人们的爱戴和感激。

2.文化教学法在写作教学中的具体应用

（1）英语文化导入。为了尽可能减轻汉语语言文化对英语写作的负迁移影响，在高校英语写作教学中，高校英语教师应该帮助学生掌握中西方在思维方式、表达方式等方面的文化差异，以及受这种差异影响下的英汉写作特点，提高学生对英语语言文化的敏感度和学生的英语语言运用能力。

具体来说，高校英语教师可以利用文字、图片、视频、音频等教学工具，为学生营造一个学习英语语言文化的良好环境，让学生尽可能多地了解英语文化背景，还可以组织学生与外籍学生、教师、学者展开面对面会谈，以帮助学生深入了解真实的英语民族的文化。通过多途径、多层次的接触和了解，学生可以形成对英语文化的认知体系，加深对英语语言的感知力，提高对英语的使用和创作能力。

（2）英汉写作对比。由于中西方文化差异对两种语言的语篇创作影响深刻，因此英语教师可以有意识地分析和展示英汉语篇在选词造句、架构文章等方面的不同特点，引导学生在写作时多使用英语思维选择资料，组织语言，写出符合英美读者阅读习惯和理解方式的英语文章。例如，在大学英语精读教学中，英语教师可以通过细致分析课文，使学生了解各种英语体裁文章的写作方式和表达技巧，如课文是如何抛出主题、建构框架和论证观点的，从而帮助学生对英语语篇结构形成一个综合的、立体的认识。

此外，英语教师在批改写作作业时，应该明确指出学生具有汉语思维的表达方式，并给出地道的英语表达方式，使学生在对比中看到两种表达方式的差别，在修改中学会用英语进行思考，进而形成正确的表达。

（3）阅读与写作相结合。中国有句古话说得好：读书破万卷，下笔如有神。这句话的意思是一旦一个人的阅读量达到一定水准之后，那么他就会很擅长写作，也就是说，阅读和写作之间关系密切，具有一定量的语言输入是写作的基础。阅读不仅能为学生积累写作的材料，让学生知道可以写什么，还能在无形中帮助学生掌握正确的表达方式，让他们知道应该怎么去写。因此在英语写作教学中，英语教师应该让学生通过阅读各种题材、各种体裁的英语资料来了解英语国家、民族的思维方式、价值观念、社会文化、道德理念等知识文化，为英语写作积累素材、培养英语思维、掌握写作方法与技巧。

需要注意的是，要想充分发挥阅读帮助学生积累素材、经验的作用，英语教师就要教给学生正确阅读的方法，即边读书边做笔记，将读书时的心路体会和学到的知识、经验、技巧记录下来，时常温习，只有这样，学生才能更快、更有效地提升写作水平。

（4）开展仿写训练。受中式思维的影响，中国的学生在写英语作文时常用的方法如下：先用汉语想好要表达的句式内容，然后翻译成英语写出来。这种"汉译英"的写作方式不仅效率低下，还会使文章充满汉语思维和汉语表达方式的特点痕迹。为了帮助学生改变这种效率低下、效果较差的写作方式，在英语教学中，英语教师可以引导学生仿写英文材料。仿写的对象既可以是教材里面的课文，也可以是教师精心挑选的、具有写作教育意义的文章。仿写时应允许学生使用词典这类工具书来辅助写作。通过仿写训练，学生不仅能够学到英语文化知识、积累写作素材，还能快速学到英语语篇的展开方式，从而培养良好的英语语感和写作技巧。

# 第四节　自主学习教学法在英语教学中的应用

## 一、自主学习教学法的理论支撑

### （一）自主学习的定义

对于自主学习的定义，学术界有着不同看法，在此简要列举一些具有代表性的定义。

以苏联心理学家维果茨基（Vygotsky）为代表的维列鲁学派认为，自主学习本质上是一种言语的自我指导过程，是个体利用内部言语主动调节自己学习的过程。

以美国心理学家斯金纳为代表的操作主义学派认为，自主学习本质上是一种操作性行为，是基于外部奖赏或惩罚而做出的一种应答性反应。

以美国发展心理学家弗拉维尔（Flavell）为代表的认知建构主义学派则认为，自主学习实际上是元认知监控的学习，是学生根据自己的学习能力、学习任务的要求，积极主动地调整学习策略和努力程度的过程。

国外学者亨利·霍莱克（Henry Holec）是最早将"自主性"概念引入英语教学的学者，他认为，自主学习能力是学习者能"负责自己学习的能力"，这一能力体现在自主确定学习目标、学习进度，自主选择学习内容等方面。

国外学者纽南（Nunan）认为，自主学习是一种能够确定学习目标并且能创造学习机会的学习，其将自主学习分为五个阶段：意识、投入、参与、创造、超越。

国外学者加德纳（Gardner）和米勒（Miller）将开展自主学习的人定义如下：开始计划并实施其学习计划的人。

我国学者董奇认为，自主学习与他控相对，是学生为保证学习的成功、提高学习的效率、达到学习目标，而在进行学习活动的全过程中，将自己正在进行的学习活动作为意识的对象，不断地进行积极、自觉的计划、监察、检察、评价、反馈、控制和调节的过程。

我国学者余文森认为，自主学习就是自己主宰自己的学习，其实质是独立学习。自主与他主相对立，它们的根本分水岭是学生的主体性在教学中是否确立。自主学习具有能动性、超前性、独立性、异步性等特征。

综合考虑以上学者对自主学习的定义，笔者认为，自主学习应包含以下含义：

进行自主学习的学生具有内在的学习动机，能够明白自己的学习目标，能理解教学的目的和方法，能选择适合自己的学习策略并监督自己的学习过程，能管理自己的学习时间和学习进程，能营造出适合自主学习的氛围和环境，能预知学习结果并评价自己的学习过程、学习成果。自主学习的宗旨是培养学生树立自主学习的意识，引导学生掌握学习的方法，让学生从在教师的指导下开展学习到不需要教师的指导也能自主学习。

### （二）自主学习的特点

个体的自主学习与被动学习相比，具有以下三方面的突出特点：

1. 学习的主动性

个体学习的主动性表现为个体在不受外界因素影响的情况下自愿参加或从事某项学习。个体学习的主动性还是人的主体性的显著标志，具体来说，主动性又可分为个体行为的目的性、选择性和自我调节性等特点。

对于学生而言，个体的主动性体现在自主学习方面。自主学习是激发和维持学生学习主动性的重要方法和途径。强调通过培养学生强烈的学习动机和浓厚兴趣来促进学生主动参与学习、开展学习活动。除此之外，自主学习还强调学生有清晰的自我认知，能够根据自身的实际情况选择合适的学习内容、采取合理的学习方法，并在学习遇到困难时进行适时的自我调节。

2. 学习的创造性

创造性是学生主体性的另一体现，也是自主学习的本质特征。之所以说创造性是自主学习的本质特征，是因为自主学习是学生在自己已有知识经验的基础上进行的理解和学习，是赋予所学知识以个人定义和意义的过程，是一种创造性的学习。自主学习强调学习的过程既是对新信息进行意义建构的过程，也是对原有经验进行改造的过程，因为新知识的输入可能改变原有的知识结构或认知定义。学生只有不断刷新自己的认知系统，才能不断充实自己，才能掌握更多知识，并尝试把知识变为可以利用的资源。

3. 学习的自主性

与传统的被动学习相比，学生在自主学习的过程中有更多进行独立学习、探究的机会，有更多时间和空间独立思考问题、提出问题、探究问题和解决问题，能根据自己的学习习惯和学习需求、学习环境选择适合自己的学习内容和更有效的学习方法，把控自己的学习过程，更具创造性地解决学习中的问题。

### （三）自主学习的心理机制

根据系统论的观点，既可以把自主学习理解成一种活动，也可以把自主学习当作一种个人能力。具体来说，自主学习作为一种活动，是动态的、不断变化的，由其先后执行的程序和子过程或者说是活动机制构成；自主学习作为个体的一种能力，本身是一个比较稳定的系统，该系统有相对稳定的内部结构和构成成分，且作为一种能力来说，它的培养和形成需要经历较长时间。自主学习的内在活动机制可以为教师设计、指导具体的自主学习活动提供依据。本书选择了以下三种具有代表性的自主学习模型来阐述自主学习的内部构成和活动机制：

1. 班杜拉的自我调节理论

班杜拉（Bandura）是美国当代著名心理学家，也是对个体的自我调节行为展开系统研究的第一位心理学家。20 世纪 90 年代中后期，班杜拉提出了个体自我调节行为的三个过程，即自我观察、自我判断和自我反应。班杜拉的理论研究得到了许多人的关注和认可，目前有很多从事自我学习研究的学者在班杜拉自我调节理论的基础上展开了对自主学习机制的深入探讨。

2. 麦考姆斯自主学习模型理论

20 世纪 80 年代末期，美国学者麦考姆斯（MeCombs）提出一个自主学习模型，该模型阐释了自我系统与自主学习的关系。麦考姆斯认为，自主学习能力是自我系统发展的结果。自我系统的构成成分和过程成分在自主学习过程中发挥了巨大作用。自我系统不仅能激发学习者的学习动机，而且影响着自主学习中信息的加工和组织。因此，外界想要提升学生的自主学习能力，一方面要引导学生认识到自身所具有的能力；另一方面要训练学生具体的自我学习过程。

3.查莫特的自主学习过程理论

美国学者查莫特（Chamot）是自主学习社会认知学派的代表人物之一，他通过学习和研究吸收了杜班纳的自我调节理论，并以此为基础提出了自己的自主学习模型，并在后期补充了该模型的一些设计。他认为自主学习与其他学习的共同之处是它们的产生与发展都受到自我、行为和环境三方面因素之间的相互作用；自主学习与其他学习类型的不同之处在于自主学习除了要基于外部的反馈对学习的外在表现和学习环境做出监控和调节之外，还要充分发挥个体的主体性控制和调节自主学习的过程。

查莫特将自主学习的过程分为三个阶段：计划阶段、行为表现阶段和反思阶段。其中每个阶段又有自己独特的内部结构和过程。但自主学习最重要的是学习者要有主动学习的心态。通常情况下，个体要实现自主学习需要，具备两个基本条件：一是树立自主学习、想要自我进步的意识，即学习者"想学"；二是学习者知道并理解学习的方法和策略，也就是"会学"。

## 二、自主学习教学法的组织设置

### （一）激发学习动机

要培养高校学生的自主学习能力，首先要激发高校学生学习英语的动机。可以从以下三方面入手：

1.培养学习英语的兴趣

目前高校学生学习英语的动机呈现出较强的功利性。调查研究显示，目前高校学生学习英语的动机排在前三位的如下：想通过大学英语四、六级考试，想把英语技能当作找工作的优势，英语是必修课。由此可见，大多数学生具有"证书动机",他们学英语的目的就是应付考试,为了取得英语等级证书,而很少考虑到日常交际的需要、跨文化交际能力的培养以及自己的兴趣需求。只有少数学生认为自己是因为喜欢英语而学习的。因此,培养高校学生学习英语的兴趣尤为迫切。在实际的教学活动中,教师可以采取活跃课堂气氛、设计语言应用实践和布置挑战性任务等方法来培养学生英语学习的兴趣。

2. 建立明确的学习目标

学习目标是学生对学习结果的期待。根据学习时间的长短,学习目标可分为长远目标和近期目标。在高校英语自主学习的各个环节,学生都要为自己制定明确而具体的学习目标,并注意将近期目标和长远目标相结合。例如,《大学英语课程教学要求》(2007版)根据不同学校、不同学生的情况,提出了三种不同类型的要求,即"一般要求""较高要求"和"更高要求"。"一般要求"是高等学校非英语专业本科毕业生应达到的基本要求,是每个高校毕业生必须实现的学习目标;"较高要求"和"更高要求"是对那些英语基础较好、想要进一步提升自己英语应用能力的高校学生设置的。高校学生可以根据自己的实际需求和自身能力确定自己应该达到的要求,并以此作为自己的长期学习目标,然后将其进行分解和细化,确定每个学期、每个单元、每个星期乃至每天的学习目标。

3. 检测学生的学习效果

学习效果的检测具有反馈信息的作用。通过效果检测,学生能够知道自己在学习上取得了多大进步、在多大程度上达到了目标,从而进一步激发学习动机。及时了解学习效果会对学生产生很大的激励作用,及时检测、及时强化,这是有效运用强化的一条基本要求。检测的方式很多,既可以是书面的,也可以是口头的;既可以用考试作为检测手段,也可以用平时的课堂发言、日常交际作为检测手段;既可以由学生自己进行,也可以由班级、学校等统一进行。如果检测显示效果较好,可给予学生一些奖励。通过对学生学习效果的检测和检测后的奖惩措施，可以刺激学生自主学习英语的动机。

### （二）课程类型设置

高校可建立大学英语基础综合类课程和全校大学英语选修课程的课程体系。该课程体系不仅包括传统的面授课程，还注重开发基于信息技术环境的大学英语课程，将综合英语类、语言技能类、语言应用类、语言文化类和专业英语类等必修课程与选修课程有机地结合起来，形成一个完整的大学英语课程体系，以确保不同层次的学生在英语应用能力方面得到充分的训练和提高。

在促进高校英语自主学习的教学过程中，应确保学生每周的英语学时，并通过课堂面授和自主学习相结合的方式开展教学。课堂面授教学主要分为两种课型，即读写译课型与听说兼辅导课型。

其中，读写译课型可采取大课堂班级授课形式，教师的主要教学任务是帮助学生掌握英语基础知识，提高学生英语阅读、写作和英汉互译的能力，帮助学生理解英美文化的内涵，教师可采取的教学形式包括串讲课文、重难点点拨等。

听说兼辅导课型可采取小组教学的形式，根据学生的不同层次，将班内的学生进行分组，每组 6 ~ 8 人，每周每组学生安排一次面授辅导。这种方式适合学生的差异化学习：教师可以引导小组成员之间的互相激励与合作学习，以师生交流、生生交流以及教师指导的方式，对每单元课文和网上学习内容展开主题讨论或合作学习，重点培养和提高学生的英语听力和口语表达能力；可以对学生课下网络在线学习的进度和程度进行督促和检查，随时掌握学生网上的自学效果，解决学生遇到的困难和问题，进行个别指导，并根据学生的学习效果决定学生是否可以继续学习。

此外，学校可以建立自主学习中心并配置语音输入系统和输出系统，为学生提供跟机练习、听说训练服务，方便学生在课余时间进行自主学习与练习。这种形式允许学生灵活、自由地安排自己的学习时间和学习进度。

## 三、自主学习教学方法的具体实施

自主学习教学方法的具体实施是指在教学活动中培养学生听、说、读、写能力的教学行为。本书将根据高校英语教学的主要教学内容，从听力与阅读、口语与写作、词汇与语法三个角度探讨当今时代背景下促进高校英语自主学习的教学策略。

### （一）听力与阅读教学法

高校英语教学中涉及的听力与阅读材料是一定社会制度和文化背景下的产物，学生需要掌握一定的西方文化和社会背景知识，才能全面、透彻地理解材料的内容与含义。当今时代背景下，高校英语教学可以利用互联网信息技术和多媒体设备获取信息资源，设计教学行为，构建教学活动，传授给高校学生高校英语听读的基本知识和相关技能，培养学生利用互联网和多媒体技术获取英语听力与阅读资源的能力和提高英语听读技能的能力，同时引导学生感悟计算机文化的丰富内涵，拓展学生的文化视野，使学生树立文化意识。

互联网信息技术的发展还为多媒体辅助高校英语阅读教学提供了良好的条件。因为对比传统的印刷文本类型的教学方式，多媒体将阅读内容的文本、声音、图像等媒体信息融合在一起，形成一种综合信息，从而能够增加学生的阅读兴趣；与此同时，多媒体自带的辅助功能，如在线词典、电脑发音等功能，可以帮助学生更好地理解阅读材料，降低阅读难度，提高阅读效率。除此之外，多媒体用于高校英语阅读教学的优势还体现在学生对电子阅读文本的学习上。利用计算机多媒体设备，学生可以直接对电子文本进行复制、修改，阅读行为不再是学生的单向行为，而是学生与阅读文本之间的双向交流。这种双向的交流模式更有利于学生开展自主学习。由于听力教学和阅读教学这两项内容都涉及信息的接收、处理以及社会文化背景知识对理解力的影响，因此教师在对学生的听力与阅读技能进行训练时，可尝试采用以下三种策略：

1.建立、拓展图示策略

建立、拓展图示策略是指英语教师在听力、阅读教学过程中，要训练学生形成与听读材料有关的背景知识，增强对篇章的联想、制约和理解。教师要提供机会以唤起学生已有的背景文化知识，同时要拓展一些与信息相关的背景知识。该策略主要用于听力、阅读课教学的引入阶段。

教师在讲解和介绍英语听力和阅读材料的过程中，常常需要对中西方文化中的差异性进行对比，如中西方的社会制度差异、风俗文化差异、思维方式差异、道德观念差异等，此时英语教师就可以利用多媒体信息技术建立起图片、动画、视频、音频等图式，帮助学生理解听读材料或相关社会文化背景知识。一般来说，学生对材料的背景文化知识了解得越多、越深入，就越有利于理解材料。

社会文化背景知识对于英语语言基础薄弱的学生学习听读材料来说尤为重要，因为这一部分学生对于英语语言词汇和语法的认知较浅，并且由于技能掌握不足，经常导致认知失误；而启动和建立材料的社会文化背景知识则属于高层次的处理技能，借助这一技能，可以使学生弥补认知失误的不足。互联网信息技术为英语教师在教学过程中生动地展现或导入背景知识提供了便利。

2.训练听力、阅读技巧策略

训练学生的听力、阅读技巧策略是指英语教师要通过训练学生掌握和运用高超的听读技巧来帮助他们提高听读材料理解能力的方法策略。该方法策略在英语听读教学过程中以教师布置任务、学生完成任务的方式进行。在高校英语教学过程中，该方法策略通常需要训练学生以下几种听力、阅读技巧：

（1）猜测技巧。这一技巧是指学生根据已经掌握的材料主题以及社会文化背景知识或者建立起来的图式能高效预测所要听、读内容的技巧。

（2）寻读特定信息技巧。这一技巧是指在阅读材料过程中学生能很快找到其中一条或几条特定信息的方法技巧。

（3）掌握材料大意技巧。这一技巧是指学生能够通过快速浏览全文掌握材料中心思想或主题含义的技巧。

（4）识别功能、话语结构技巧。这一技巧是指学生能够通过识别特殊含义的符号进行选择性听或读的技巧。

（5）根据上下文猜测词句含义技巧。这一技巧是指学生在阅读材料的过程中遇到不认识的单词或句型时能根据上下文语境猜测其意思的技巧。

3. 丰富语言输入策略

语言课堂的教学活动可以分为两大类，即为学生提供语言输入类和鼓励学生输出语言类。语言的输入要依靠听力和阅读，语言的输出则依靠说和写。输入和输出关系密切，没有输入，就没有输出，通过多听和多读能够使学生输入的语言材料越来越丰富，掌握的语言知识越来越多，也就越有利于语言输出的准确性、流利性和多样化。英语教师要广泛搜集和整理教材之外的、适合学生了解的英语语言听读材料，为学生提供多种接触真实语言材料的机会，训练学生的听读技巧和听读能力。

## （二）口语与写作教学法

高校英语教学中教授的英语口语与写作课程是为了帮助学生掌握最基本的英语语言应用技能和语言表达形式。语言教学的中心任务就是培养学生通过听和读接收信息，再通过说和写传递信息，交流情感的能力。中国学生开口说英语需要克服的最大困难就是自己的心理障碍，如不自信、怕出错、怕别人嘲笑等。教师帮助学生克服心理障碍的主要方法就是以身作则，用英语授课，用英语同学生交流，并营造轻松、愉快的学习气氛，鼓励学生用英语回答问题、表达想法。

1. 教学过程交际化策略

教学过程交际化策略是指英语教师在训练学生听、说能力的过程中，应有意识地加入交际训练的成分，让学生进行真实的信息交流。教师可以提供一个话题或者交际的场景，让学生开动脑筋思考在特定情境下应如何构思语言表达；另外还可以借助信息技术工具，为学生创造一个真实说、写的语言运用环境。学生在与英语国家的笔友通信往来时，听到的、读到的都是地道的英语表达，还能接触对方独特的思想观念，并与对方进行跨文化交流，这将有助于学生形成英语语感、树立正确的文化意识。

除此之外，电子邮件写作具有灵活性和实时传递的特点，适合远程交流活动的开展；word 文档的拼写和语法检查功能则能帮助学生迅速检查出单词拼写和语法错误；电脑词典可以为学生提供词义参考和查询，方便学生查找单词，修改错误。这些都有助于学生使用英语和体验英语。

2. 巧妙处理语言错误策略

巧妙处理语言错误策略是指教师应树立正确的语言错误观，正确看待学生表达中出现的错误，在不同阶段、针对不同学生、按错误的程度区别对待语言错误，引导和帮助学生改错。教师要及时引导学生看到自己的进步并加以鼓励。许多研究表明，害怕错误的学生常在口语练习中保持沉默，或在写作中机械地照抄课文原句，因此教师在纠错的过程中，要帮助学生树立自信心。

3. 练习方式活动化策略

练习方式活动化策略是指英语教师要有目的地设计语言表达练习活动，为学生使用英语提供真实的条件和机会，而不是依靠单纯的机械式重复掌握固定表达。英语教师可以通过组织英语类型游戏、英语活动演出、英语演讲比赛等活动，帮助学生使用在课堂之外学习到的语言知识和信息。

### （三）词汇与语法教学法

美国著名外语教学专家布朗（Brown）曾指出，词汇和语法的掌握在外语习得中具有十分重要的作用，它们不仅仅在语言课堂教学中发挥着重要作用，而且能加快学习的进程，帮助学习者达到较高的语言水平。在高校英语教学中，词汇语法教学将提高学生的外语交际能力作为教学的主要目标。

1. 完整步骤化教学策略

完整步骤化教学策略是指英语教师在开展语言形式（词汇与语法）教学活动的过程中，应设计一系列完整、有步骤的教学活动。在这些步骤的指引下，学生逐渐掌握语言知识，最终达到合理运用语言形式进行交际的目的。该策略的运用将引导学生走过一个从"不知""知之"到"用之"的过程。

2. 训练有效记忆策略

训练有效记忆策略是指英语教师在进行词汇教学时，应有意识、有目的、有技巧地引导学生运用相关记忆方法和手段提高记忆效率、记住更多词汇表达的方法。通过进行记忆训练，学生能在原有词汇储备的基础上进行相应的拓展。

3. 整理归类、区别对待策略

整理归类、区别对待策略是针对词汇教学来讲的，具体是指教师在词汇教学过程中要区分主动性词汇和被动性词汇，应采取不同的教学手段，对学生提出不同的学习要求。教师应引导学生对词汇适当进行分类，按同类的转化、派生，以及一词多义、一义多词、近义词、反义词等帮助学生整理词汇，达到巩固的目的。在词汇较多或复习词汇阶段，运用该策略可以帮助学生在大脑建立词汇间相互多重联系，以巩固和加深记忆。

4.比较概括策略

英语教师在教授英语语法的过程中可以适当使用比较概括策略。该策略是指英语教师要适时对学生学过的语法现象进行分类、对比、归纳和总结，如可借用图表制作、讲故事等方式对语法进行总结，以加深学生对语法知识的理解、记忆和掌握，提高学生的语法应用能力。

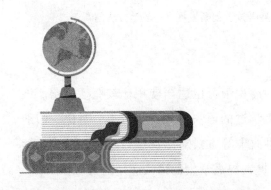

# 第七章 高校英语教学创新发展——教学评价创新

## 第一节 英语教学评价内涵解析

### 一、教学评价的定义

要想理解教学评价，首先需要理解"评价"这一概念。"评价"这一概念是由泰勒（Tyler）首次提出的。关于评价的定义，学者观点各异。然而，自从"评价"这个概念被提出之后，一些学者就开始区分"评价"和"测试"的不同之处。在一些学者看来，评价是人类认知活动的一个特殊组成部分，它可以揭示世界的价值观，并对其进行创造和构建。

将"评价"的理念应用于教学领域，就演变为"教学评价"。关于教学评价，中外学者的看法因人而异，但总的来说，可以概括为以下四种观点。需要注意的是，这四种观点都存在一定的局限性和不足之处：

（1）有种观点认为，教学评价作为一种系统化的信息搜寻过程，旨在协助利用者恰当地选择合适的教学方法。这个观点的优势在于强调了教学评价在决策方面的重要性，但可能导致人们误认为教学评价与教学研究是同一概念。实际上，它们之间存在显著差异，主要表现在研究目的和价值取向上。从研究目的的角度来看，教学研究关注结论的获取，而教学评价则关注实践的指导；从价值取向来看，教学研究旨在探求真实知识，而教学评价则追求实用价值。

（2）有种观点认为，教学评价是一种将实际表现与理想目标进行比较的历程。教学评价作为一种对实际成果与期望目标进行对比的过程，强调了评价内容和方法在现实与预期之间的比较，具有一定合理性。然而，这一观点过于关注教学成果的评估，而忽略了教学过程的重要性。因此，这种评价观念相对过于宽泛，使评价者难以明确评价内容的优先级，因而并非理想的教学评价定义。

（3）有种观点认为，教学评价等同于专业判断。将教学评价视为专业判断的观点考虑到了评价者主观性的影响，认为教学评价旨在区分优劣。然而，这一观点同样存在偏颇，因为教学评价不仅关注优劣的判断，还致力于寻找影响教学工作开展的各类要素，以便对教学实践提供指导。

（4）还有种观点认为，教学评价等同于教学测验。这种观点是基于当前学者在教学测验辅助下形成的认识。然而，教学评价与教学测验在本质上有所不同，因此将它们视为相同是错误且片面的。这主要有两个方面的原因。一方面，教学测验主要关注数量统计，强调量化，而某些教学事实，如学习者的情绪态度等因素，无法进行数量统计，这样就无法将其评价称为教学测验。这与教学评价的定义相悖，因为教学评价不仅关注数量分析，还涉及对事物本质的探讨。另一方面，教学测验主要关注对教学现状的描绘，以期获得有意义的信息，而教学评价则强调对教学情境的解释和评估。这两种观点都有一定合理性，但也存在不足之处。

为了更准确地界定教学评价，笔者从这些观点中挑选出了一些合理的观点，重新对教学评价这一概念下了定义。笔者认为，教学评价是一个以教学为核心对象的过程，是从教学规律、目的和原则出发，利用有效的技术和工具来对教学对象和目标进行价值评估的一个过程。这一表述有助于人们更深入地理解教学评价的内涵和重要性。

## 二、教学评价的功能

### （一）预测功能

预测功能是指根据评价对象的阶段评定来分析、观察和预测其发展的趋势。使用预测功能需要获得尽可能多的数据和事实，据此筛选可供评价的因素并对其进行科学的分析和逻辑的推导。通常情况下，传统的教学评价将评价的侧重点放在对评价对象现状的、定量的、表面的描述上，不太注重对评价对象未来的发展方向和发展趋势的预测。在教学中，如果想对学生未来的发展情况进行预测并根据预测为学生的发展提供恰当的建议，就要充分发挥评价的预测功能，就必须搜集、掌握评价对象的各项相关信息。此外，要使用科学的评价方法，如诊断性评价、综合性评价等，从而达到精准的预测效应。

### （二）导向功能

1.引导教学发展与国家政策要求保持一致

教学评价的导向功能突出体现在其可以引导学校教育教学工作的开展符合国家教育政策的要求，无论是学校，还是教师，都能按照国家教育方针政策的规定组织和开展教学活动。例如，学校要根据国家对学生德、智、体、美、劳全面发展的要求来把握教学与评价的内容，以科学的教育理念为指导明确办学的方向；学校和教师要意识到教学活动开展的目的不仅仅是传授给学生一定的知识和技能，更是培养他们的道德品质，训练他们的坚强意志，增强他们的社会责任感，使他们能成长为有思想、有素质、有知识、有能力的人。

2.为教学与学习指明发展的方向

教学评价的结果直接影响着教师接下来的教学计划和学生未来的学习规划。但在实际的英语教学中，教学评价对教学计划与学习规划的指导作用并没有引起人们足够的重视。学校需要构建科学、全面的教学评价体系，使教学评价充分发挥为教师和学生明确全面发展目标的功能，引导教师和学生通过实现阶段性目标，最终达成整体目标。这也意味着教学评价必须发挥正确的导向功能，一旦这种导向出现偏差，那么教学与学习的方向也会随之偏离正确轨道。

**（三）诊断功能**

诊断功能可以说是教学评价最基本的功能。教学活动由教师的教学和学生的学习两部分内容组成，因此教学评价的诊断功能也包括两方面的内容，即对教师教学效果的诊断和对学生学习效果的诊断。具体来说，教师是教学活动的组织者和开展者，如果不对教师的教学效果进行评价，就不能诊断教师的教学水平和教学质量，就不能全方位地判断教师所采用的教学方法、教学技巧是否合理。另外，全面的教学评价工作还可以判断教师与学生的关系是否融洽、学生对教学活动的开展是否有良好的体验。对于学生来说，全面的教学评价工作不仅能判断其学习效果是否达到了教学目标的要求，还可以通过评价进一步分析学习效果欠佳的原因，如教学环境、教学方法、教学内容等哪方面的因素是影响学习效果的主要因素。

**（四）激励功能**

教学评价对评价对象具有激励功能，即评价能够激发评价对象的情感、斗志、精神。具体来说，教学评价的激励功能可以从其对教师的激励和对学生的激励两方面体现出来。

1. 对教师的激励功能

教学评价对教师的激励功能表现在多个方面。

首先，它可以为教师的教学决策提供必要的反馈信息。教师可以从多个角度获得反馈，包括自我评价、学生评价及教务人员对教师的评价。通过这些信息，教师可以理解自己在设计和组织教学活动中的优势和不足。这种信息反馈可以激发教师更深入地反思教学活动，理解问题产生的原因，并寻找解决问题的策略和途径。

其次，教师可以从评价学生的过程中了解学生的学习难点、进度和兴趣。这种信息反馈可以帮助教师了解学生的学习需求，以便在教学中有针对性地调整和优化教学内容和方法。例如，如果教师发现一部分学生在某一知识点上存在理解困难，教师可以重新设计教学活动，使用更多元化的教学方法来帮助学生理解和掌握这一知识点。

最后，教学评价可以激发教师利用多元化的评价工具来全面了解学生的学习情况。通过观察学生的日常表现、阅读学生的学习反思、查阅学生的测试成绩等方式，教师可以更加全面、深入地理解学生的学习状况。这些信息将激发教师更有针对性地进行个别化指导，实现因材施教的教学。

2. 对学生的激励功能

教学评价同样具有对学生的激励功能。通过及时且全面的反馈，学生可以了解自己的学习情况，包括学习的优点和需要改进的地方。这种反馈既可以来自教师，也可以来自同学或者学生自己的自我评价。无论是哪种形式的反馈，都可以帮助学生更好地理解自己的学习状况，更加明确自己的学习目标。通过这种方式，学生可以了解自己在哪些方面做得好，应该保持下去，同时可以了解自己在哪些方面存在不足，需要改进。这样的反馈信息可以激励学生积极面对自己的优点和不足，积极调整自己的学习策略，以达到更好的学习效果。例如，学生发现自己在一些题目上表现不佳，他们就会有动力去寻找解决问题的方法，如寻求教师的帮助、查阅相关的资料，或者和同学一起讨论等。

## 三、教学评价的类型

根据不同的分类标准，英语教学评价可以分为不同类型。按照评价功能进行分类，英语教学评价可以分为形成性评价、诊断性评价、终结性评价；按照评价标准进行分类，英语教学评价可以分为相对评价和绝对评价；按照评价表达进行分类，英语教学评价可以分为定性评价和定量评价。

### （一）按照评价功能分类

#### 1.形成性评价

1967年，美国评价学专家斯克里芬（Scriven）在其著作《评价方法论》中提出了形成性评价的概念，随后美国教育家布卢姆（Bloom）将形成性评价用于教育评价的实践，使之成为教学评价的一种类型。布卢姆认为，形成性评价就是在课程编制、教学和学习的过程中使用的系统性评价，这种系统性评价能够改进以上三种过程的具体操作，因为形成性评价的目的就是帮助发现教学活动中存在的问题，并为日常教学活动提供反馈信息，以便教师及时修改问题、调整活动，以取得更好的教学效果。

#### 2.诊断性评价

诊断性评价，也称为"教学前的评价"。在教学活动开始之前，教师要想设计出符合学生特点的教学方案，就必须对学生现有的知识、技能、学习动机、学习中易出现的问题等学习情况有一个基本的了解。教师可以通过多种方法和途径获悉这些情况，而诊断性评价就是最常用的方法之一。根据以上分析可知，诊断性评价就是指在一门课程或一个学习单元开始之前，教师对学生所具有的认知能力、情感能力和专业技能等方面的学习条件展开的评价。开展诊断性评价的目的就是促进学生的学习，而诊断性评价促进学生学习的方式就是为学生制定适合其自身学习特点的发展目标和发展方案。

3. 终结性评价

终结性评价也称"教学后评价""总结性评价"，它是在某个相对完整的教学阶段结束后，针对整个教学目标实现程度做出的评价。例如，学期末或学年末各个学科专业的考试、考核。下面本书将论述终结性评价的作用、特点和实施方式：

（1）终结性评价的作用。终结性评价的主要作用在于评估学生在一个完整的学期或学年中对所学知识的理解和掌握程度。它通过各种形式的考核，如笔试、口试、实验、实践等，全面考查学生的知识、技能和素质，为教师和学生提供一个全面、准确的反馈，有助于教师了解学生的学习情况，对下一阶段的教学做出相应调整。

同时，终结性评价也是对教师教学工作的一种评价，它可以反映教师的教学方法和效果，以及是否有效达到教学目标。教师可以根据这种评价结果，反思自己的教学方法和策略，寻找教学的不足和改进的空间。

（2）终结性评价的特点。终结性评价的主要特点是全面性和系统性。全面性是因为它不仅评价学生的知识和技能，还关注学生的态度、习惯、兴趣、创新能力等方面；系统性是因为它不是单独看待某一个知识点或技能，而是评价学生对整个学期或学年学习内容的掌握程度。另外，终结性评价具有一定的权威性和严肃性，通常由学校或教育部门组织实施，并且结果往往会对学生的升学或就业产生重要影响。

（3）终结性评价的实施方式。实施终结性评价的方式多样，包括笔试、口试、报告、项目、实验等。这些方式应根据学科的特性和学生的实际情况加以选择，以保证评价的公正和有效。例如，笔试适用于评价学生的知识理解和应用能力，口试可以评价学生的语言表达能力和思维能力，报告和项目可以评价学生的研究能力和创新能力，实验则可以评价学生的实践能力和操作能力。

### （二）按照评价标准分类

#### 1.相对评价

相对评价是指在被评价对象的集合中以一个或若干个个体为基准，然后把各个评价对象与基准进行比较，确定每个评价对象在集合中所处的相对位置。例如，教师在分析班级学生的个人成绩时，可以选取班级学生的平均成绩作为基准，通过对比学生的个人成绩和平均成绩，就能了解学生的个人成绩是高于平均水平还是低于平均水平。相对评价方式存在一定缺点：评价的基准会随着群体的差异而发生变化；评价的标准倾向对最终教学成果的呈现，没有考虑教学目标的引导作用，不能充分反映教学上的优缺点，不容易为改进教学提供依据。

#### 2.绝对评价

绝对评价是指在被评价对象的群体之外设定一个标准，这个标准也被称为客观标准。在进行绝对评价时，需要以客观标准为基准判断评价对象的优劣。绝对评价的标准一般是教学大纲以及由此确定的评判细则，不会受评价对象个体或集体水平的影响，因而比较客观。由于评价标准客观、通俗，因此每一个被评价对象都能明确自己与客观标准的差距，进而为下一阶段的学习设定目标。但是，绝对评价方式也不是完美无缺的，最明显的缺陷就是所谓的客观标准容易受评价者原有经验和主观意愿的影响，因此很难做到真正的客观。

### （三）按照评价表达分类

#### 1.定性评价

定性评价是一种基于"质"的分析，运用逻辑分析的方法，如分析和综合、比较和分类、归纳和演绎等，对评价所得的数据和资料进行思维加工。与定量评价相比，定性评价更注重过程和元素间相互关系的动态分析，而不只是对成果或产品的检验分析。

在教学评价中，定性评价可以帮助教师更好地理解学生的学习过程和思维方式。例如，通过对学生的观察、访谈或个案研究，教师可以深入了解学生的学习动机、学习策略、学习困难等，从而进行更有针对性的教学设计和干预。此外，定性评价有助于发现和挖掘学生的个体差异和潜力，鼓励学生的创新和探究。需要注意的是，定性评价的主观性较强，评价结果可能受到评价者主观因素（如价值观、经验等）的影响，因此在实施定性评价时，需要控制这些可能的影响，以确保评价的公正和准确。

2. 定量评价

定量评价是从"量"的角度进行评价，通常运用统计分析、多元分析等数学方法，对复杂纷乱的评价数据总结出规律性的结论。定量评价可以有效量化学生的学习成果，如成绩、作业完成情况、参与度等，并且可以对这些数据进行系统分析，从而发现学生的学习趋势和问题。

由于教学涉及人的因素，各种变量及其相互作用关系复杂，因此在进行定量评价时，需要先通过定性评价来明确评价的方向和范围。这样，定性评价和定量评价可以相互补充、相互影响、相互促进，形成一个全面、深入的教学评价。单纯的定量评价的局限性在于它往往忽视了学习过程中许多非量化的因素，如学生的学习动机、兴趣、态度等。此外，过分依赖定量评价可能导致"教学性测试"，影响教学的全面性和平衡性。

## 第二节　英语教学评价改革创新的必要性

现阶段，各个学科的教学改革正在如火如荼地进行着，英语教学也不例外，教学评价作为教学的重要组成部分，自然也是教学改革的关键环节之一。具体来说，之所以要进行英语教学评价的改革创新，主要是出于两个方面的原因：一方面是英语教学评价对英语教师的教学工作和专业发展具有重要意义；另一方面是英语教学评价对学生的全面发展意义重大。

## 一、对英语教师的意义

### （一）获取学生反馈，调整教学计划

在教学过程中，及时获取必要的反馈信息对于英语教师而言具有重要意义。首先，通过对学生表情、眼神和练习正确率等方面的观察，教师可以更准确地了解学生的掌握程度和理解情况。这样的信息反馈有助于教师实时调整教学方式，确保学生能够跟上教学进度，避免因信息不对称而导致的学生落后或困惑。其次，基于反馈信息，教师可以发现潜在的教学问题，并及时进行针对性改进。例如，当发现学生在某一语法知识点上出现普遍应用困难时，教师可以重新设计教学方法，采用更易于理解的讲解方式，以帮助学生攻克难关。这样的教学调整有利于提高课堂效率，让学生更好地掌握英语知识。

### （二）提高教学技艺，增强教学效果

英语教学评价对于提高教师的教学技艺具有重要意义。通过了解学生对自己的评价，教师可以发现自己在授课、组织课堂活动和互动等方面的优缺点，这些信息有助于教师明确自己在教学中需要提高的地方，从而通过自我完善、参加培训等途径提高教学技能。同时，教学评价可以让教师了解学生对英语教学的期望和需求，使教师能够更好地满足学生的需求，提高教学效果。

### （三）拉近师生距离，优化教学环境

英语教学评价对于拉近师生距离、优化教学环境有着重要作用。通过英语教学评价，教师能够及时了解学生的想法和感受，从而更好地理解学生，调整自己的教学方式和策略。这有助于建立和谐、亲切的师生关系，为学生创造愉快、轻松的学习氛围。而良好的学习氛围对于学生

的英语学习具有积极的促进作用，有利于提高学生的学习兴趣和积极性，从而提高学生的英语学习成绩。

### （四）积累教学经验，促进教学研究

教师的主要工作不仅仅是认真教学，还要脚踏实地做好教学研究。如果教师只从事教学，而不展开研究，那么其教学就会缺乏推进力，教学水平也就难以提高。而教学评价是研究教学的重要突破口。

（1）教学评价可以为教师提供丰富的教学实践数据，这些数据对于教师研究教学方法的有效性和适用性具有极高的价值。教师可以根据对这些数据的分析和总结，挖掘出成功的教学实践经验，以便在未来的教学中加以应用和推广。

（2）教学评价有助于激发教师的教学创新。通过反思和分析评价结果，教师可以发现自己在教学过程中的局限性，进而激发教学改革的动力和创新精神。这对于教师不断提升教学质量、促进教育教学改革具有积极意义。

（3）教学评价有助于教师建立教学研究的目标和方向。通过评价数据，教师可以明确教学研究的重点，制订具体的研究计划和策略，从而提高研究的针对性和实效性。

## 二、对高校学生的意义

### （一）发现自身不足，及时进行改进

首先，英语教学评价对高校学生的重要意义体现在帮助学生发现自身的不足并及时进行改进。通过对课堂教学、课后作业、考试等方面的评价，学生可以更清晰地了解自己在英语学习中的薄弱环节和需要加强的领域。这种自我评估有助于学生及时调整学习策略，查漏补缺，从而提高学习效果。其次，教学评价可以让学生了解哪些学习方法和策略对

自己更有帮助，从而进行有针对性的学习方法改进，提高学习效率。

### （二）了解学习过程，改进学习方法

英语教学评价对于高校学生了解学习过程和改进学习方法具有重要意义。通过对课堂参与、课后练习、小组讨论等方面的评价，学生可以了解自己在学习过程中的表现，进而分析自己在学习程序上的优点和不足，这有助于学生根据自身特点调整学习方法，使其更符合自己的实际需求。同时，教学评价还可以让学生对比不同的学习方法和策略，找到适合自己的最佳学习方式，从而更有效地提高英语水平。

### （三）了解学习成就，获得学习动力

英语教学评价对于高校学生了解学习成就和获得学习动力具有重要作用。通过对学生的学习成果进行评价，学生可以清楚地了解自己在英语学习中取得的进步和成就。这种认可和肯定有助于激发学生的学习动力和自信心，从而更加积极地投入英语学习中。而积极的学习态度对于学生的英语学习具有积极的促进作用，有利于提高学生学习的积极性和主动性，从而提高学生的英语学习成绩。

## 第三节　英语教学教师评价的创新设计

当前，很多高校仍然使用标准化的英语水平考试作为衡量英语教师教学成果和教学能力的唯一标准，然而这种做法并不是特别符合语言教学和语言学习的规律。根据语言学习的规律和科学的教学理念，现代信息技术可以设计出多种科学的测试方法，记录和分析学生学习的效果和掌握知识的情况，进而对教学成果做出科学评价。教学工作者可以利用多媒体和互联网信息技术，为英语教学提供快速、准确地反馈信息的途径，进而为英语教师的教学工作提供科学的评价标准。

## 一、对教学目标进行评价

伴随着英语教学目标的国际化发展趋势，对教学目标的评价就是要看高校英语教育教学工作者是否将以下内容作为英语教学的主要目标：培养学生的国际视角，开拓学生的国际视野，通过利用现代信息技术开展网络课程教学，帮助学生认识世界、走向世界，同时让世界走进学校、走入学生眼中。

除此之外，对教学目标的评价还要关注以下内容：英语教学工作者是否时刻关注本专业学科知识的更新以及本专业的学术发展动态，并通过适当引进国际化课程，为国际化人才的培养创造环境；是否注重学生学习能力和认知能力的培养；是否根据教改和教学发展的实际需求，适当调节了英语各项技能培养在课程教学中的比例；是否以培养学生的跨文化意识和跨文化交际能力为最终目标。

## 二、对教学内容进行评价

对教学内容的评价主要看英语教学内容的设计是否科学合理。英语教学内容主要来源于根据教学大纲编制的教材，英语教材是课程教学内容的重点。英语教材本身有自己的学科知识体系，其体系结构完整、构建科学。然而，知识来源于生活，英语作为一门语言，更是与人们的日常生活息息相关。因此，评价教学内容就要看英语教学设计的内容是否与学生的生活实践息息相关，是否能引起学生的学习兴趣、培养学生的综合语言应用能力。

此外，对教学内容的评价还要看英语教学工作者在进行课程设计的过程中，是否考虑到了学生的身心发展特征、是否使课程教学内容符合学生的身心发展规律和语言认知规律。因为通过语言认知规律可以得知，语言教学工作的开展必须考虑学生认知水平的差异。根据学生的认知水平，英语教学工作者要采用不同的方法处理教学重难点，并适当采取分层教学方式，满足所有学生的英语学习需求，使每个学生的英语语言能力都能得到提升。

### 三、对教学环节进行评价

随着社会的发展和时代的进步，越来越多的高校开始重视对教师教学环节部分的关注与评价。为了更好地完成英语教学环节设计的工作，高校英语教育教学工作者要认真研究教学大纲和课程标准，了解各个教学阶段的教学目标和教学内容，使课程教学设计满足教学开展的要求，进而保证教学目标的实现。而要评价英语课程的教学环节，就要看教学环节的设计是否规范。

首先，要看在对每堂课进行设计时，英语教师是否明确了这堂课的教学目标，包括知识目标、技能目标、情感态度目标等；是否对本堂课教学内容中的重难点部分展开了科学、全面的设计，并安排好了这部分的呈现方法、练习方法，能够突出教学重点，达到良好的教学效果。在教学模式和教学方法的选择上，英语教师是否根据本堂课的教学内容和学生的认知特点、学习心理选择了最合适的方法、模式。

其次，要看英语教师是否规范了课程教学的过程设计，教学思路是否清晰明了，教学环节之间的衔接是否过渡自然，教学活动的组织与设计是否既具备一定的灵活性，又符合新课标倡导的方法规范。

再次，要看英语教师所设计的课外活动、课外作业以及相关辅导活动是否遵循一定规范，即不能完全按照教师的喜好随意设计。

最后，要看教案的书写和作业的批改是否符合一定规范。教案书写的规范化不仅要体现为内容的规范化，还要体现为形式的统一化。作业批改的规范化则主要表现为作业批改内容、形式、次数上的统一。

### 四、对教学模式进行评价

伴随着高等教育改革的逐步深入，采用多层次的教学模式开展教学活动已经成为广大教育教学工作者努力的方向。因此，对英语教学模式的评价要看教师是否在认识论、本体论等语言学习理论和教育学理论的指导下，以学生为中心，创建了开放的学习环境，采用了自主式、合作式等多元化的教学模式来设计英语课程；是否随着时代的前进和专业学科理论的发展，积极借鉴了其他相关学科的先进设计理念，丰富了本学科课程设计的理论研究和设计模式。因为事实证明，不仅社会学、语言学、教育学、心理学等一级学科对英语教学模式的发展具有指导意义，教育心理学、认知心理学、跨文化交际学等跨学科理论的研究内容也对英语教学模式的发展起到积极的作用。

## 五、对教学手段进行评价

随着多媒体技术与计算机技术的快速发展以及互联网的普及应用，现代教育技术作为一种先进的教学手段，已经被广泛应用于英语教学的设计。因此要评价英语教师的教学手段，不仅要看英语教师是否掌握了传统的教学手段，还要看英语教师是否能够使用多媒体等现代化教学技术优化教学过程、提升教学效果；同时，只是简单的图片、文本、动画或音视频应用已无法满足现代教学工作的目标与教学实践的需求，因此还要看英语教师是否运用了图像的采集与处理技术、动画制作技术、数字视频处理技术、数字音频处理技术等现代化技术手段设计网络课程，是否熟练地运用了这些技术手段来呈现教学知识，把学习过程可视化，以达到更好的教学效果。

## 六、对教学实践能力进行评价

### （一）沟通交流能力

现代教育教学理论已经不再把教学看成知识输出和接受的过程，而是师生之间交流和对话的过程。所以，国内有学者提出"教育即交流"

的命题，认为教育的过程实质上就是师生沟通的过程。在日常教学中，同一堂课，相同的教学内容，面对相同的学生，有的教师把握起来得心应手，有的教师的课堂却死气沉沉，其主要原因是教师的沟通能力存在差异，无效或低效的沟通直接影响了教师的教学效能。因此，沟通交流能力是评价英语教师教学实践能力的重要组成部分。

### （二）教学设计能力

面对一个特定的教学任务，教师如何组织教材、如何设计教学程序、采用何种教学方法和技术来展开教学显得尤为重要。好的课堂设计可以使课堂教学跌宕起伏、妙趣横生，可以一下子紧紧抓住学生的注意力，激发学生求知的欲望。教学设计能力的高低与操作性知识的多少是密不可分的。但是，操作性知识丰富并不意味着教学设计能力强。英语教师要有意识地加强有关教学设计的研讨，不同的教学设计理念、不同的教学活动的选择、不同的教学媒体的运用都会在很大程度上影响教学效果，以及学生英语能力的习得、巩固和提升。

### （三）教学监控能力

一堂课能否顺利展开、能否取得预期的教学效果，不仅有赖于教师的沟通能力和教学设计能力，而且与教师的课堂管理能力密切相关，按照北京师范大学心理学教授林崇德先生的说法，这种课堂管理的能力就是"教学监控能力"。林崇德先生认为，教学监控能力是教师的核心能力。在一个有几十名学生的教学班，没有很强的课堂监控能力而要实施有效的课堂教学几乎是不可能的。如何有效地推进各种教学活动、如何确保各类学生在学习过程中都在各自的起点上取得应有的进步、如何确保小组合作学习有效实施等都需要英语教师有很强的能力去掌控。其实这种教学监控能力是一种综合能力的体现，它没有明确的章法可以遵循，运用之妙，存乎于心，但是要做到虚机应变、游刃有余确非易事。

## 七、对学习能力进行评价

伴随着时代的发展，教学思维与教学模式的固化都会导致教学实践停滞不前，无法为教学活动注入新鲜的血液，进而导致教学无法满足学生个人发展的需要和社会建设的需要。这种情况之于教师本身来说亦是如此，学习如逆水行舟，不进则退，教师只有不断更新自身的教学知识体系，才能不断进步，不被时代所淘汰。因此评价教师的学习能力是评价教师综合工作能力的重要指标之一。评价教师学习能力的标准方面如图 7-1 所示。

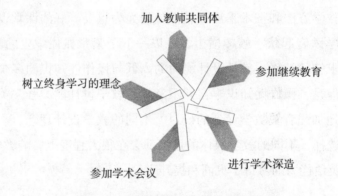

**图 7-1　评价教师学习能力的标准方面**

1. 看教师是否通过教师共同体进行学习与提升

（1）教师共同体的概念。教师共同体指的是为了促进教师的专业发展，教师群体本着合作、互助、共享、开放、发展的理念，以教学经验的交流与教学互助为主要内容组建而成的教师团体组织。

（2）教师共同体的作用。教师共同体的成员组成以教育者为主，成员可以通过教师共同体学习教育理论，交流教学经验，探讨教学问题。此外，教师共同体还具有一定的社会影响力，可以维护教师权益，为教师进行学习与自我提升创造更多有利条件。具体来说，教师共同体的主要作用主要包括以下四个方面的内容：

第一，方便教师之间的交流。在教师共同体中，教师可以打破学科与教学环境的限制，自由进行互联网英语教学经验的交流与分享，共同分析并解决教学过程中遇到的问题，从不同的角度、不同的实践经验、不同的教学经历针对某一教学话题进行讨论，从而有利于开拓教师的教学思维，帮助教师从多角度认识教学活动，以及采取灵活的方式应对教学实践中出现的问题。

第二，帮助教师自主提升专业发展水平。教师共同体是教师自愿组成或加入的，没有外界的强制性要求，因此加入教师共同体是教师个体的一种带有很强积极性的主动行为。不同的教师共同体具有自身独特的风格，同一教师共同体中的成员往往在很多方面具有相似性，如教学理念、教育方式、教育技术等。具有相似品质的个体之间的交流会变得更加流畅、顺利，教师也会对该团体更有归属感，这样一来，会使教师形成心理活动与实践活动的良性循环，帮助教师自主提升专业发展水平。

第三，有利于网络教学资源的即时共享。教师共同体的另一重要优点就是信息资源的共享。优秀的教师共同体同时是一个蕴含着丰富智慧与庞大信息量的平台，教师在其中分享自身关于教学的种种观点，同时分享自己掌握的关于网络教学的相关信息。这种由大量个体之间分享信息资源的方式可以保证信息资源更新的即时性，让教师可以在第一时间接触新的政策、新的教学方式、新的教育技术等。

第四，为教师提供学习的平台。教师共同体还可以通过引入教育领域的专家与其他优秀教师的方式，引导他们分享使用信息技术开展教学活动的经验，进而从更加专业的角度分析教学活动，为教师的自我提升提供更多的学术和理论支持，提升团体内教师使用信息技术开展教学的专业水平，促进团体内教师的共同发展。[1]

2.看教师是否通过继续教育进行学习与提升

进入工作岗位并不意味着教师学习阶段的结束，教师应该树立终身学习的观念，既当"教师"，又当"学生"。教师通过学习不断提升自身

---

① 刘雨蓓.ESP教学方法改革与教师专业发展研究[M].青岛：中国海洋大学出版社，2019：176-177.

的信息素养和教学素质，这既是教师实现专业发展的要求，也是国家教育事业发展的需要。

当今互联网时代的显著特点之一就是信息和知识的更新速度加快，新的教学理念与教学方式不断产生、更新，加之英语教育政策的不断调整，英语教师在学校中学到的信息技术知识不可避免地会面临过时、老化、不符合现代教学实践等问题。因此，教师应当保持学习的心态，不能满足现有的知识体系，不能禁锢在固有的教学模式之中，要勇于探索和学习新的信息技术知识，并付诸实践。

教师的学习途径总体分为两个方面：其一是自我学习与提升，这需要教师拥有充分的自我发展意识；其二则是教师继续教育制度下的一系列教师培训活动。让教师接受继续教育需要整合各类教育和社会资源，相关教育部门、综合类大学、师范性院校以及教育团体或组织需要相互沟通、相互协调、相互配合，实现信息与资源共享、教育与学习联动，进而提升教师在互联网时代背景下的教学能力。

作为教师的工作单位，教师所在的学校应该重视教师的继续教育工作，充分发挥其教育资源整合的作用，合理制订教师培训计划，并将其规范化、制度化，确保每位教师享有平等的培训机会。部分学校存在不重视教师继续教育的现象，认为教师的本职工作是教学，以教师现有的能力，能够负责该学习阶段学生的教学工作即可。这些观念显然是错误的，首先，时代是不断变化发展的，教育工作也应紧跟时代步伐，不断变革与创新。其次，正所谓"磨刀不误砍柴工"，教师接受继续教育的目的是不断提升教师的专业素质，以适应中国教育的不断发展。教师在继续教育的过程中可以学习和掌握最新的教育技术与教育方法，然后与实际教学相结合，将这些方法和技术运用到英语教学活动当中，从而有效地提升教学效率，促进信息技术与英语教学的融合与应用。

3.看教师是否通过学术深造进行学习与提升

信息全球化和教育国际化的发展，加上各国在政治、经济、文化等方面的合作与交流，使出国学习、交流的政策不断放宽，出国的手续办理也越来越简便，再加上英语教师本身具有的英语语言优势，有利于英语教师在国外展开学习和生活，因此，对于英语教师来说，出国进行学术深造已经不是一件遥不可及的事。

与此同时，学校的财政资助也为英语教师进行学术深造提供了必要保障，对英语教师的长期发展和进步来说意义非凡。学术深造有助于英语教师在进一步提高自身专业知识的同时，了解相关学科的发展情况，涉猎新的研究专业和研究领域，拓展研究视野，更新教学理念，深入体验和研究英语民族的文化，提升学术水平和信息素养。

4.看教师是否通过学术会议进行学习与提升

定期参加专业学科的学术会议是提升高校英语教师信息素养和教育技术的重要途径。与英语专业学科发展和信息技术教学研究相关的学术会议为高校英语教师间的沟通交流与共同发展提供了良好的平台。来自世界各地的英语学者在学术会议上集一堂，自由阐述自己的交流成果，与同行分享自己的信息技术教学研究经历，各抒己见，百家争鸣。在论述和汇报过程中，英语教师的专业知识水平和信息技术教学认知水平得以提高。

除此之外，学术会议上资源丰富，形式多样，电子会议、视频会议、电子公告板、网上论坛等形式的交流手段更是为英语教师获得学术信息和资源提供了便利。因此，经常参加学术交流不仅可以加深教师对信息技术教学理论的理解，还能明确互联网英语教学发展的方向。

5.看教师是否树立了终身学习的理念

经济全球化、文化多元化和互联网信息技术的发展，为知识的获取和信息资源的流通提供了便利条件，基于这种发展现状，教师要进一步确立终身学习的理念，通过不断学习丰富自己的信息技术知识，提升自己的信息素养和信息化教学能力。学无止境，尤其在这样一个信息和技术更新换代速度非常快的时代，不学习新知识、新理念和新技术，就会落后，就会被淘汰。除此之外，教师职业的特殊性也要求教师树立终身学习的理念。教师每天要面对的对象是学生，学生接受新思想、发现热点问题的速度很快，因为他们会使用手机、平板电脑等各种智能设备，非常关注各类信息的变化，因此如果英语教师不积极利用互联网信息技术上网更新自己的知识储备和信息素养，就会跟不上高校学生的认知动态和思想变化，就不能理解他们的关注点和兴趣点，因而就不能与学生进行顺畅沟通，不利于教学活动的开展和师生感情的培养。

## 第四节　英语教学学生评价的创新设计

### 一、评价主体多元化

传统的教学评价活动通常是由教学工作的管理者组织并开展的，学生甚至教师往往处于评价活动之外。在当今这个时代背景下，无论是对教师教学活动的评价，还是对学生学习行为的评价，都应该让学生参与其中。因此对学生评价主体的设计应体现多元化的特征，不仅要包括教师对学生的评价，还要包括学生的自我评价、学生之间的相互评价以及网络教学系统对学生的评价等方面。

#### （一）教师对学生的评价

教师对学生的评价分为可量化的内容和激励性的内容两部分。课堂表现、第二课堂活动表现、随堂测试、单元测试是可以量化的。对学生的口头评价、书面评语等则主要涉及学生的情感态度、学习策略等，起到的是警醒、建议或激励的作用。

#### （二）学生的自我评价

学生的自我评价是指学生对自己在某一阶段的学习表现进行评价。

例如，学生可以通过电子日志的形式记录自己在学习过程中的心路历程、对学习计划的执行度和完成度、在学习中遇到的困难和解决办法、对学习成果的总结和反思等。

### （三）学生之间的相互评价

学生之间的相互评价不是随心所欲进行评价，相反，在开始评价之前，教师要制定出科学的评价标准，严格控制，规范操作，避免流于形式，否则可能导致学生之间出现拉帮结派、搞人际关系的不良作风。与此同时，教师要引导学生正确认识他人对自己的评价，不能只接受好的评价，拒绝真诚的、需要自己改正错误的评价。

### （四）网络教学系统对学生的评价

学生利用网络教学系统开展学习、练习和在线测试，在这一过程中，网络教学系统可以针对学生的这些学习行为展开评价。网络教学系统对学生的评价具有客观、高效的优点。教师应当熟练掌握网络教学管理平台的操作，事先设定好评价的内容和规则，充分发挥网络教学系统激励学生学习的作用。

## 二、评价内容多元化

传统的教学评价更注重对学生学习效果的评价，特别是对英语语言知识掌握情况的评价，而忽视了对学生英语语言技能、跨文化交际能力以及其他英语综合运用能力的评价，更缺乏对学生情感态度、学习策略和意志品格的评价。针对上述问题，多元评价教学体系将评价内容设定为对学生智力因素的评价和非智力因素的评价。

对学生智力因素的评价内容主要包括英语知识、英语综合应用能力、跨文化交际能力的评价。其中英语知识主要是学生在课堂教学中学到的知识，包括英语语音知识、英语词汇知识和英语语法知识；英语综合应用能力包括英语的听、说、读、写、译技能；跨文化交际能力是指处理跨文化交际实践过程中出现的各种文化问题的能力，如文化差异、文化意识、文化态度、文化情感等问题。在实际的跨文化交际活动中，跨文化交际能力表现在交际的得体性和有效性方面。首先，交际的得体性是指跨文化交际参与者的言行符合目的语文化的价值观念、行为模式和社会规范。其次，交际的有效性是指跨文化交际参与者能够实现自己的交际目标，达到交际的目的。总之，跨文化交际能力具有内在性，可以由参与者根据自己的观念意识进行知识输入、技巧输入，然后下达交际命令，完成交际行为。

对学生非智力因素的评价内容主要包括学习策略、意志品格和情感态度的评价。其中学习策略主要包括认知策略、元认知策略、记忆策略等；意志品格主要包括学习过程中遇到困难时的坚定意志和不会轻易放弃的信念；情感态度包括学习英语和用英语参与跨文化交际活动的真实情感和正确态度，如学生要想提高自己的跨文化交际能力，就必须了解自身的情感态度。

因为人们在与不同文化背景下的人进行沟通时，往往会有一种由预先印象或文化定式所造成的情感态度。这些交际前的态度给交际活动参与者戴上了有色眼镜，使其不能如实评价对方的交际行为给自己带来的感受，甚至对对方的言语行为产生误解。如果参与者能提前意识到一点，就能在很大程度上克服先入为主的消极情绪，从而减少负面情绪对交际的影响，体验跨文化交际活动带给自己的真实感受。

## 三、评价形式多元化

评价内容的多元化注定了评价形式的多元化。不同的评价内容需要采用不同的方式进行评价。例如，要评价学生对英语基础知识和英语技能的掌握情况，就可以采取形成性评价的方式，利用随堂测验、单元测验、计算机辅助听力测试、口语测试、英语技能竞赛采集学生的成绩数据，形成评价结果。而如果要评价学生的非智力性因素，则可以采取电子档案式评价方法采集教师的书面评语、学生之间的评语和教师对学生的阶段性建议，或者采用定性的方法将评价结果纳入量化的范围。如果要同时评价学生的英语基础知识和语言综合应用能力，则可以采取终结性评价方式，这种评价方式一般通过期中和期末两次考试进行。

## 四、深度挖掘学生需求

网络技术、大数据技术等现代信息技术有利于学生在教学评价平台与教师、同学进行充分的交流与沟通，表达自己的想法，提出自己的意见，充分体现学生在教学活动中的主体地位。教师可以在评价平台上了解学生对教学活动最真实的看法，归纳和总结学生反映的问题类型，深挖学生学习的难点和感兴趣的知识内容。通过数据的计算和系统的分析，教师可以更好地了解学生的学习动机、学习需求，进而为激发学生的动机、满足学生的需求设计不同种类、不同内容、不同特点的教学活动，从而提高教学水平，促进学生的成长与进步。

## 五、积极邀请家长参与

家长的参与和支持是促进互联网时代英语教学发展的重要影响因素。在现代信息技术的支持下，教育教学工作者可以邀请家长参与学生在线课堂的学习。教师通过计算机或者手机应用将学生上课的画面分享给家长，家长便能清晰地看到学生参与在线教育的真实情况。与此同时，教师还可以将教学视频上传到云端上的公共班级空间，家长可以进入空间进行观看与学习。除此之外，当前网络视频教学模式的兴起使很多教师选择通过直播的方式讲授英语知识与文化，在这种情况下，家长可以选择和孩子一起观看直播，相互学习、相互监督、共同进步。

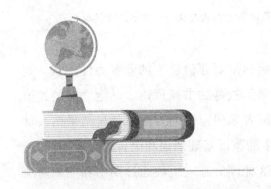

# 第八章　高校英语教学创新发展
## ——教学语言创新

## 第一节　英语教学语言的特点与作用

### 一、教学语言的定义

教学语言是教育过程中的基本元素，涵盖了教师在课堂上使用的各种表达和沟通方式。这些方式旨在传递知识，促进学生理解和掌握教学内容。作为教师基本素质的反映，教学语言在教学过程中起着至关重要的作用，直接关系教学质量和效果。通过运用合适的教学语言，教师能够更有效地与学生进行信息交流，激发学生的兴趣与激情，从而提升教学效果。总体而言，教学语言是教育活动中的关键组成部分，为教师和学生之间的沟通与互动提供了有力支持。

### 二、英语教学语言的特点

英语教学语言通常是英语教师用作讲解知识、传达信息和传授技能的工具。但是英语教师使用的教学语言不仅是一种传授知识和技能的工具，还是教师所要传授的知识和技能本身。

### （一）实用性

英语教学语言的实用性体现在其与实际生活场景的紧密结合上。教师应充分考虑学生的需求，关注他们可能在现实生活中遇到的各种英语应用场景。通过模拟这些场景，教师能够帮助学生更好地理解和掌握英语知识，提高他们运用英语的能力。此外，实用性还体现在教师要选择贴近现实的素材为学生讲解英语语言知识与文化，使学生在最大程度上理解教学内容。使用实用性的教学语言有助于提高学生的学习兴趣，增强他们的学习动力，从而在实际应用中更好地运用所学知识。

### （二）规范性

英语教学语言的规范性是指教师在教学过程中遵循英语语言的规范和标准，确保所传授的知识正确无误。规范性体现在教师对语法、词汇、发音等方面的精准把握，以及对于英语表达习惯和风格的了解。教师需具备严谨的教学态度，避免传授错误或过时的知识。只有遵循规范性原则的教学语言，才能保证学生在学习过程中掌握正确的英语知识，为他们未来在英语应用时的优秀表现奠定基础。

### （三）主导性

英语教学语言的主导性强调教师在课堂中的引导作用。英语教师在组织英语教学过程中要让学生注意什么、感受什么、联想什么以及表达什么，关键在于教师怎样利用教学语言进行引导。教学语言主导性的强弱是教师主导作用如何发挥的一个重要标志。英语教学语言的主导性还体现在教师对课堂节奏的把握以及对学生学习进度的引领方面。使用主导性的教学语言有助于提高课堂教学的效果，培养学生的自主学习能力和团队协作精神。

### （四）讲解性

英语教学语言的讲解性关注教师在教学过程中对知识点的阐述和解析。教师应运用生动、形象、简洁的语言，对英语知识进行深入浅出的讲解，帮助学生更好地理解和掌握所学内容。讲解性要求教师具备丰富的教学经验和方法，能够根据学生的认知水平和特点，灵活运用各种手段和技巧，如举例、类比、启发式问答等，使抽象的语言知识变得形象易懂。此外，讲解性还强调教师在教学过程中关注学生的反馈，根据学生的理解情况及时调整讲解的内容和方式，以确保教学目标的实现。

### （五）启发性

英语教学语言的启发性是指教师在教学过程中鼓励学生主动思考，引导他们自发地发现和解决问题。教师可以通过提出有深度的问题、设置有趣的挑战或设计创新性的活动来激发学生的思维。例如，在教授词汇时，教师可以让学生探究词根、词缀的来源和演变，从而帮助他们更深入地理解单词的意义和用法。此外，英语教师还应注意把握启发教学的火候，"不愤不启，不悱不发"，在适当时机施教，才能充分发挥教学语言的启发作用。

### （六）趣味性

英语教学语言的趣味性关注的是在教学过程中创造轻松、愉快的学习氛围。教师可以运用幽默、轻松的语言，结合生动的例子和有趣的活动，激发学生的学习兴趣。例如，在教授语法时，教师可以通过讲述幽默的故事或设置游戏环节，使原本枯燥的语法知识变得生动有趣。使用趣味性教学语言有助于提高学生学习的积极性，减轻他们的心理压力，从而提高教学效果。

### （七）针对性

英语教学语言的针对性体现在教师根据学生的年龄、水平、兴趣和需求，制定和调整教学内容、方法和策略。例如，在针对初学者进行教学时，教师可以使用简单、直接的语言，以便学生更容易理解；而在教授高级课程时，教师可以采用更复杂、更深入的表达方式，挑战学生的认知能力。使用针对性的教学语言能够确保教学语言的表达符合学生的实际认知，提高教学的实效性。

### （八）审美性

英语教学语言的审美性关注的是教师在课堂上展示优美、富有表现力的语言，以激发学生对英语的欣赏和热爱。教师可以通过选用优美的诗歌、名篇或歌曲等素材，帮助学生体验英语的韵律、节奏和音韵美。例如，在教授诗歌时，教师可以带领学生欣赏莎士比亚、雪莱、艾米莉·狄金森等名家的作品，让学生感受英语的韵味和寓意。此外，教师还可以通过运用生动、形象的描述和修辞手法，使课堂讲解更具有吸引力。使用审美性教学语言不仅能培养学生的文学素养和审美情趣，还能增强他们对英语学习的兴趣和热情。

## 三、英语教学语言的作用

### （一）促进教学信息传播

英语教学语言在教学过程中起着传递知识的核心作用。教师需运用恰当的教学语言，将英语知识以清晰、准确的方式呈现给学生，使他们能够理解、消化和掌握所学内容。例如，在教授英语动词时态时，教师可以使用生动的例句和图示，帮助学生更好地理解时态的变化规律。优质的教学语言能有效地传递教学信息，提高学生的学习效率。

### （二）促进学生能力发展

英语教学语言对学生的能力发展具有重要影响。著名科学家爱因斯坦说得好："一个人的智力发展和他形成概念的方法在很大程度上是取决于语言的。"教师教学语言艺术的高低不仅会影响教师教学任务的完成、教学效果的优化，而且直接影响学生多方面能力的发展。通过激发学生的学习兴趣、培养他们的自主学习和批判性思维能力，教师可以帮助学生逐步形成独立思考和解决问题的能力。例如，在小组讨论活动中，教师可以运用启发式的问题引导学生思考和表达，从而提高他们的英语口语和沟通能力。有针对性的教学语言可以促进学生在英语听、说、读、写等能力方面的全面发展。

### （三）促进师生情感交流

英语教学语言艺术在促进师生情感交流方面起着关键作用。英语课堂教学不仅涉及知识的传授和问题的解答，还包括师生之间的情感互动。心理学研究表明，所有心智活动都融合了理性和情感两个方面。正如著名儿童心理学家皮亚杰所指出的："任何行为模式（包括理性的）都包含情感因素作为动力。"理性与情感应相互补充，协同发挥作用。在这个过程中，教学语言成为师生情感交流的重要载体。

富有艺术魅力的教学语言能够促进师生间积极的情感交流。例如，教师通过运用生动的描述、富有情感的语言以及适当的幽默，能够拉近与学生的距离，使他们更容易接受教师所教授的知识。此外，教师还可以通过关心学生的学习与生活，用关切的语言为学生解决问题，进一步加深师生之间的情感纽带。相反，教学语言质量较差会导致师生间的情感交流受阻，从而影响教学质量。

### （四）营造良好教学氛围

英语教学语言对于营造课堂氛围具有重要作用。教师通过运用生动、有趣的教学语言，结合多样化的教学手段和活动，可以激发学生的学习积极性，使他们更愿意参与课堂互动。例如，教师可以组织角色扮演、小组讨论等形式的活动，引导学生在轻松、愉快的氛围中学习英语。

### （五）提高英语教学质量

英语教学语言在提高英语教学质量方面具有至关重要的作用。教学质量受多种因素的影响，而准确、生动、鲜明、富有吸引力、感染力和号召力的教学语言具有极高的艺术价值，能启发学生的思维，激发学生的兴趣，调动学生的积极性，从而对教学质量产生直接影响。研究显示，学生的学习积极性、主动性、课堂纪律、学习成绩乃至个人成长与教师的教学语言有密切联系。

# 第二节　英语教学语言的种类与要求

## 一、英语教学语言的种类

一些学者从不同的角度出发，采用不同的分类方法对英语教学语言进行了分类。本书主要从英语教学语言的功能性质以及信息流向两个角度出发，对英语教学语言进行了分类。

### （一）按照英语教学语言的功能性质进行分类

#### 1.系统讲授语言

系统讲授语言是英语教学中最基本的教学语言类型，主要用于教师在课堂上向学生传授知识和技能。这类语言通常要求教师表述清晰、逻辑严密、层次分明，以便学生更好地理解和吸收所讲授的内容。例如，在教授英语语法时，教师需要用简洁明了的语言阐述规则，通过举例和讲解帮助学生理解这些规则在实际语境中的应用。此外，教师还需要关注知识点之间的联系，以便学生能够在不同主题和知识领域之间建立联系，从而实现知识体系的整体性和连贯性。

2.个别辅导语言

个别辅导语言主要用于教师在课堂之外对学生进行一对一辅导和指导。这类语言要求教师更加关注学生的个体差异和需求，以便针对性地为其提供帮助。例如，在个别辅导过程中，教师可能需要以鼓励、关切的语言关注学生的情感需求，帮助他们建立自信，克服学习障碍。同时，教师还要根据学生的具体问题，提供有针对性的解答和建议，如纠正学生的发音错误、解答语法疑惑等。在这个过程中，教师的语言应当具备关爱、耐心和鼓励性，以便提高学生学习的积极性和成就感。

3.组织协调语言

组织协调语言主要用于教师在课堂上组织和管理学生的学习活动。这类语言要求教师具备较强的组织能力和应变能力，以便在课堂上保持秩序，引导学生参与和合作。组织协调语言可细分为以下几类：

（1）指令语言。应当简明扼要、准确具体，并保持热情和礼貌；避免使用模糊、冗长、混乱和冷漠的措辞。

（2）讨论语言。应当体现民主精神，尊重学生的选择并培养他们的参与意识，从而使教学变成双向互动的过程。

（3）连接语言。即过渡语言，在教学要点之间和教学活动之间起到承接作用，使教学内容和活动的变化不显得生硬。连接语言应当使前后相互呼应，连接紧密，顺序清晰，变化自然，以便将整堂课组织得有序严密。

（4）调节语言。例如，通过适当的评价（包括表扬和批评），加强或改变学生的学习活动，以便调整和控制教学进程。

### （二）按照英语教学语言的信息流向进行分类

#### 1.单向传输语言

单向传输语言，也称为独白性语言，主要体现在英语教学过程中教师向学生单方面传递知识的语言形式。这类教学语言具有以下特点：首先，它具有密集的语言信息和流畅的讯道，可以清晰地传达教师的教学意图。其次，由于语言传输效率高且质量优良，教师可以自主调控表达过程，实现精心设计的教学目标。

然而，单向传输语言要求学生具备一定的语言接受能力，因为它不仅为学生提供了良好的语言示范，还有助于培养学生的语言鉴赏能力、语言感受能力和语言表达能力。值得注意的是，由于这种语言信息的单向输出缺乏反馈机制，因此其语言效果在很大程度上取决于教师的语言艺术水平。

为了在运用单向传输语言时更具吸引力，教师需要注重语言表达技巧，以激发学生的兴趣，并避免单调枯燥导致的语言疲劳。教师可以通过使用生动的例子、形象的比喻以及引人入胜的故事来增强语言的吸引力。此外，教师还应关注教学内容的组织和呈现方式，确保其条理清晰、逻辑严密，以便学生更容易理解和接受。

#### 2.双向对话语言

双向对话语言是指教师与学生之间进行互动交流的语言。在这种情况下，教师和学生之间的沟通是双向的，学生可以提问、发表观点和参与讨论。教师需要具备良好的倾听能力，以便理解学生的问题和需求。同时，教师还要鼓励学生积极发言，为他们提供一个安全、尊重和包容的环境，以便他们能够自由表达想法。双向对话语言有助于提高学生的参与度和学习效果，同时能增进师生之间的理解和信任。双向对话语言常用于课堂问答、个别辅导、交换意见、了解情况等教学活动。

#### 3.多向交流语言

多向交流语言是指在教学活动中，教师、学生以及学生之间相互交流的语言。这种类型的教学语言鼓励学生之间的合作与互动，促使他们共同解决问题、分享知识和经验。教师在这种环境中扮演协调者和引导者的角色，激发学生的创造力和团队协作精神。为了实现多向交流，教师需要运用开放性的问题和讨论来激发学生的思考和表达。多向交流语言有助于培养学生的批判性思维、沟通能力和团队合作精神，同时能够丰富课堂教学内容和形式。

## 二、英语教学语言的要求

### （一）语音方面

#### 1. 语音准确

在英语教学中，教师的语音准确性至关重要。语音准确是指教师在发音时能够正确发出音素、辅音和元音。教师的准确发音对学生学习英语发音具有示范作用，能够帮助学生避免养成错误的发音习惯。为了确保语音准确，教师需要不断地练习、学习和提高自己的发音能力，同时要关注学生的发音情况，及时纠正学生发音时的错误。

#### 2. 语调丰富

教师在英语教学过程中需要注重语调的丰富性。语调是一种通过声调高低变化来表达不同语境和情感的方式。教师在课堂上运用丰富多样的语调，可以增强语言的表现力和感染力，有助于吸引学生的注意力，激发学生的学习兴趣。通过模仿和练习，教师可以提高自己的语调掌握程度，使课堂教学更加生动有趣。

#### 3. 语速适当

在英语教学过程中，教师的语速应适中，既不能太快，也不能太慢。适当的语速能使学生跟上教师的思路，更好地理解和吸收教学内容。教师需要根据学生的语言水平和接受能力调整语速，并在关键部分适时放慢语速，以便学生能够充分理解。同时，教师还应注意在讲解过程中适时停顿，给学生留出思考的时间。

4. 音量适度

教师在英语教学中要保持适中的音量。音量适中能使学生更容易听清教师的讲解，有利于学生对教学内容的理解和记忆。教师应注意控制自己的音量，既要保证清晰可听，又不要过于大声，以免对学生产生不良影响。此外，教师还可以根据教学内容和情境调整音量，以增强表达效果。

5. 节奏恰当

在英语教学过程中，教师需要关注语音节奏的恰当性。节奏是指语言表达过程中的停顿、重音和语速变化。恰当的节奏有助于学生对教学内容的理解和吸收，能使教学更具有条理性和连贯性。教师在课堂教学中应注意把握教学节奏，合理安排停顿和重音，使语言表达更具动感和韵律感；在重要观点和关键信息处，教师可以适当加重重音和延长停顿时间，以便突出强调。此外，教师还可以通过灵活调整语速，使教学内容更加丰富多样，提高学生的学习兴趣和参与度。

## （二）词汇方面

1. 表达准确

英语教学语言中对教师词汇表达的要求首先是准确性。教师在授课时需要使用精确的词语和表达方式，以确保信息的传递无误。选择合适的词汇能够让学生更好地理解教学内容，避免因为表达不准确而导致学生产生误解。为了实现准确的表达，教师需要不断丰富自己的词汇量，并在日常教学中注重词汇的选择和运用，从而提高授课质量。

2. 语言精练

在英语教学语言中，教师词汇表达的另一个要求是语言精练。简洁明了的表达有助于学生更快地理解和掌握知识。教师应尽量避免使用过于复杂或冗长的句子，而是用简短、直接的表达方式来传达信息。在教学过程中，教师要善于运用同义词、近义词等来丰富词汇表达，同时减少重复和累赘的表述，使授课内容更加简洁明了。

### 3.生动形象

英语教学语言中对教师词汇表达的要求之一是使其生动形象。生动形象的语言能够吸引学生的注意力，激发他们的学习兴趣。教师可以运用比喻、举例、故事等手法，使抽象的概念具体化，让学生更容易理解和接受。同时，教师还应关注语言的情感表达，使课堂氛围更加轻松愉快，有利于师生情感的交流与建立。

### （三）句法方面

在英语教学语言中，对教师句法表达的要求尤为重要。为了确保学生能够充分理解和掌握所学内容，教师需要遵循以下原则：

#### 1.多用短句和简单句

在教学过程中，教师应尽量使用简短明了的句子，避免过多地使用复合句和修饰句。简洁的句子结构有助于学生更好地理解教学内容，降低理解难度。此外，简单的句子结构更易于学生模仿和掌握，有助于他们逐步提高英语表达能力。

#### 2.适时重复或改述句子

在教学过程中，教师可以适当重复关键句子，或用不同的方式重新表述。这种做法可以加深学生对知识点的理解，巩固记忆。同时，通过多种表达方式，教师还可以帮助学生拓展词汇和句型，提高英语应用能力。

#### 3.修正学生不符合句法规则的句子

当学生在表达过程中出现不符合句法规则的句子时，教师应及时予以指正。通过纠正错误，教师可以帮助学生了解正确的句法规则，避免错误的固化。此外，及时的纠错还能加深学生对正确句子结构的认识，提高他们的语言运用能力。

#### 4.补充学生不完整的句子

对于学生表达不完整的句子，教师应积极予以补充。这样既可以帮助学生理解完整的句子结构，也有利于激发他们的学习兴趣，鼓励他们更多地尝试英语表达。

# 第三节 英语课堂教学语言的设计原则

## 一、英语教学语言的语用原则

英语教学语言的语用原则是指在英语教学中教师使用英语的原则，包括表达原则和领会原则。表达原则是指教师在讲授、写板书和备课时，应该遵循修辞原则，追求理想的表达效果，使自己的语言准确、规范、得体，易于听懂和记忆；领会原则则是指教师在听学生的表达、阅读学生的作文时，应该追求理想的领会效果，使自己的理解迅速、准确、全面、透彻。

在英语教学中，语用原则对于实现教学目标和完成教学任务非常重要。教师需要掌握语用原则，以便能够更好地运用英语与学生进行交流，确保课堂教学的顺利开展。同时，教师还需要注意运用正确的语用策略，比如使用恰当的语言形式、语气、句式、修辞手法等，以便更好地传授知识、引导学生学习。

英语教学语言的语用原则是英语教学中非常重要的一部分，教师应该遵循表达原则和领会原则，掌握语用策略，以便更好地与学生进行交流，完成教学任务，实现教学目标。

### （一）为确切传达教育教学信息、实现教学目的服务

英语教学语言的选择和运用必须服务实现教学目标，既不能偏离每节课的特定教学目标，也不能追求语言形式美而忽视内容和目的的需要。在选择和运用英语教学语言时，教师应该尽可能选用那些能够精确、简洁、明确地表达学科知识的修辞方式和句式。同时，教师的说话方式应

该平实、简洁，以便学生能够轻松听懂、理解和记忆。

教师应该在教学中注重语言的准确性、简洁性和明确性，尽可能地使用通俗易懂的语言，使学生能够轻松理解和掌握教学内容。教师还应该关注语言表达的方式和形式，以便更好地传授知识、引导学生学习。

英语教学语言的选择和运用是非常重要的，它必须服务实现教学目标，同时注意语言的准确性、简洁性和明确性，以便学生能够轻松理解和掌握教学内容。

### （二）适应不同学生的不同特点

因材施教是教学的重要原则之一，其要求教师在教学中以学生的实际情况为出发点，根据不同学生的具体情况，采用不同的方法进行教学，以实现每个学生在个人原有基础上的充分发展。作为英语教学的主要方式，英语教学语言表达必须切实遵守这一原则。

在英语教学语言的表达过程中，教师需要注意英语的内容和形式是否能够被学生准确理解和接受，因为每个学生对英语教学语言的领会能力都有所不同。学生对英语教学语言的接受和领会程度不仅是对英语教师教学语言表达水平高低的检验，而且是评价教学效果好坏的重要标准。为保证英语教学语言能够被不同学生准确理解和接受，教师需要遵循因材施教的原则，从而适应不同学生的特点。

### （三）增加一些礼貌用语的使用

课堂上应该引入一些常用的礼貌用语，如"Please""Sorry""Thank you"等，这有助于培养学生的良好行为习惯和个人素质。在学生翻书时，教师可以说"Please turn to page..."当教师口误或迟到时，可以表达歉意说"Sorry"。这些简单而常见的礼貌用语不仅能在课堂中为学生提供良好的表率，还有助于培养他们在日常生活中的礼仪素质。

## 二、英语课堂教学语言领会原则

英语教学中语言的双向活动既有教师表达、学生领会，也有学生表达、教师领会。这里主要谈教师对学生表达的领会。

### （一）注重倾听

倾听是有效沟通的基础和前提。英语教师在教学中不仅要注重自己的表达，还要注意倾听学生的发言。这样才能真正建立起师生之间的良好关系，促进双方的互动和交流，消除误解和隔阂。好的英语教师要具备良好的倾听习惯和能力，要有意识地关注学生的表达，尊重学生的发言权，积极倾听他们的声音和想法，关注他们的情感和感受。

要做到良好的倾听，英语教师需要付出一定的努力和耐心。首先，要注意语言和肢体的表达，尽可能做到姿态端正、面带微笑、目光交流，这样能更好地传递出自己的关注和信任。其次，要注重细节，比如避免打断学生的发言、重复学生的话语以确认理解、引导学生深入表达等。这样能更好地让学生感觉到自己被关注和被认可。

倾听对于英语教学的质量和效果有着深远影响。只有通过倾听，英语教师才能真正了解学生的学习状况和难点，及时调整教学策略，更好地满足学生的学习需求。同时，倾听也能提高学生的学习兴趣和参与度，增强他们的自信和自尊心，促进他们全面发展和成长。

### （二）以学生的具体言语为依据

在英语教学中，教师需要通过倾听学生的具体言语来领会他们的思想感情，因为大多数学生要表达的思想感情都存在于他们自己的言语中。当然，体态语也可以表达一定的情感和意思，但它只是自然语言的辅助手段。通过观察学生的肢体语言来领会他们的思想感情是有限的，远不如直接倾听学生的言语来得有效。言语形式本身负载的意义也始终是最重要的，因此教师应以学生的具体言语为依据，仔细倾听他们的发言并理解其中的信息意义和情感意义。在学生发问或回答问题时，教师需要注意不误听，确保能够准确理解学生的表达，这样才能更好地指导学生，促进教学效果的提高。

## 第四节　英语课堂教学语言的创新设计

### 一、设计表达语境

在英语课堂教学中，为了提高学生的学习兴趣和积极性，教师需要根据学生的实际需求，创新设计语言表达的情境。首先，教师可以利用多媒体技术为学生创造真实的语言环境，让学生沉浸在丰富的英语语境中。例如，通过播放与课文相关的视频和音频资料，帮助学生更好地理解课文内容。其次，教师可以引入日常生活中的实际场景，让学生在情境中体验英语的实用性。例如，在教授购物课程时，教师可以设计模拟购物场景，让学生亲身参与体验。这样的教学设计不仅能够让学生在真实场景中运用英语知识，还能培养他们的实际应用能力。同时，这种教学方式有助于激发学生的学习兴趣，使他们更加积极地投入英语学习。

此外，教师还可以通过情境教学法，设计一系列有趣的角色扮演活动，激发学生的学习兴趣。角色扮演活动是英语课堂教学中的一种生动有趣的教学方法。教师可以为学生分配不同的角色，如名人、历史人物等，让他们通过扮演这些角色进行英语对话和表演。这种活动能让学生充分运用所学的英语知识，提高口语表达和听力理解能力。同时，角色扮演游戏还能培养学生的创造力和想象力。

### 二、设计语言游戏

语言游戏在英语课堂教学中具有重要价值。教师可以设计各种语言游戏，激发学生学习英语的兴趣，提高他们的语言实践能力。例如，教师可以组织学生进行单词接龙、谁是卧底等游戏，让学生在游戏中锻炼英语口语和听力技能。此外，教师还可以设计情景对话、猜谜语等活动，使学生在轻松愉快的氛围中学习英语。通过这些语言游戏，学生可以更好地掌握词汇、语法和句型等语言知识，增强英语交际能力。

### （一）单词接龙游戏

单词接龙游戏是英语课堂教学中常见的一种语言游戏，它能激发学生学习英语的兴趣，提高他们的词汇运用能力。在这个游戏中，学生需要根据上一个学生说出的单词的最后一个字母，说出一个以该字母开头的新单词。这个过程可以让学生在轻松的氛围中积累词汇，提高自身的反应速度和英语思维能力。为了增加游戏的趣味性，教师可以设置限时挑战和分组竞赛等规则，让学生更积极地参与游戏中来。

### （二）谁是卧底游戏

谁是卧底游戏是一种寓教于乐的英语口语练习活动。在这个游戏中，教师可以为每个学生分发一张写有单词的卡片，其中一张卡片上的单词与其他卡片上的单词不同。学生需要用英语描述自己手中的单词，同时根据其他人的描述判断谁是卧底。这个游戏能锻炼学生的英语口语、听力技能和推理能力。为了让游戏更具挑战性，教师可以设计一些具有相似特点的单词，让学生进行更细致地分辨和描述。

### （三）猜谜语活动

猜谜语活动可以帮助学生在轻松愉快的氛围中学习英语。教师可以准备一些英语谜语，让学生通过思考和讨论，找出谜底。这个游戏不仅能够锻炼学生的英语阅读和理解能力，还能激发他们的想象力和创造力。为了增加活动的趣味性，教师可以设置不同难度的谜语，以适应不同程度的学生。此外，教师还可以鼓励学生自己创作英语谜语，并在课堂上分享，这样既能提高学生的英语表达能力，也能培养他们的创新思维。

### （四）拼图游戏

拼图游戏是一种有趣的英语课堂教学活动。在这个游戏中，教师可以将一个完整的英语句子或段落切割成若干碎片，让学生通过合作，将碎片拼接成完整的语句或段落。这个过程可以锻炼学生的语法知识、逻辑思维能力和团队协作能力。为了提高游戏的挑战性，教师可以设计复杂的句子结构和语法规则，让学生在游戏中不断提高自己的英语水平。

## 三、设计语言风格

在英语课堂教学语言的创新设计中，采用多样化的语言风格至关重要。这样的设计可以为学生提供更丰富的学习体验，进而提高他们的英语综合应用能力。

首先，教师在课堂教学中可以使用不同的语言风格来讲解知识点。例如，在教授语法时，教师可以通过正式的教学语言讲解规则，然后用轻松幽默的语言举例和进行练习，这有助于增强学生对知识点的理解和记忆。同时，教师还可以在课堂上使用不同的说话速度、语调和语气，以适应不同的教学内容和学生需求。

其次，教师应善于运用各种修辞手法，如比喻、拟人、排比等，让课堂教学语言更具有表现力和吸引力。通过这些生动的表达方式，学生可以更容易地理解抽象的概念和知识点，从而提高学习效果。

再次，教师还可以尝试在课堂教学中穿插不同的方言和口音，以展示英语的多样性。这种设计不仅可以丰富课堂教学的内容，还能帮助学生了解各地的英语特点，提高听力理解能力。

最后，教师在课堂教学中要注重与学生的互动和交流，鼓励学生尝试运用不同的语言风格来表达自己的观点。通过这种方式，可以更好地培养学生的语言运用能力，提高英语表达的灵活性和准确性。

## 四、引入文化表达

在英语课堂教学语言的创新设计中，加入文化表达是一个至关重要的方面。将文化元素融入英语课堂教学有助于培养学生的跨文化交际能力，提高他们的语言素养和综合素质。

首先，在课堂教学中，教师可以将目标语言国家的语言文化背景知识融入教学内容。例如，在教授英语习语和俚语时，教师可以向学生介绍相关的语言文化背景、习俗和历史，以帮助他们更好地理解和掌握这些表达。这样的教学设计既能使学生对英语有更深入的了解，也有利于提高他们对文化差异的认识。

其次，教师在课堂语言表达中可以穿插一些有关英语国家的社会风俗、传统节日等语言文化知识的内容。通过分享英语国家的文化特点和生活方式，教师可以帮助学生更好地理解英语中的语境和语义，从而提高他们的英语理解能力和运用水平。

最后，教师还可以邀请外籍教师或留学生参与课堂教学，让他们分享自己的文化体验和语言习惯。这种教学方式不仅能为学生提供更加真实的语言环境，还能使他们直接体验跨文化交流的过程，提高他们的跨文化交际能力。

# 参考文献

[1] 高红梅，管艳郡，朱荣萍. 高校英语教学创新性研究 [M]. 长春：吉林人民出版社，2021.

[2] 刘蕊. 教育生态化视角下高校英语教学创新研究 [M]. 长春：吉林出版集团股份有限公司，2021.

[3] 张迎春. "互联网 +" 背景下高校英语教学创新研究 [M]. 北京：中国原子能出版传媒有限公司，2021.

[4] 宏杰. 基于跨文化交际理论的高校英语教学创新探究 [M]. 北京：新华出版社，2021.

[5] 李婷. 跨文化交际研究与高校英语教学创新探索 [M]. 北京：九州出版社，2019.

[6] 陈德泉，虞晓东. 高校英语教学创新模式探索 [M]. 杭州：浙江工商大学出版社，2009.

[7] 宋雨晨，谭诣，王丽华. 高校英语教学思维创新 [M]. 长春：吉林人民出版社，2020.

[8] 杨雪静. 高校英语教学模式创新研究 [M]. 长春：吉林人民出版社，2019.

[9] 徐琴. 新时代高校英语教学模式创新研究 [M]. 北京：北京工业大学出版社，2021.

[10] 杜羽洁，史红霞．高校英语教学模式创新与发展研究 [M]．北京：北京工业大学出版社，2019．

[11] 周梅．新建本科院校双语教学改革路径探索 [J]．江苏高教，2017（8）：67–70．

[12] 董艳，柯应根．应用型本科高校大学英语教学改革的定位研究 [J]．江苏高教，2014（4）：99–100．

[13] 韩立新，于诗卉．高校双语教学改革的若干问题思考 [J]．教育科学，2013，29（6）：35–41．

[14] 束定芳．大学英语教学与国际化人才培养 [J]．外国语（上海外国语大学学报），2020，43（5）：8–20．

[15] 赵雯，王海啸．新时代大学英语语言能力的建构 [J]．外语界，2020（4）：19–27．

[16] 兰春寿．英语课堂教学目标设定与思维品质培养 [J]．课程·教材·教法，2019，39（9）：107–113．

[17] 宋缨，朱锡明．"双一流"建设背景下高校学术英语教学改革实践研究 [J]．外语教育研究前沿，2019，2（3）：51–57+92．

[18] 蔡晨．模态输入与感知学习风格对英语听解的影响研究 [J]．现代外语，2021，44（3）：396–406．

[19] 李绿山，赵蔚，刘凤娟．基于学习分析的大学英语网络学习可视化监控和反馈研究 [J]．外语电化教学，2022（2）：23–31+115．

[20] 赵琳琳．大学英语学习策略与学习效果关系：学习动机的调节效应 [J]．现代远距离教育，2021（2）：26–34．

[21] 查德华，刘电芝．大学英语优秀者学习策略综合研究 [J]．外语界，2016（4）：66–72+81．

[22] 田丽丽．生态视角下外语写作混合式教学模式的构建与探索 [J]．中国人民大学教育学刊，2023（2）：58–68．

[23] 李维，陈桦．面向高水平组学生的大学英语翻转课堂教学实证研究 [J]．外语教育研究前沿，2023，6（1）：53–59+94．

[24] 王亚沁. 基于产出导向法理论的大学英语混合式教学模式构建与实践研究 [J]. 中国电化教育，2022（11）：117-122.

[25] 温颖茜. 大学英语教学中讲好中国故事的理论逻辑与教学实践 [J]. 社会科学家，2022（8）：148-154.

[26] 王海啸，王文宇. 创新创优 共建共享："项目式大学英语教学模式改革虚拟教研室"建设路径探索 [J]. 外语界，2022（4）：8-15.

[27] 王素雅，孙川，赵洁. 融合信息技术 创新教学模式：评《信息化背景下的大学英语教学改革》[J]. 山西财经大学学报，2022，44（8）：128.

[28] 董江丽，周群，何志巍，等. 运用"翻转课堂"教学法 推动教与学系统性改革 [J]. 中国高等教育，2022（9）：56-58.

[29] 梁文花，相孟薇，张超. 我国大学英语混合式教学研究的历时与共时特征 [J]. 外语电化教学，2022（2）：32-38+116.

[30] 马武林，刁阳碧，王珏. 大学英语混合式一流课程建设探索与反思 [J]. 外语电化教学，2021（6）：94-102+15.

[31] 阮晓蕾，詹全旺. 混合式学习视域下的大学英语"线上 + 线下"课程建构行动研究 [J]. 外语电化教学，2021（5）：101-106+15.

[32] 黄冬梅. 翻转课堂对大学生英语学习焦虑影响的实证研究 [J]. 解放军外国语学院学报，2021，44（5）：26-33+136.

[33] 刘香萍. 大学英语教学的异化：成因及对策 [J]. 西安外国语大学学报，2021，29（3）：63-67.

[34] 吴玲英，李滟波，郭龙. 现代大学教育："结果导向教育"与"产出导向法"[J]. 现代大学教育，2022，38（6）：30-38.

[35] 李楠楠. 基于"产出导向法"的英语写作思辨能力培养研究 [J]. 高教探索，2021（2）：70-74+94.

[36] 文秋芳，毕争. 产出导向法与任务教学法的异同评述 [J]. 外语教学，2020，41（4）：41-46.

[37] 文秋芳，孙曙光. "产出导向法"驱动场景设计要素例析 [J]. 外语教育研究前沿，2020，3（2）：4-11+90.

[38] 邱琳."产出导向法"促成环节设计标准例析 [J]. 外语教育研究前沿，2020，3（2）：12–19+90.

[39] 孙曙光."产出导向法"中师生合作评价原则例析 [J]. 外语教育研究前沿，2020，3（2）：20–27+90–91.

[40] 季薇，桂靖，朱勇."产出导向法"教学中输入促成环节的设计与实施 [J]. 语言教学与研究，2020（3）：33–40.

[41] 杨舒琳，李瑞.数字化时代大学英语课堂教学质量评估模型构建研究 [J]. 西安外国语大学学报，2021，29（4）：78–81.

[42] 顾红霞.新时代英语专业教学评价的多元智能研究：基于《英语专业本科教学指南》视角 [J]. 外语学刊，2021（2）：126–130.

[43] 刘建达，李雪莲.英语课程的教学评价改革 [J]. 中国考试，2020（9）：27–31.

[44] 朱燕华，陈莉萍.大学英语智慧课堂教学评价指标体系构建 [J]. 外语电化教学，2020（4）：94–100+111+15.

[45] 陈平，陈仕清.构建信息化学习环境下大学英语课堂有效教学评价指标体系 [J]. 中国高等教育，2018（12）：48–50.

[46] 陈保红，单伟龙."互联网 +"视阈下大学生自主学习能力培养研究：以大学英语为例 [J]. 中国电化教育，2021（12）：139–145.

[47] 侯诗涵.移动学习环境下大学英语翻转课堂实施路径 [J]. 山西财经大学学报，2021，43（增刊2）：164–166+170.

[48] 刘婧.信息时代大学英语教育教学理论基础探究 [J]. 山西财经大学学报，2021，43（增刊1）：112–114+128.

[49] 吕晓敏.基于 MOOC 的混合式教学模式在大学英语教学中的实践探索 [J]. 外语电化教学，2021（1）：61–65+10.

[50] 黄敏，BOND.大学英语自主学习：教师信念与教师行为的视角 [J]. 外语教学理论与实践，2018（2）：57–64.

[51] 王海啸.大学英语教师信息素养框架与核心内涵初探 [J]. 外语电化教学，2022（6）：31–38+106.

[52] 许悦婷，邱旭妍．大学英语教师线上评估实践与评估素养：一项质性研究 [J]. 外语教育研究前沿，2022，5（3）：58-65+92.

[53] 苏红，王银泉．数字人文时代高校智慧型外语教师信息素养提升策略研究 [J]. 外语电化教学，2022（2）：55-63+121.

[54] 胡艳红，徐锦芬．新时代背景下的大学英语课堂：现状分析与未来展望 [J]. 中国外语，2022，19（2）：63-68.

[55] 高一波．新时代背景下教师教学信念取向现状与发展建议 [J]. 中国电化教育，2021（12）：123-130+150.

[56] 杨姗姗，束定芳．大学英语教师专业身份发展中的情绪研究 [J]. 外语与外语教学，2021（5）：47-56+148.

[57] 卢军坪，张莲．大学英语教师身份转型中的矛盾与冲突分析：活动理论视角 [J]. 外语界，2021（4）：62-70.

[58] 朱效惠，李丹，段杨杨．大学英语教师内容语言融合教学信念与教学实践研究 [J]. 外语与外语教学，2021（4）：103-112+150.

[59] 邹丽玲，付韬．基于教师反思的大学英语课堂对话教学的改进实践 [J]. 外语教育研究前沿，2021，4（2）：20-27+89.

[60] 徐锦芬，雷鹏飞．大学英语教师教学科研融合发展的叙事研究 [J]. 中国外语，2020，17（6）：62-68.